A Roda da Vida e a Felicidade

Renato Klein
Maria Luiza Furlan Klein

A Roda da Vida e a Felicidade

como despertar a alegria de viver

Editora Leader

Copyright© 2018 by Editora Leader
Todos os direitos da primeira edição são reservados à Editora Leader

Diretora de projetos
Andréia Roma

Revisão:
Editora Leader

Capa
Editora Leader

Projeto Gráfico e Editoração:
Editora Leader

Atendimento:
Rosângela Barbosa e Liliana Araújo

Diretor executivo
Alessandro Roma

Dados Internacionais de Catalogação na Publicação (CIP)
Bibliotecária responsável: Aline Graziele Benitez CRB-1/3129

K72r 1. ed.	Klein, Renato A roda da vida e a felicidade / Renato Klein, Maria Luiza Furlan Klein . 1 ed. – São Paulo: Leader, 2018. ISBN: 978-85-5474-054-2 1. Coaching. 2. Bem-estar. 3. Comportamento. I. Klein, Maria Luiza Furlan. II. Título. CDD 658

Índices para catálogo sistemático:
1. Coaching: comportamento
2. Bem-estar

2018
Editora Leader Ltda.
Rua Nuto Santana, 65, 2º andar, sala 3
02970-000 – São Paulo – SP – Brasil
Tel.: (11) 3991-6136
andreiaroma@editoraleader.com.br
www.editoraleader.com.br

Prólogo

Nos primeiros meses do ano de 2016, em nossa bela cidade balneária de Itapema, Santa Catarina, aconteceu uma sequência de suicídios que mexeram conosco. Também, na cidade vizinha, em Balneário Camboriú, acontecia a mesma coisa. Pessoas, geralmente, empresários, profissionais liberais, atiravam-se dos andares superiores dos prédios, ou, ainda, por meio de tiro, enforcamento ou provocando acidentes fatais.

Temos de confessar que, diante da enxurrada de notícias de guerra entre polícia e bandidos e de falcatruas, corrupções e delações, esses suicídios apenas atingiam nosso intelecto, como algo preocupante, porém, distante. Mas um dia, ao comprar ração na agropecuária para nosso cachorrinho, ouvi a dona do estabelecimento comentar com uma balconista: "Viu este senhor que acaba de sair daqui? É o ex-marido daquela senhora que se atirou do prédio daqui de nossa rua!"

Neste momento, aqueles atentados contra a própria vida mexeram com meus sentimentos. Os fatos deixaram de ser notícia, chegaram bem perto de mim e se tornaram compaixão.

Ao comentar este fato com Maria Luiza, minha companheira de caminhada há quase cinco décadas, comovidos e preocupados, perguntávamo-nos o que estaria acontecendo. Era praticamente impossível descobrir o que poderia ter levado as pessoas a esta decisão tão desesperadora, devido ao silêncio das autoridades policiais, dos parentes e amigos. Não era mais possível deixar estes fatos na memória intelectual fria e mantê-los simplesmente como notícias. Havia muita dor e sofrimento no ar.

E aí, veio a pergunta que geralmente evitamos fazer a nós mesmos: Qual a nossa responsabilidade frente a isso? O que temos a ver com isso? O que a vida está pedindo de nós?

A busca da felicidade é o que move as pessoas e o mundo. Todo ser humano almeja ser feliz. E nós temos como despertar a felicidade, descobrindo a alegria de viver, pois portamos o poder da transformação. Podemos transformar a maneira própria de ver o mundo, com novas possibilidades, ampliando nossa visão.

Pusemo-nos, ambos, a refletir sobre isto. Apoiados em 14 subsistemas da Teoria da Organização Humana, do Prof. Antônio Rubbo Müller, percorríamos progressivamente as dores e sofrimentos que acometem as pessoas nas famílias, em relação a saúde, na quebra de amizades, nos problemas financeiros, em questões jurídicas, em vergonhas, em não se sentirem aceitas em seu meio, etc.

Com este incrível referencial holossistêmico, permitimo-nos observar a Roda da Vida em seus 14 raios. E, através deles, focamos nas dores e sofrimentos pelos quais passam os homens e as mulheres e demos algumas dicas de superação, com possibilidades de assumi-los e ultrapassá-los, despertando a alegria de viver.

A TOH - Teoria da Organização Humana é obra de um brasileiro, o sociólogo e antropólogo paulista, Antônio Rubbo Müller (1911-1987). Tivemos, os autores deste livro, a graça de conhecer e, até mesmo, compartilhar tempo e espaço com o Prof. Müller, quando vinha, com certa frequência, à nossa casa aos domingos para um café da tarde em que nos enriquecia com sua sabedoria, bem como nos seminários de pós-graduação.

O Prof. Müller foi, por mais de 20 anos, diretor da Escola Pós-graduada de Ciências Sociais da Fundação Escola de Sociologia e Política de São Paulo, a primeira escola de pós-graduação no Brasil. Nesta escola, Müller desenvolveu uma metodologia própria e inédita, que seria ainda hoje revolucionária. O cerne metodológico e pedagógico da escola eram os seminários multidisciplinares, que tinham como pano de fundo a TOH, que permitia aquilo que o professor chamava de "fertilização cruzada", pois estudantes provenientes de qualquer área disciplinar ali, cruzavam suas pesquisas com as experiências e especialidades dos demais participantes dos seminários.

Este modelo chamava a atenção de centros universitários do mundo todo. Mas, de um lado, devido à resistência do mundo acadêmico predominantemente cartesiano a este modelo holossistêmico, e, por outro, à radicalização ideológica na década de 80 e, ainda mais, em virtude de escusos e corruptos interesses do governo estadual de então, a escola foi absorvida pela USP, perdendo sua forma característica multidisciplinar.

Contudo, Rubbo Müller, através de sua TOH, marcou a História. Principalmente através de um aluno seu, Waldemar de Gregori, que fez o mestrado e o doutorado na escola, recriando e simplificando, tanto a TOH, possibilitando sua aplicação como referencial holográfico, quanto sua metodologia pedagógica de fertilização cruzada. O Prof. de Gregori foi o Eu Fonte, como ele chamava, de um movimento, a Cibernética Social, que se alastrou pelo Brasil e pela América Latina, chegando à América do Norte, à Europa e à Ásia.

Pois é este referencial da TOH que serve de lastro referencial para as reflexões que estamos compartilhando através do presente livro.

É um quadro de referência global, holográfico. Não toma partido, tenta refletir a realidade como um todo, treina a nossa visão para ver a realidade com objetividade, dando atenção a tudo o que existe e não só ao que queremos, ou ao que nos interessa ver. Neste trabalho, vamos nos restringir basicamente a apenas uma das três dimensões do referencial, a dos 14 subsistemas do Sistema Humano.

Segundo a TOH, são 14 os subsistemas que nos permitem um olhar mais detalhado sobre as diferentes expressões do Sistema Humano, sendo que todos estão sempre interligados e interagindo na Roda da Vida. Quando focamos o nosso olhar sobre um deles, não é possível separá-lo dos outros componentes do sistema. É como em nosso corpo, onde tudo está ligado a tudo. Não se pode examinar o coração, sem levar em conta todos os outros órgãos – (subsistemas) do organismo (sistema) – tais como o subsistema neural, o subsistema respiratório, o digestivo, o reprodutivo, o muscular, o ortopédico, etc.

Pela TOH fica mais claro e explícito que tudo tem relação com tudo. Ela permite a análise e reorganização das pessoas, grupos e sociedade; detalha o todo em 14 subsistemas, que são:

S01. Parentesco: a família;

S02. Sanitário: saúde e higiene;

S03. Manutenção: alimentação e sustento;

S04. Lealdade: amor e relacionamentos;

S05. Lazer: alegria e recreação;

S06. Viário: comunicação e transportes;

S07. Pedagógico: educação e cultura;

S08. Patrimonial: propriedade, renda e salário;

S09. Produção: extrativa, agropecuária, industrial e artística;

S010. Religioso: religião e espiritualidade;

S011. Segurança: defesa e paz;

S012. Político-administrativo: governo e liderança;

S013. Judiciário: normatização e ordenação jurídica;

S014. Precedência: prestígio e mecanismos de estimulação social.

Roda da Vida

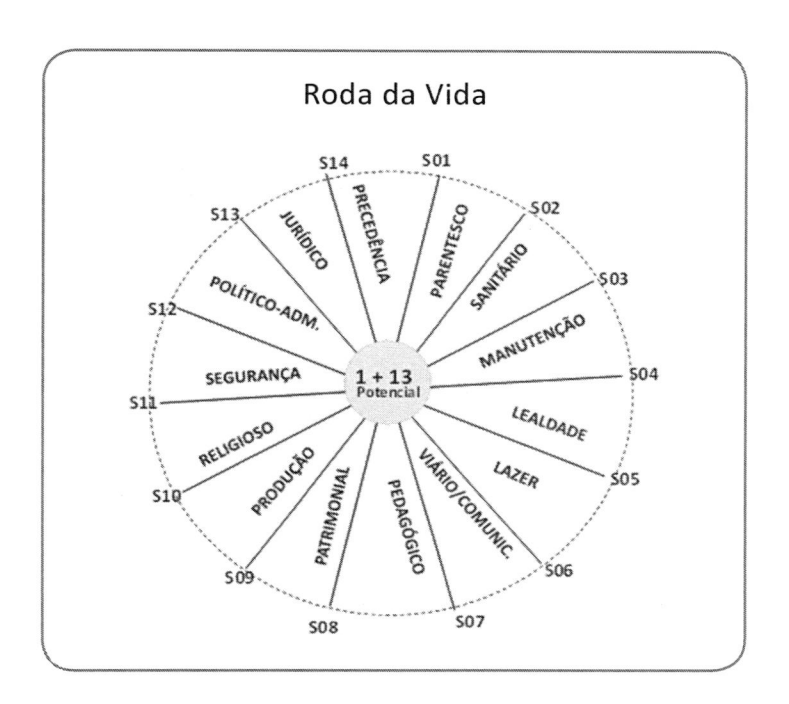

Diagrama circular com 14 subsistemas (raios) numerados S01 a S14, com centro "1 + 13 Potencial":
- S01: PARENTESCO
- S02: SANITÁRIO
- S03: MANUTENÇÃO
- S04: LEALDADE
- S05: LAZER
- S06: VIÁRIO/COMUNIC.
- S07: PEDAGÓGICO
- S08: PATRIMONIAL
- S09: PRODUÇÃO
- S10: RELIGIOSO
- S11: SEGURANÇA
- S12: POLÍTICO-ADM.
- S13: JURÍDICO
- S14: PRECEDÊNCIA

Nossa vida pode ser olhada sob estes 14 ângulos, que nos indicam diferentes aspectos, todos interligados, também, à nossa organização pessoal. Quando cada raio está bem ajustado, alinhado ao todo, a vida está indo bem. Mas, quando um desses raios se desalinha, causa-nos dor e sofrimento e, portanto, sentimo-nos infelizes.

Nós temos uma força interna que impulsiona e nos encoraja a levantar quando caímos, convidando-nos a caminhar adiante. Esta é a força da transformação. Esta força está dentro de cada um de nós.

Quando nos sintonizamos a esta força, com a Fonte da Vida que está dentro de nós, despertamos a felicidade, entramos em sintonia com a Felicidade, e descobrimos a alegria de viver.

Nós vamos, pois, adentrar cada um dos 14 subsistemas ou raios da Roda da Vida do sistema humano, numa jornada de aprofundamento, conduzindo o leitor a se observar e, principalmente, a sentir onde se encontram os pontos de dor e sofrimento sob o enfoque do subsistema ou raio, e buscando lançar luz no caminho, ao encontro da Fonte da verdadeira felicidade e alegria de viver.

Este não é um livro para ser lido como curiosidade, nem como busca de erudição. Suas páginas pedem a cada um de seus leitores um tempo de reflexão e de meditação centradas em seu campo pessoal e relacional.

Meditando e refletindo sobre isso, fomos tomando consciência de como poderíamos contribuir com as pessoas, ao compartilhar com elas o que sentíamos e pensávamos sobre as dores e sofrimentos, e de que maneira é possível transmutar o modo de ver tudo isso, de ampliar as crenças que temos em relação ao que nos envolve e de lançar um olhar de amor e compaixão a todas as pessoas sofredoras, sobretudo, as que já poderiam estar entrando em desistência, perdendo a razão de viver, o sentido de vida.

E assim, nasceu o presente livro.

Sumário

Cosmovisão Holossistêmica 13

S01- Parentesco: A Família 37

S02 – Sanitário: Saúde e Higiene 51

S03 – Manutenção: Alimentação e Sustento 65

S04 - Lealdade: Relacionamentos e Convivência 81

S05 – Lazer: Alegria e Recreação 99

S06 – Viário: Comunicação e Transportes 115

S07 – Pedagógico: Educação e Cultura 133

S08 – Patrimonial: Propriedade, Renda e Salário 153

S09 – Produção: Trabalho e Carreira 169

S10 – Religioso: Religião e Espiritualidade 189

S11 – Segurança: Defesa e Paz 209

S12 – Político-Administrativo: Organização e Liderança 227

S13 – Jurídico: Justiça, Valores, Direitos e Deveres 245

S14 – Precedência: Auto-imagem e Reconhecimento 271

Anotações Gerais 287

Cosmovisão holossistêmica

Introdução

Para entendermos como funciona A RODA DA VIDA em busca da FELICIDADE, é importante entender como vemos o mundo, isto é, nossa Cosmovisão.

Entender como nós vemos o mundo é a chave para ativar nosso vasto potencial de inteligência, felicidade e excelência no viver.

Entender o que significa Cosmovisão ou Visão de Mundo nos permite rever, mudar e ampliar esta visão, pois a forma como enxergamos o mundo é a base para a evolução pessoal e profissional.

Cosmovisão é uma palavra formada por *cosmos*: mundo ou universo + *visão*: enxergar algo, ver. Cosmovisão é o modo particular de perceber o mundo.

Em essência, uma cosmovisão é tudo sobre tudo. Cada experiência que temos, cada pensamento, cada dor e prazer são interpretados por meio de nossas crenças sobre como as coisas são e deveriam ser. A forma como reagimos à dor ou ao prazer, e até mesmo o que é considerado dor e prazer, procedem de nossa cosmovisão. Uma coisa, pois, é verdade: todas as pessoas têm uma cosmovisão, geralmente sem ter consciência disso...

Para saber como as pessoas chegam a essas crenças é preciso conhecer onde nasceram, como foram criadas, que educação receberam, que tipos de experiências tiveram e assim por diante.

"A cosmovisão é necessária para homens, grupos e sociedades, pois se liga à essência do homem, que precisa pensar para viver, que tem sua sobrevivência ligada a sistemas interpretativos do Universo e que só sabe que existe porque pensa." (Milton Greco).

Então, o que é Cosmovisão?

Cosmovisão compreende um conjunto de princípios, pressupostos, ideias fundamentais, doutrinas ou ideologias que contém explicações e justificativas para o ser, a vida, a pessoa, a organização social e econômica, o universo, de modo a que tudo venha a "ter sentido". É a mundividência, o *Weltanschaung*, a teoria geral de captação e explicação global da realidade, o pano de fundo que enforma todos os pensamentos e crenças que temos.

Uma cosmovisão é uma estrutura de crenças fundamentais que nos fazem ver o mundo, bem como nosso papel e nosso futuro nesta vida. Ou seja, é um meio de canalizar nossas crenças básicas que nos dão direção e significado. Em outras palavras, uma cosmovisão determina como vemos a vida e o mundo (*cosmovisão descritiva*) e estipula o que devemos ser (*cosmovisão normativa*).

A base de tudo é a forma pela qual nos sentimos e nos concebemos enquanto seres humanos: nosso sentimento da vida, da existência e da identidade individual. Isso antecede as crenças, fundamenta-as, determina toda a nossa condução de vida, nossa educação, nossos objetivos e relacionamentos.

Somos os criadores da nossa realidade. O que vemos e percebemos é criação e resultado de nossa mente. O mundo e toda realidade objetiva existem, estão aí, mas a forma como nós os vemos e analisamos é projeção de nossa mente. Tanto é verdade que a mesma realidade é vista e interpretada de maneiras diferentes, por diferentes pessoas e diferentes culturas.

A percepção de que nós somos os criadores de nossa realidade é fundamental para permitir mudanças de comportamentos, pois conforme é minha visão de mundo é como vivo e como convivo. Isto quer dizer que criamos a nossa realidade a partir de nossa cosmovisão, de nossa visão de mundo.

E, por isso mesmo, a cosmovisão ou a visão de mundo é mutável e ampliável, isto é, há a possibilidade de sair da estreiteza mental de visão de mundo para uma visão mais aberta e dinâmica.

O nosso propósito, portanto, é o de conseguir ampliar a visão: a visão de si mesmo, das pessoas que nos envolvem, do trabalho e, sobretudo, a nossa visão de mundo. É ter uma visão nova, mais aberta, mais dinâmica, mais conforme a realidade, que está sempre em processo de mutação.

Olhar a si mesmo, as pessoas que nos rodeiam, a empresa, a casa, o planeta com outro olhar, mais livre, mais amoroso, mais alegre.

O objetivo passa a ser não só ampliar a visão que temos, mas ultrapassar as limitações de visão existentes em nossa vida enquanto seres humanos.

É sempre bom lembrar que somos viajantes em uma nave espacial que se chama planeta Terra, que possui dois movimentos, um de Rotação (em torno de seu próprio eixo), e outro de Translação (em torno do Sol). Nós estamos girando junto com a galáxia, rumo a algum lugar do universo.

Tudo está em movimento - tudo é dinâmico, é movimento, é evolução, é mudança. (p. ex.: movimento de rotação da terra: 500 m/s; mov. de translação do planeta terra: 30 km/s; mov. de rotação da galáxia Via Láctea: um "dia" de 280 milhões de anos).

Visão de Mundo / Cosmovisão

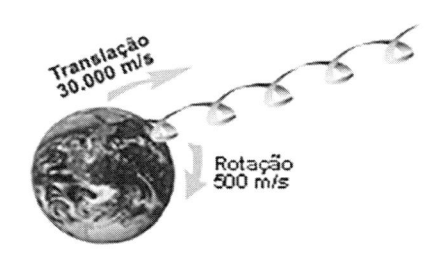

Translação 30.000 m/s
Rotação 500 m/s

É muito mais fácil entendermos tudo isso atualmente, porque os avanços dos conhecimentos científicos nos permitem conhecer melhor. E, através de nossos cientistas, estamos ampliando cada vez mais a nossa visão de universo.

E isso já faz parte de nossos pensamentos. Você já pensou como é o seu pensamento? Você já pensou como você pensa?

Nossa capacidade de pensar é uma coisa fantástica! Você já pensou que tudo o que acontece, acontece antes na sua mente? Por exemplo, se você vai fazer um passeio, ele não acontece antes na sua mente? Qualquer projeto acontece antes em sua mente.

Na Carta 1 das Cartas de Cristo lemos:

> *"Foi então que compreendi o poderoso efeito que a Convicção ou a Fé inquebrantável tinham sobre o ambiente, ao exprimir um comando ou mesmo uma crença. (...) A aparência de tudo poderia ser profundamente afetada pela atividade do pensamento humano.*
>
> *Compreendi que não havia nada sólido no universo, que tudo o que era visível estava manifestando um "estado de consciência" diferente, que determinava a composição e a forma do "cintilar das partículas".*
>
> *Portanto, toda forma exterior era uma expressão da consciência interior. Compreendi que a Vida e a Consciência eram uma e a mesma coisa."*

Vamos procurar entender um pouco mais a complexidade da

mente, a complexidade de seus pensamentos. Entender a mente, entender como nós vemos o mundo. Esta é a chave para ativar nosso vasto potencial de inteligência, felicidade e excelência no viver e mesmo em nossa atuação profissional. Vamos aprofundar um pouco mais sobre o que é Cosmovisão, acrescentando uma nova qualidade: a Sistêmica.

Para entendermos o que é **Cosmovisão Holossistêmica,** vamos primeiramente ver mais de perto o que é Sistema.

O que é Sistema?

Sistema é um pacote, um campo de energia que tem entradas, processamento e saídas. Ou, na definição da Wikipédia, "um sistema é um conjunto de elementos interconectados, de modo a formar um todo organizado".

Podemos dizer que todo e qualquer ser, qualquer objeto, qualquer coisa, e também qualquer pessoa, grupo ou organização, pode ser visto como um Sistema.

Vejamos suas características, indicadas no gráfico abaixo:

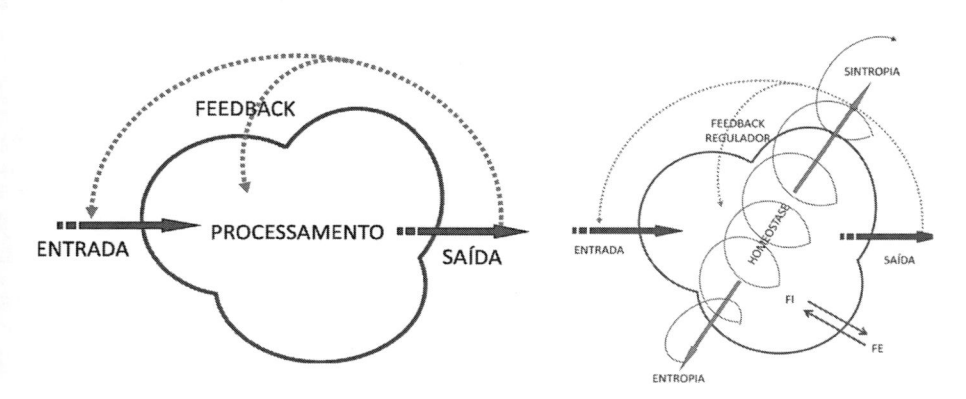

1. Todos os sistemas têm ENTRADAS, que podem ser um alimento, um estímulo, uma proposta, uma pergunta, uma informação, um cumprimento, um apertar de botão, etc.

2. Os sistemas, então, executam um PROCESSAMENTO, que ocorre no interior do sistema, e que é a digestão, a transfor-

mação, a fabricação, a forma de organizar, de classificar, de entender, de cruzar os dados, etc.

3. Os sistemas dão SAÍDAS que podem ser a resposta, o efeito, o produto, a reação, a mudança, o despacho, etc.

4. E, atento a tudo, nas entradas, no processamento e nas saídas, está o FEEDBACK, o observador, o regulador, o redirecionador.(*ver gráfico*).

5. O sistema tem uma pele que o delimita frente a outros sistemas, mantendo sua coesão energética. Esta pele faz com que haja uma Faixa Interna (FI), que contém sua forma própria de ser, e uma Faixa Externa (FE), onde estão todos os sistemas com os quais o sistema está em interação.

6. Todo sistema busca equilibrar sua faixa interna com a faixa externa, o equilíbrio, a harmonia, a HOMEOSTASE.

7. Conforme acontece o processamento interior, vai-se gerando simultaneamente SINTROPIA e ENTROPIA. A Sintropia – ou Anatropia ou Antientropia – é a evolução, o crescimento, o desenvolvimento – segundo a resultante evolutiva do sistema. O sistema vai integrando em sua estrutura interna as energias, organizando as ideias e/ou as experiências que vai adquirindo ao longo de seus processamentos. Ao mesmo tempo, há uma força de desintegração, a Entropia, que vai promovendo desgaste, envelhecimento, desorganização, perda de energia, perda de memória, gerando detritos, fumaça, calor, lixo, excrementos, etc. Energias entropisadas servirão de adubo para novos ciclos energéticos.

Na cosmovisão sistêmica, tudo está em movimento, tudo é cíclico, nada é sólido, fixo. Tudo evolui. O universo tem uma pressão originante que faz com que tudo esteja em expansão. Novos ciclos emergem de ciclos anteriores, entropisados, num processo de reciclagem, de reprodução, de transformação, que utiliza as energias desgastadas como fertilizantes para novos sistemas.

Agora, podemos dar um passo à frente para buscar entender o que é Cosmovisão Holossistêmica.

O que é Cosmovisão holossistêmica?

É holo, porque considera o todo vibrando simultaneamente em todas as suas partes e expressões, num eterno presente, no Aqui e Agora. Qualquer realidade contém o Todo e está contida no Todo. É expressão do Todo.

E é sistêmica, porque considera as partes do todo em movimento dinâmico, em redes interdependentes, onde nada existe isolado, qualquer ser, desde uma partícula de um átomo até as galáxias, desde um inseto até um elefante... tudo está interligado, em processos de contínuas transformações. Como um holograma: o todo está na parte e a parte é o todo. Tudo se interliga. Tudo está conectado a tudo.

Significa que devemos contextualizar cada acontecimento, pois as coisas não acontecem separadamente. É preciso reagrupar os saberes para buscar a compreensão de cada um de nós e do universo.

A compreensão de nossa integração com o planeta nos leva a uma nova compreensão sobre a vida. A sintonização com as leis universais gera coerência frente aos múltiplos desafios que enfrentamos no nosso dia-a-dia.

Então, podemos olhar para as entradas que recebemos no nosso dia a dia sem reagir, como habitualmente agimos. Paramos com os olhos bem abertos e encontramos novos rumos para nossas ações, para nossas vidas e nossas relações. Quando somos capazes de parar para nos observar e não reagir, testamos nossos limites. Podemos ser menos severos. Não julgamos a nós mesmos e aos outros.

Ampliamos a visão de nós mesmos, das pessoas que nos envolvem, de nosso trabalho e, sobretudo, a nossa visão de mundo.

Podemos citar Fernando Pessoa: *"A sua visão é do tamanho de sua aldeia, a sua aldeia é o seu mundo."*

> "A sua visão é do tamanho de sua aldeia, a sua aldeia é o seu mundo."
>
> *Fernando Pessoa*

Ao aplicarmos a cosmovisão holossistêmica, vemos que tudo está ligado a tudo, não há nada isolado. Existe uma interconexão de cada sistema com miríades de sistemas, com os quais está em interdependência.

Este belo texto de *Thich Nhat Than,* monge budista vietnamita, dá-nos a ideia dessa interdependência, bastando utilizar uma visão ampliada:

> *"Se você olhar bem, verá claramente uma nuvem em um papel em branco. Se não existir a nuvem, a chuva não cai. Se não cair a chuva, a árvore não cresce. Se a árvore não cresce, não se faz papel. Então podemos dizer que o papel e a nuvem se encontram em interexistência. Se observarmos mais profundamente o papel, veremos nele a luz do sol. Sem a luz do sol, o mato não cresce. Ou melhor, sem ela nada no mundo cresce. Por isso, reconhecemos que a luz do sol também existe no papel em branco. O papel e a luz do sol se encontram em interexistência. Se continuarmos observando profundamente, veremos o trabalhador que cortou a árvore posteriormente levada à fábrica de papel.*
>
> *Veremos também o trigo no papel. Sabemos que o trabalhador não pode existir sem o pão de cada dia. Por isso, o trigo, a matéria-prima do pão, também existe no papel. Pensando desta maneira, reconhecemos que um*

papel branco não pode existir quando faltar qualquer um destes elementos. Não posso citar nada que não esteja aqui, agora. O tempo, o espaço, a chuva, os minerais contidos no solo, a luz do sol, as nuvens, os rios, o calor... tudo está aqui, agora. Não podemos existir sozinhos.

Este papel branco é totalmente constituído de "elementos que não são papel". Se devolvermos todos os "elementos que não sejam papel" à sua origem, o papel deixará de existir. O papel, em sua espessura fina, contém tudo do universo. Nele não há nada que não exista em interdependência. A inexistência de elementos independentes significa que tudo é satisfeito por tudo.

Nós só existimos em interexistência com os demais e com todo o Universo, assim como um papel só existe, porque todos os demais elementos existem."

Como diz o mestre Eckart Tolle, *"Você não é separado do Todo. Você é um com o sol, a terra e o ar. Você não tem uma vida. Você é a própria Vida".*

> "Você não é separado do Todo. Você é um com o sol, terra e ar. Você não tem uma vida. Você é a própria vida."
> *Eckhart Tolle*

Eu estou no Universo e o Universo está em mim. Somos um, com tudo, e em tudo. Nós contemos, em nós, o Universo e nele estamos contidos. Por exemplo, em nosso corpo temos a mesma proporção de água que o planeta (80%). Contemos, em nós, os reinos mineral, vegetal e animal. E, neles, estamos contidos: somos água, terra, sol e ar. Nosso corpo contém os mesmos minerais do planeta Terra, que são os mesmos, em arranjos diferentes, dos outros corpos celestes, até onde os cientistas puderam observar.

O Contido-Conter é a maior cosmovisão possível ao ser humano, cuja compreensão a tudo transforma e harmoniza.

O que é que dificulta tomarmos consciência deste Contido-Conter? Como é que processamos dentro de nosso interior tudo que passa por nós a cada momento? É nosso "Recheio Mental".

O "Recheio Mental"

Se cada um de nós é um sistema, com entradas, processamento interno e saídas, nosso maior desafio, enquanto seres humanos, é conhecer nosso interior, a forma como acontece nosso processamento interno. Vejamos como ocorre isso ao nível humano.

Quais são nossas Entradas?

Além de um estoque imenso de comandos instintivos que recebemos ao sermos concebidos e ao nascer, vamos recebendo todo tipo de instruções, crenças, imagens, anseios, medos, esperanças – desde nossos pais, da família, da escola, da religião, das amizades, do meio cultural, dos meios de comunicação, dos filmes, das leituras, da internet, etc.

Essas entradas são processadas formando nosso *recheio mental*. O *recheio mental*, como chamamos, é formado por todas as entradas que vamos recebendo ao longo de nossa história de vida, por todas as influências que recebemos, desde a família, a religião, a escola, as amizades, as leituras, os filmes que assistimos, as superstições, as doutrinas, as ideologias que tentam nos orientar e controlar, etc.

No *recheio mental* está tudo o que aprendemos a gostar e tudo o que aprendemos a rejeitar, o que nos foi apresentado como bom e como mau, bonito e feio, certo e errado, o que pode e o que não pode. Isto vai formando em nosso interior uma verdadeira Caixa

Preta, um campo de inconsciência pelo qual dificilmente temos noção de que exista.

À medida em que as pessoas evoluem a própria mentalidade, vão aprendendo a refinar seus conceitos, a questionar muitos conceitos e valores aprendidos, mas é muito difícil entrar na Caixa Preta para descobrir as bases de suas crenças e valores. O mais comum é uma sobreposição de novos conceitos, geralmente mantendo um fundo de muita confusão. Mantém-se um fundo de inconsciência, difícil, inclusive, de ser percebido como tal.

Então, tudo que vai entrando em nossa mente é processado pela forma como está organizado ou desorganizado este *recheio mental*, dando origem a um Ponto Cego, de difícil percepção. "**Ponto Cego** *é o lugar interior (nosso reino invisível), no qual nossas fontes de atenção e intenção residem e a partir do qual operam.*" (Otto Scharmer).

E como damos as Saídas? A partir de onde operam nossas Saídas?

Conforme está formado nosso *recheio mental*, é ele normalmente que opera nossas saídas. Elas podem ser reativas, quando não temos consciência do processamento e podem ser proativas, quando damos uma parada, observamo-nos e damos uma saída, a mais consciente possível. Observar as saídas não é tão complicado. Basta um pouco de atenção. A dificuldade está em percebermos de onde vem o comando para essas saídas, uma vez que este comando se encontra no Ponto Cego.

E aqui, entra em campo um jogador especial. O sistema tem um dispositivo fantástico, que direciona tudo a partir de dentro: o *Feedback*. Este é o regulador de tudo.

O *Feedback*

O *Feedback* é o "Olho Observador" plantado no interior de nossa mente. Controla todas as entradas – deixa entrar ou bloqueia, segundo seus critérios (geralmente emprestados, via *recheio mental*...). Organiza em nosso corpo e em nossa mente tudo o que vai entrando, segundo a ordem que ele, o *Feedback*, deseja – e, geralmente, não sabemos como isso é feito. É o *Feedback* que determina o que e como o sistema pode ou não dar saída.

Aqui está a importância de nós ampliarmos a nossa mente, buscando nos conhecer melhor, bem como as nossas reações instintivas, inconscientes. É importante tomarmos em "nossas mãos" o *Feedback*, o Eu Observador, e aprender a nos observarmos primeiro, antes de projetarmos nossos julgamentos e avaliações, geralmente comandados por nossos *recheios mentais*, carregados de preconceitos e crenças infiltradas em nossa mente.

E quem comanda nossos *recheios mentais*? É muito difícil de saber.

Os comportamentos funcionam segundo o que o nosso Eu Observador avalia. Por isso, há a importância de o cultivarmos, para que ele vá se tornando cada vez mais *nosso* Eu Observador.

Fique de olho em você mesmo. Vale, aqui, o antigo princípio atribuído ao filósofo grego Sócrates: "*Conhece-te a ti mesmo – eis a verdadeira sabedoria*".

Na verdade, o mundo, as coisas, as pessoas, a empresa, a organização social e política, a religião, o governo, a economia é tudo aquilo que eu enxergo que é, conforme a minha estrutura mental, meu *recheio mental*, minhas crenças, meus princípios.

Se estamos pretendendo mudar alguma coisa, antes de mais nada precisamos mudar a forma de ver as coisas. Talvez, somente vamos fazer remendos em roupa velha. É preciso pôr luz no interior da Caixa Negra. Já ouviu falar em ser iluminado? Em pessoas que atingiram a iluminação? Esta é uma linguagem bem

Há um ponto dentro de nós onde começamos a brilhar. Quando acionamos este ponto surge uma visão mais elevada de nós mesmos.

oriental, típica da tradição budista e hinduísta. Estas pessoas aplicaram métodos de ir a fundo no seu universo interior e foram ampliando sua visão até adquirir plena consciência de como funciona sua mente.

Há um ponto dentro de todos nós que está sempre a brilhar. Quando acionamos este ponto, tiramos o véu que o encobre e surge uma visão mais elevada de nós mesmos.

Junto com esta nova maneira de olhar, desenvolvemos a capacidade de parar diante das coisas, sem reagir, como de nosso modo habitual. Paramos com os olhos bem abertos, com mente aberta, coração aberto e vontade aberta. E, então, podemos encontrar novos rumos para nossas ações, para nossas vidas e nossas relações. Quando somos capazes de parar e não reagir, testamos nossos limites e nosso espaço de liberdade.

Todo nosso esforço de crescimento interior está em cultivarmos este nosso Eu Observador, procurando desvendar cada vez mais o que se passa em nossa mente, saindo da cegueira mental, da confusão do recheio mental, para uma mente centrada, ordenada.

Então, dizemos a nós mesmos: "Pare e olhe para dentro de você, e veja o que você verdadeiramente quer. Quais são seus sonhos mais profundos?"

No momento em que essa visão de nós mesmos acontece, descobrimos a fórmula mágica de sonhar e seguir em frente.

Há pessoas que simplesmente não sonham. Precisamos ter a capacidade de nos instigar para que tenhamos uma visão positiva e interna daquilo que queremos alcançar. Este é o olhar do autoconhecimento. É conhecer nossas forças e fraquezas. É olhar para nós mesmos.

Descobrimos que podemos sonhar quando acionamos este ponto onde algo dentro de nós começa a brilhar. Este ponto é a nossa Fonte de Vida. A Fonte de onde tudo se origina. Esta Fonte está sempre dentro de nós. Cabe a nós saber acioná-la. E quando a acionamos mudamos nosso padrão vibracional, mudamos nossa maneira de nos ver e de ver o mundo. Deixamos de olhar para nós como seres quaisquer e começamos a nos ver como filhos da Fonte, como seres de luz que somos.

Para chegar a este ponto de luz, temos que acalmar a nossa mente. E não há meio mais adequado para isto do que a meditação. Ao final deste texto, apresentamos um exercício de cosmovisão, que é um exercício de meditação, de descoberta interior, de desenvolver um olhar mais aberto e livre.

O processo de ampliar nossa visão é um processo que se vai encadeando, passo a passo, sem pressa e sem perder o rumo. Assim, refinamos nossa sabedoria interna, olhamos o mundo de modo mais direto e verdadeiro para vivermos com menos sofrimento e mais qualidade de vida, felicidade e alegria de viver.

Através desse novo olhar, vamos descobrir que temos também, em nós, alguns maravilhosos dons, os dons da Compaixão, do Amor, do Acolhimento e da Equanimidade.

Compaixão, Amor, Acolhimento e Equanimidade

Olhar com compaixão é entender que nós não somos a dificuldade pela qual estamos passando. É entender que, por isso mesmo, podemos superá-la. Quando pensamos assim, a energia dentro de nós toma um rumo diferente. Surge, em nossa mente, uma luz sobre como resolver esta dificuldade. Nós não somos a dificuldade, apenas estamos passando por um momento difícil. Não culpamos ninguém de nada. Compaixão é reconhecer que podemos sair de nossas limitações e ir adiante.

A visão amorosa nos leva a ver o melhor de nós mesmos e dos outros. Ela focaliza as próprias qualidades e as das outras pessoas. Através do amor, enxergamos a liberdade da natureza que está em nós, a mobilidade que nos permite sair da dificuldade. O amor olha e diz "sim, há solução, há saída". O amor nos faz ver os aspectos positivos que podemos desenvolver para remover as dificuldades, gerando felicidade para nós e para os outros. O amor não para na sensação de gostar e não gostar. Ele vai muito além.

Quando manifestamos compaixão e amor, junto com eles vem a alegria. Uma alegria que não depende de fatores externos. É uma alegria que nasce de dentro da gente, que tem sua origem na Fonte de Ser.

Você já reparou como as pessoas estão sorrindo, alegres, quando estão fazendo o bem a outras pessoas? Quando brincam com as crianças? Quando dão algum tipo de ajuda a pessoas carentes ou deficientes?

Aprendemos o Acolhimento, a acolher a nós mesmos e a acolher as pessoas como elas são e como estão, do jeito que chegam até nós. Assim, estaremos nos motivando a dar o próximo passo, que é a autoaceitação. Aceitar-se com suas limitações não é fácil. Este novo olhar, que contém a compaixão e o amor, é um facilitador, é um meio hábil para nos movermos em nossos relacionamentos.

Por agir independentemente do gostar ou não gostar, não cultivamos preferências. Todos são vistos e assumidos como iguais: é a Equanimidade. Não agimos mais por comparações e, sim, segundo a necessidade de cada um. Para nós, centrados em nossa Fonte interior, todos os seres merecem o mesmo respeito, pois todos têm em seu interior a mesma Fonte que nos originou e nos dá vida.

Características da Cosmovisão Holossistêmica:

Podemos destacar algumas características de uma Cosmovisão Holossistêmica:

1. Vemos a realidade ao mesmo tempo como Absoluta e Processual.

> Realidade Absoluta – É a Fonte da Vida, é o Todo Aqui e Agora, Tudo acontece agora, neste instante. Não existe passado ou futuro. Isto nos dá uma sensação de plenitude, de sentir-nos integrados à Vida, ao Universo – é o Contido-Conter.

Realidade Processual – É a percepção de que tudo está em movimento, nada é sólido, fixo, parado. Tudo está se transformando a cada momento. É a dinâmica do nosso dia a dia.

2. Esta percepção de que tudo está em evolução, tudo flui, se transforma, é dinâmica, recorrente, probabilística, é libertadora. Permite-nos transcender a visão mística da certeza do bem e do mal, bem como a visão mecanicista e cientificista da certeza do certo e do errado. Ambas concepções são estáticas, lineares, predeterminantes, onde um lado exclui o outro. Isto cria uma imagem discriminatória nas pessoas: nós os certos, eles os errados; nós somos fiéis, eles são os infiéis; a verdade está do nosso lado, etc. O mundo fica dividido.

3. Tudo é probabilístico, não há certezas. O que nos impulsiona é a busca de aperfeiçoamento, com a mente aberta para o novo, para a surpresa, para o deslumbramento diante do que emerge a cada momento em nossa vida.

4. Tudo também é cíclico e ondulatório. As coisas e os acontecimentos têm altos e baixos. Há fases de crescimento e fases de encolhimento. Tudo tem começo, meio e fim. Nada do que acaba desaparece, mas serve de suporte para novos ciclos. As experiências que vamos incorporando conscientemente vão compondo nossa sabedoria de vida.

5. Vemos o universo como Holístico – Tudo está ligado a tudo; o que somos e o que expressamos se reflete em tudo, num compromisso total de interação-integração. A visão holística implica uma percepção do todo pulsando nas partes e as partes integradas num todo – captação gestáltica, perceptiva, intuitiva.

A abordagem holística é praticada no Oriente nas ciências e filosofias, há milênios, como é o caso da medicina com utilização da acupuntura, da yoga, medicina ayurvédica, do taoismo, do Reiki, etc. No Ocidente, essa prática é relativamente nova, pois, somente agora é que a abordagem vem ganhando campo entre as ciências e filosofias ocidentais. No Ocidente, vem sendo cada vez mais promovida por alguns pensadores como Fritjof Capra, Carlos Castañeda, Merylin Fergunson, David Bohm, Rudolf Steiner, Teilhard de Chardin, Edgar Morin, Waldemar de Gregori, Ken Wilbert e outros.

6. Nada existe isolado no universo. Somos o reflexo do Universo e o Universo reflete quem somos – cada parte reflete o todo e atua sobre o todo em todas as suas expressões. O que somos e o que fazemos, interfere na vida do planeta e no universo. Por isso, nós somos corresponsáveis por tudo o que acontece. E tudo o que nós mudarmos em nossa vida, de alguma forma, estará mudando o mundo.

7. Todo sistema tende à entropia, ao desgaste. No mundo processual, nada é imortal, nada é eterno. Ao incorporar energia de outros efetuadores, o sistema tem um impulso sintrópico, isto é, vai se carregando de novas energias que resultam no processo evolutivo para formas cada vez mais complexas e sutis de vida. Mas estes processos também geram, simultaneamente, desgastes entrópicos. Aquilo que não serve mais para o sistema vai alimentar outros sistemas e gerar o permanente processo de renovação (o velho tende a morrer para dar espaço ao novo, enquanto lhe serve de suporte).

Entender, através desta Cosmovisão Holossistêmica, que a Vida é cíclica; é probabilística; com e sem controle e que contemos e estamos contidos no Todo, na Fonte, dá-nos condições para sermos *isomórficos*, isto é, coerentes com a Vida, com o Universo.

O Isomorfismo

Sempre que atuamos e vivemos de forma isomórfica, coerentes com as características da vida, somos felizes. Sempre que agimos de forma incoerente, sofremos, pois a vida entra em processo de entropia maior do que o ganho sintrópico.

O que é, pois, Isomorfismo? ISO vem do prefixo grego que significa igual e do radical MORFÉ, que significa forma. Então, isomorfismo traduz-se por "mesma forma". Atividades isomórficas são atividades coerentes, condizentes. Pessoas isomórficas são pessoas cuja Visão condiz com a Ação. São pessoas que fazem ou vivem segundo o que pensam e sentem.

São pessoas ou relacionamentos baseados na transparência. Essa forma de viver nos traz paz, alegria, equanimidade, felicidade. Você já se deu conta de como as crianças ficam de olho nos pais? Quando sentem que os pais vivem segundo o que ensinam, a educação fica mais leve, mais alegre, diminuem os conflitos.

Nossa proposta é de sermos pessoas coerentes, com relacionamentos isomórficos com as leis da Vida, as leis que regem este nosso planeta Terra, no qual somos todos condutores e passageiros.

Atitudes dissimuladas, fingidas, hipócritas e farisaicas, além de quebrar a confiança, criam um clima pesado, de sofrimentos e conflitos a sua volta, gerando desinteresse e desmotivação.

Através da compreensão de que somos os criadores de nossa realidade e de que contemos e estamos contidos na Fonte do Ser, podemos projetar um mundo novo, livre das próprias prisões que fabricamos para nós, ou seja, podemos mudar paradigmas e concepções.

Podemos, sim, criar uma realidade livre e libertadora. Depende de nós, da própria capacidade de ver a realidade, de ampliar nossa visão, refinar e sutilizar nossa energia.

Cosmovisão Holossistêmica nas Organizações

E qual é a aplicabilidade da cosmovisão holossistêmica nas organizações?

A cosmovisão holossistêmica nos dá uma visão ampliada de mundo e torna mais aberta nossa maneira de ver a nós mesmos, aos outros e à organização. Esta visão determina comportamentos e atitudes que criam o chamado Clima Organizacional.

A compreensão, a transformação e a ampliação de visão dos funcionários de qualquer organização, são capazes de transpor qualquer dificuldade existente. Isto é feito através da Gestão de Pessoas, que garante a solidez empresarial.

Não é mais possível querer administrar empresas e organizações com um pensamento restritivo, cartesiano, mecanicista, fragmentado.

O pensamento holo-sistêmico é imprescindível na aplicação à administração organizacional. O professor do MIT Peter Senge coloca o pensamento sistêmico como uma das grandes disciplinas de "A Organização que Aprende", ao lado da maestria pessoal, do trabalho em equipe, dos modelos mentais e da visão compartilhada.

Tudo numa organização está interligado. Nada funciona desligado do todo ou, então, estará ocorrendo uma disfunção, que coloca a organização como um todo em desarmonia, criadora de conflitos.

Por isso, cada vez se tornam mais imprescindíveis reuniões interdisciplinares e interprofissionais nas organizações, bem como os encontros intersetoriais, a fim de que haja mais equilíbrio e uma performance mais elevada no desenvolvimento organizacional. Cada parte deve sentir-se responsável pelo todo, pensar sempre como um órgão num organismo, onde nada é mais importante ou menos importante. E que o direcionamento do todo tenha consciência e perceba a importância de cada parte, de cada setor, para a vitalidade do todo.

O que é o Instituto Holos de Qualidade?

O Instituto Holos de Qualidade é uma escola brasileira, que trabalha com *know-how* próprio, com instrumentos holográficos e definindo conteúdos programáticos de publicações editoriais e de treinamentos, cursos e palestras, tanto para usuários quanto para a formação de multiplicadores e coaches/mentores que utilizam nosso Sistema ISOR®, visando instrumentar pessoas a melhorar a qualidade de vida, individualmente e/ou reunidas em grupos, instituições e comunidades.

Os modelos que utilizamos em nossos trabalhos do Instituto Holos são holográficos, porque sempre buscam formas de ligar as partes no todo, de maneira a permitirem visualizar o todo nas partes, de forma visualmente gráfica, autoexplicativa, ativando tanto o aspecto lógico/racional, como o campo intuitivo da percepção gestáltica, holística, permitindo uma imediata aplicação prática.

O pensamento cartesiano e mecanicista não se presta mais para aplicar à enorme complexidade que se apresenta a nós em tudo o que olhamos nos dias de hoje. Desde a complexidade no campo da evolução tecnológica, na física, no âmbito biológico, que vem revolucionando a medicina, sobretudo, a neurologia, até a complexidade no âmbito social, de um planeta que está rapidamente interligando todas as suas civilizações e expressões culturais.

É, por isso, que o foco de nosso trabalho com o instrumental ISOR® é desenvolver quadros de referência que ajudem as pessoas a abrir o leque de compreensão das coisas. Firmamos apoio numa visão holossistêmica para buscarmos formas mais livres de controles, mais conscientes e com visão ampliada, em busca de interações mais condizentes com o que a Vida pede de nós, mais isomórficas, coerentes com a Vida como um todo, através de relacionamentos mais congruentes para, enfim, vivermos mais plenamente, com felicidade e alegria, cantando a beleza do bem viver, em relação aos altos e baixos dos ciclos da vida.

Através de gráficos, buscamos dar apoio à mente de uma forma mais imune a doutrinas, crenças, ideologias e correntes filosóficas ou religiosas, para que as pessoas possam tomar suas vidas nas próprias mãos, sem prisões, sem véus mentais, sem viseiras limitantes.

Questões

Na procura de seu autoconhecimento em relação à sua Cosmovisão, responda, para si mesmo, às seguintes questões, sempre relacionadas com sua vida e seu ambiente pessoal e profissional:

- Como está sua vida?
- Como tem sido sua vida até agora?
- Quais são os seus valores pessoais?
- Quem é você para você? E o que você acha que você é para os outros?
- O que você enxerga como sendo a sua questão mais premente agora? Que solução você vê? Se você adotar esta solução, como vai ser? Se você fizer isso, o que poderá acontecer?

Sugestões de exercícios

- Meditação para levar a um estado de paz interior (alfa);
- Interação com a natureza;
- Localizar novos aspectos de ampliação de visão para qualificação do seu exercício profissional ou ampliação de performance na empresa.
- Exercício para enxergar os diversos ciclos (altos e baixos) de um dia.
- Verificar como cada decisão que tomamos é probabilística (não podemos ter certeza se vai dar certo, é um risco).
- Examinar um fato e tentar ver nele novos ângulos que não enxergava antes.

Exercício de Cosmovisão

Arrume um lugar confortável e desligue o celular.

Sente-se confortavelmente. Se necessário, peça para não ser incomodado por alguns minutos.

1. Respire profundamente e relaxe.

2. Selecione um fato que te aborrece, ou entristece.

3. Agora, abra a mente, e tente ampliar sua visão, olhando para este fato sob novos ângulos, aspectos que você não conseguia ver antes.

4. Abra seu coração e tente compreender o que se passou. Sinta o mesmo fato de forma diferente, mais ampliado.

5. Veja como muda sua compreensão. Agora amplie sua vontade, e tente compreender de uma nova maneira de agir. Compreenda, sinta e veja que você pode compreender e agir de uma forma mais ampla.

6. Respire profundamente. Sinta-se em paz.

7. Levante-se lentamente e, sem falar com ninguém, faça uma interação com a natureza. Se você mora em uma casa, saia até o quintal e veja a natureza pulsando. Se você mora num apartamento, vá até um vaso de flor e sinta a vida pulsando, ou num animalzinho de estimação, ou numa paisagem de um quadro. Sinta como se você estivesse no local e aprecie o sol, o vento, enfim, a vida se manifestando.

Conclusão

As pessoas anseiam pela felicidade. Quando entendemos isso, já não podemos julgar mais ninguém. Ninguém faz o seu pior. As pessoas anseiam acima de tudo por ser amadas e compreendidas, e amar as pessoas implica na aceitação incondicional.

Nossa dificuldade de viver está ligada à visão que temos de mundo.

Vivemos do jeito que vemos o mundo. Cada pessoa vê o mundo de forma diferente, dependendo de suas percepções. Somos nós que enxergamos o mundo assim e, então, o mundo é assim para nós. Se quisermos mudar alguma coisa, precisamos mudar ou ampliar a nossa visão, e, ainda, estimular as pessoas a ampliarem suas visões de mundo, de vida e de relacionamentos.

Com a crise nos suportes tradicionais advindos das religiões e de princípios científicos defasados, está ocorrendo também uma profunda crise no interior das pessoas. Quem somos? De onde viemos? Qual o sentido da vida?

Não é à toa que cresce o número de suicídios, geralmente fruto da dificuldade de encontrar uma razão de viver. E, com muito mais frequência, mas pouco avaliada, ocorre uma forma de suicídio indireto, que é o crescente consumo de drogas, de fuga em festinhas caóticas, de refúgio na internet e o assustador aumento de casos de depressão enchendo as clínicas psicológicas e psiquiátricas. As pessoas tentam, muitas vezes, fugir dessa descrença da vida numa troca ansiosa de religiões e credos ou de entrega a ideologias discriminantes e excludentes.

O antídoto é desenvolver novas formas de ver a vida, ter coragem de partir para uma cosmovisão mais aberta, abrangente e menos restritiva. É se descobrir partícipe da vida, cultivando o encantamento diante da beleza da vida, em todas as suas expressões.

Alegria, amor, compaixão, automotivação, posturas prestadias, surgem naturalmente dessa sensação de conter e estar contido no universo.

Isto é fundamental para quem pretende mudanças reais em sua vida e no meio em que vive – família, empresa, comunidade, país ou mundo. A crise que hoje estamos vivendo é, certamente, a maior pela qual já tenha passado a humanidade.

As instituições estão todas postas contra a parede, pois não estão mais atendendo aos anseios do ser humano da atualidade. As igrejas e religiões estão todas em crise de identidade. As crenças que as sustentam estão postas em cheque pelos avanços da ciência. A linguagem que é usada, em geral, é de conteúdo estático, dicotômico, preso a mitos que a ciência suplantou. Partidos políticos e governantes não mais representam os anseios comunitários. As novas gerações estão encontrando intransponíveis dificuldades de se adaptarem às estruturas organizacionais e empresariais vigentes. Sem falar das enormes crises políticas e financeiras que estão abalando o mundo todo.

Já não é mais possível apenas consertar o que parece estar errado. Já não basta melhorar o que está aí, fazer melhor do mesmo. É bom e mesmo necessário ir melhorando tudo que é possível. Mas não é suficiente. Temos que ir mais a fundo. Por quê?

Sabemos que é a mente que comanda tudo. Por isso, a chave do sucesso de mudanças reais e adequadas ao mundo novo que está emergindo, está em nossa mente. Deve-se expandir a mente; enxergar para além dos pensamentos limitantes comandados por nossos recheios mentais.

O sentido maior deste ensaio está ligado a isto: colaborar com as pessoas no esforço de abrir a mente para uma verdadeira cosmovisão holístico-sistêmica, para uma visão de vida e de mundo que lhes dê sentido e razão de viver, com mais alegria e felicidade.

Entender a nossa mente; entender como vemos o mundo é a chave para ativar nosso vasto potencial de inteligência, felicidade e excelência no viver e em nossa atuação pessoal, relacional e profissional.

S1 | Parentesco: A Família

Nossa Chegada e Integração no Universo

Parentesco: A Família

Vamos focar agora no S01 - Subsistema de Parentesco: a Família e tudo que a envolve.

É pela família que nós viemos ao mundo e passamos a fazer parte da grande família humana.

Em geral, as pessoas gostam de conhecer sua própria história de vida. Faz parte da tomada de consciência de sua individualidade e de sua identidade. É por aqui que começam as respostas às mais importantes perguntas que são feitas: "Quem sou?" "De onde vim?" "Por que escolhi tal caminho na vida"? Perguntas que depois se vão aprofundando à medida que as pessoas vão amadurecendo.

E o que é realmente importante a gente saber a respeito de si mesmo?

O que mais importa, em termos de autoconhecimento, é como chegamos ao mundo e de que maneira fomos sendo integrados ao universo de convivência para formar a nossa dinâmica pessoal, nossa personalidade.

A Formação do Eu

Pense bem, você que nos lê: como é que você chegou a este mundo? Você foi concebido e gestado por um pai e uma mãe. Entrou em contato com o mundo através de uma família. Foi no seio da família que você foi acolhido, alimentado, aquecido, resguardado. Sua mãe, seu pai, seus irmãos, seus avós e algumas outras pessoas foram as mais importantes referências, bem como podem ter sido suas mais dolorosas ausências, ao iniciar sua aventura pela vida. Todo o seu aprendizado afetivo, isto é, tudo que você aprendeu a gostar e a não gostar, teve a sua base aqui: gerou-se no seu intenso relacionamento com as pessoas que compuseram este seu "ninho" vivencial no começo de sua vida.

Com elas, aprendeu o que era bom e o que era mau, o bonito e o feio, o certo e o errado, o que podia e o que não podia – porque recebia sempre algo em troca. O bom, o bonito e o certo eram recompensados por um abraço, um sorriso, um brincar alegre e, às vezes, um doce ou um presentinho. O mau, o feio e o errado resultavam em cara fechada, repreensão, castigo... Ah! Como isso doía! E você fazia de tudo para ganhar de novo o sorriso, o abraço, talvez um beijo!

Essas pessoas eram tudo para você! Eram sua referência para tudo o que queria, para tudo o que fazia, seja para agradá-los ou desafiá-los. Para isso, você podia rir e brincar ou chorar e espernear. Outras vezes, "fazia arte", isto é, chamava a atenção fazendo o que sabia que não devia. E, às vezes, até ficava doente para trazê-los para perto, sentir seu carinho, seus cuidados.

Essas pessoas, esses relacionamentos deixam marcas que o tempo pode encobrir de neblina, mas que não se apagam nunca mais. Sempre que nos sentíamos aprovados, incluídos neste universo afetivo, estávamos felizes. Sempre que éramos reprovados, afastados, isolados deste campo, sentíamo-nos infelizes.

A relação com mãe e pai implica um sentimento de "tudo para mim". Eles formam nossa ligação com a vida, com as pessoas, com o mundo. Esses são os alguéns que calam fundo em nossa mente, são os pilares de nossas ligações afetivas para o resto da vida. Dão a sensação de que junto a esses braços estamos seguros, aquecidos, felizes. Sermos acolhidos por eles é o máximo. Por outro lado, quando não sentimos esta ligação, esta presença, este acolhimento, o sentimento é de abandono, insegurança, revolta, infelicidade. É interessante notar que tudo aquilo que nós rejeitamos, quando crianças, no pai ou na mãe ou em outra pessoa importante da base familiar, quando adultos, costumamos repetir os mesmos comportamentos, principalmente com as pessoas do círculo familiar e afetivo e, mesmo, no círculo profissional, e é difícil para nós aceitarmos isso.

É o relacionamento familiar que desperta em nós as mais fortes emoções. É o encontro apaixonado com o alguém com quem queremos formar uma família. É o casamento. É o nascimento de um filho. São as brincadeiras com pais e irmãos e primos. São as festas familiares. Mas, é também, no campo familiar que surgem as maiores dores e sofrimentos quando ocorrem separações, brigas, ciúmes, perdas, desconfianças, ansiedades, mágoas.

Neste caso, o primeiro dos 14 raios da Roda da Vida aparece desalinhado. E isto, certamente, vai ter forte influência sobre tudo que a pessoa vai escolher e realizar em sua vida. Vai se constituir na suprema luta por toda a vida: a busca da felicidade.

A Família

Vamos analisar um pouco mais.

Designa-se por **família** o **conjunto de pessoas que possuem grau de parentesco entre si** e vivem na mesma casa, **formando um lar**.

Uma família tradicional é normalmente formada pelo pai e mãe, unidos por matrimônio ou união de fato, e por um ou mais filhos, compondo uma família nuclear ou elementar.

A família é considerada a instituição responsável por promover a educação dos filhos e influenciar o comportamento dos mesmos no meio social. O papel da família no desenvolvimento de cada indivíduo é de fundamental importância. É no seio familiar que são transmitidos os valores morais e sociais que servirão de base para o processo de socialização do indivíduo, bem como as tradições e os costumes perpetuados através de gerações.

Somos, pois, recebidos neste mundo por nossa família que, além de nos receber, nos molda para nos dar condições de vivermos como humanos, segundo a sua maneira de entender como é viver.

É também na convivência familiar que aprendemos a nos relacionar em grupo. Quando convivi num grupo familiar pequeno, minha experiência com grupos foi pequena, e quando minha família foi grande, aprendi a conviver em grupos maiores.

Por que o nome do subsistema 01 é Parentesco e não Família? Porque parentesco é mais abrangente que família. Posso ter sido educado num orfanato, onde se podem ter estabelecido os laços e os mecanismos de comportamento grupal: mais mandão, mais briguento, mais submisso, mais cordato, barganhador, diplomata, jeitoso, grosseiro, impositivo, manhoso, etc.

A Dinâmica Pessoal

O que distingue o ser humano em relação aos outros seres do mundo, neste planeta Terra, é a evolução da mente humana, sua inteligência e capacidade de raciocínio, sua percepção e enorme capacidade de criar sua expressão interior e de recriar os meios de sobrevivência. Em última análise, a evolução da consciência de si e do mundo.

É a formação dessa consciência, a partir das características genéticas, das condições físicas de sobrevivência e do meio afetivo e cultural em que se desenvolve – é essa consciência o que mais vai caracterizar a dinâmica pessoal.

E cada pessoa tem uma história. Esta história se dá em uma sequência de ciclos, com características próprias e diferenciadas em cada um.

O Fluxo da Vida

A vida de uma pessoa, do nascimento até a morte, é um grande ciclo vivencial, que vai se desdobrando em ciclos menores, formando o que chamamos de Fluxograma Evolutivo Pessoal, que compõe a Dinâmica Pessoal.

Dinâmica pessoal é a energia de cada indivíduo humano que vai se desenvolvendo e dando condições de viver e conviver, com algum sentido de vida.

E a dinâmica pessoal é a história dos ciclos de vida de uma pessoa. Nós optamos por descrever as etapas em ciclos de 7 em 7 anos, seguindo, aqui, a teoria dos septênios da Antroposofia de Rudolf Steiner, devido a sua praticidade e facilidade de compreensão. E vamos apresentar o fluxograma em 3 grandes ciclos vivenciais, que chamamos de 1º, 2º e 3º nascimentos.

1º Nascimento: Fase do APRENDER - de 0 a 12/14 anos

Ao nascer, já trazemos conosco toda uma história de vida, seja biológica, herdada de nossos pais e antepassados pelo DNA, seja espiritual, herdada da Fonte da Vida e seu processo evolutivo. E, assim, começamos nossa caminhada nesse tempo que nos é dado viver. É o primeiro nascimento, a partir do útero materno para nossa entrada e vivência no campo familiar.

Vamos descrever alguns passos que ocorrem nesta etapa do Aprender:

0 a 3 anos: corresponde à fase de desenvolvimento dos circuitos neurônicos básicos, isto é, o bebê vai aprendendo a usar seus sentidos de ligação com o mundo: olhos, ouvidos, olfato, tato e paladar, ao mesmo tempo em que aprende a perceber e contatar seu entorno.

Também, nessa etapa, estabelece-se a base afetiva do indivíduo, conforme encontra um clima de confiança, segurança e harmonia no campo familiar. As ligações afetivas com a mãe, sobretudo, se dão em relação a aconchego, aceitação alegre e incondicional. As ligações com o pai são mais voltadas para o bebê se sentir ligado ao mundo externo, à segurança e coragem de encarar desafios.

Nesta fase é que a criança haverá de adquirir maior ou menor segurança e confiança em si mesmo e em relação ao mundo que a rodeia.

0 a 5/7 anos: neste primeiro septênio se estabelece a estrutura básica de relacionamentos, a primeira matriz de relação, com grupos. Pai, mãe, irmãos, avós, tios, primos, vizinhos – o grupo de convivência familiar vai estruturar na criança de que jeito terá que se relacionar com as pessoas com que convive. Nesta fase se aprende como chegar às pessoas, como conseguir os meios de sobrevivência, a maneira de competir por um espaço de aceitação no grupo. Aqui se criam os mecanismos inconscientes de aceitação e/ou rejeição, isto é, de conquistar o que agrada e de evitar o que desagrada nas pessoas. A criança também aprende o que é aceitável e o que não é aceitável na convivência social.

A delimitação mental de campo, semente de suas crenças futuras, se dá pela relação "mamãe-papai gostam-não-gostam", surgindo daí as normas de "pode-não-pode", frequentemente reforçadas por um mundo mítico de anjinhos e bichos papões nos quais confiar e dos quais ter medo.

5/7 a 12/14 anos: Nessa fase vai se ampliando o campo relacional, através da escola, clubes esportivos, doutrina religiosa, etc. Ampliam-se também a roda de amigos e as ligações afetivas. O mundo de crenças vai se consolidando, ultrapassando os mitos que povoam o mundo emocional. Agora adquire contornos mais racionais, com as respostas aos por quês dados pelo mundo adulto na família, na escola, na religião, nos meios de comunicação – todos buscando cristalizar as respectivas cosmovisões. Aqui são adquiridos os valores que vão embasar toda a vida futura.

O mundo, em geral, é visto na dicotomia de bons contra maus, de poderosos derrotando os fracos, etc. Por isso os jogos competitivos adquirem muita força, tanto no mundo dos jogos físicos, como no mundo das lutas virtuais do bem contra o mal.

Os maiores sofrimentos nesta fase da vida são provocados pelo sentimento de não aceitação pelos outros, por sentir-se abandonado, sem atenção. É especialmente doloroso o *bullying*, quando a criança se sente diminuída frente aos outros, não aceito no grupo. A criança tem muita fome de amor, carinho, estímulo, espaço para brincar e criar. A criança também sofre muito diante dos desencontros, brigas e separações no mundo adulto.

É nesta fase que se fixam os modelos de pessoas com as quais se relacionar, modelos geradores de busca de felicidade e bem-estar nas pessoas, assim como modelos geradores de rejeições, preconceitos, medos de perder os alguéns, inseguranças nos relacionamentos.

2º Nascimento: Fase da AFIRMAÇÃO – de 12/14 a 40/42 – Identidade e Talentos.

O segundo nascimento corresponde à adolescência, que é o nascimento do útero familiar, em direção ao grande útero do mundo.

12/14 a 19/21 – Nessa fase a infância vai ficando para trás e a juventude começa a emergir. Do ponto de vista físico, a menina se torna mulher pela menstruação e o menino se torna homem pela voz que engrossa, os pelos que aparecem, a testosterona que começa a agitar a sexualidade.

Vem progressivamente à tona a questão fundamental desta fase: a busca de definição da própria identidade. "Eu não sou o(a)

filho(a) de fulano, eu sou a Ester, eu sou o Fernando – eu sou eu..."
Este eu precisa entender qual o seu papel no mundo, tendo consciência de sua singularidade. Este eu terá que se assumir de vez se é homem ou mulher – a identidade sexual.

Num mundo onde os papeis tradicionais masculinos e femininos estão em profundas transformações, tem se tornado mais difícil esta identidade sexual, numa fase em que o adolescente busca distância dos modelos adotados na família e encontra a confusão de modelos no mundo exterior.

A partir dos grupos de jovens, firmam-se amizades que tendem a ficar para o resto da vida. Há também uma tendência de se reunirem em bandos e gangues, com lideranças fortes, nas quais os adolescentes buscam apoio e autoafirmação.

Nesta fase além de solidificar amizades que duram por toda a vida, cristalizam-se os modelos de amigos que irão se projetar na convivência grupal e social.

19/21 a 26/28 anos – fase de estabelecimento de relações íntimas, duráveis. É o período de maior fertilidade sexual, por isso a busca de um companheiro ou companheira é crucial.

Apresenta-se também a necessidade de definição profissional que possa embasar a criação de uma família.

As dificuldades frente à identidade sexual podem gerar dificuldades relacionais muito grandes, com isolamentos ou promiscuidades geradoras de frustrações e sofrimentos, numa luta que frequentemente prolonga a fase de definição e autoafirmação da sexualidade.

As carências afetivas que possam ter se acumulado na infância são projetadas, sobretudo, nos relacionamentos mais íntimos, provocando ciúmes, desconfianças, brigas, violência física, acusações – em suma, muita dor onde se buscava carinho e afeto.

26/28 a 33/35 anos - As relações sociais se expandem através dos estudos, do trabalho profissional, do engajamento social.

As relações familiares tendem a se expandir, sobretudo com o surgimento e crescimento dos filhos. E, com elas se ampliam as preocupações sociais, tais como pela política, pelo meio-ambiente, pela paz no mundo, etc.

Profissionalmente, as pessoas tendem a escalar níveis de chefia e liderança, ampliando seu sentido de responsabilidade pela construção de relações mais harmônicas e produtivas.

33/35 a 40/42 anos – Emerge fortemente a necessidade de criar um mundo em melhores condições para as gerações futuras. Do ponto de vista profissional, a pessoa já encontrou um espaço de atuação mais amplo e relativamente seguro. Agora, olha para além, para as condições sociais em que, não só ele, mas todo seu mundo de convivência está inserido. O sentido prestadio, nesta fase, firma-se cada vez mais.

3º Nascimento: Fase da SABEDORIA – 40/42 em diante.

40/42 a 47/49 anos e seguintes – O terceiro nascimento corresponde à fase adulta, o nascimento do útero social para o seu mundo interior.

Nessa fase da vida, um novo tempo de crise vem emergindo, geralmente de forma lenta e gradual, mas às vezes com sintomas efervescentes. Instala-se progressivamente, uma nova crise de identidade, em busca de respostas a questões fundamentais: Quem sou? Qual o sentido de minha vida? O que realmente tem valor na vida? Para quê vivo? Para onde vou?

É a vida que está pedindo vez de novo. Deixar o útero materno não significou romper com a mãe, mas abrir-se para um novo tempo de relação com ela e com o campo familiar. Ultrapassar o útero familiar não significou, ao adolescente, romper com a família, mas buscar espaços maiores de autoafirmação e realização, de início ainda apoiado na família.

Como diz Fernando Pessoa: *"Há um tempo em que é preciso abandonar as roupas usadas, que já têm a forma do nosso corpo, e esquecer os nossos caminhos, que nos levam sempre aos mesmos lugares. É o tempo da travessia e, se não ousarmos fazê-la, teremos ficado, para sempre, à margem de nós mesmos."*

Também, agora, não se trata de rejeitar o mundo em que vinha atuando, não se trata propriamente de romper relacionamentos, apesar de que, muitas vezes, é isto que acontece, quando a pessoa se sente sufocada num espaço relacional demasiadamente entrópico, desgastante.

Mas o que a vida pede, nesta fase que se abre para um novo tempo, é buscar intensamente a comunhão interior com a vida. É tempo de reformulação interior, de aprofundar o sentido da vida, a razão maior de viver.

É um tempo fantástico, de profunda descoberta da alegria de viver, descoberta da beleza da vida, da natureza, do universo. A vida pede mais tempo para oração e meditação. Pede para pacificar tudo que dói no seu interior. É tempo de perdão de si mesmo e das outras pessoas, de pedir perdão a quem possa ter magoado ou agredido.

Como resultante da história de vida pessoal, a maioria das pessoas não tem consciência do que está acontecendo. E aí tenta, de alguma forma, sufocar este apelo de vida. É comum buscar culpados pelo que acontece consigo e, aí, culpa-se o companheiro ou companheira: separações dolorosas costumam acontecer, provocando até mesmo o desespero. Outras pessoas buscam uma nova religião ou filosofia que dê novo sentido a sua vida. Ou, então, buscam uma nova ideologia política à qual possam engajar um sentido de viver e lutar por algo que nem sempre é muito claro para a pessoa. Isto é, mudam a faixa externa de si mesmo, sem se aperceber de que quem pede vez é seu interior.

Tudo que não foi bem assumido nos ciclos anteriores cobra, agora, uma reformulação.

Para quem olha de frente este tempo e busca seriamente um significado novo e mais isomórfico (condizente) para sua vida, vai emergindo pouco a pouco um tempo realmente novo de alegria de viver e de convivências muito mais ricas, com sentido prestadio de cooperação para um mundo mais pacífico, mais livre e mais justo.

47/49 a 54/56 anos – Vivida a fase anterior e encontrando um sentido de vida, vivemos agora os ciclos de aprofundamento. Estes se caracterizam pela inspiração, criatividade e beleza interior.

Após a reformulação dos 40/42, ocorrem ciclos de aprofundamento da reunidade, que se manifesta pela necessidade cada vez maior de espiritualidade e plenitude.

Citamos, aqui, o depoimento de Teilhard Chardin, cientista e filósofo do século passado: "Com o amor do homem pela mulher, por seus filhos, por seus amigos, e até certo ponto por seu país, imaginávamos muitas vezes ter esgotado as diversas formas naturais de amar. Ora, dessa lista está precisamente ausente a mais fundamental forma de paixão. É o amor universal, um amor não somente psicologicamente possível, mas também a única maneira completa e final de podermos amar."

54/56 a 61/63 anos – É a fase da espiritualidade, da ética, da mística; é quando a intuição se abre e nosso ego dá lugar ao Eu.

61/63 a 68/70 anos – É a fase da serenidade, que continua se expandindo num tempo-espaço que transcende.

Compreender esse processo evolutivo é compreender o processo da Vida. Assumir ou reengrenar seu fluxo vital é uma forma de sentir-se mais completo e inteiro.

A velhice de quem alcançou assumir sua vida como ela é passa a ser uma era de serenidade, de compartilhamento da sabedoria acumulada nas coisas essenciais da vida. É muito agradável conviver com idosos assumidos, ouvir suas histórias, viajar para além do tempo. Seus traços externos se enchem de rugas, seu corpo irá pouco a pouco perdendo seu viço, mas a pessoa emite um brilho especial, uma beleza interior que atrai.

Por outro lado, uma pessoa que viveu uma vida egocêntrica, possessiva, que não aprendeu a amar, mas a usar e explorar as outras pessoas, na velhice se torna uma pessoa de difícil convivência. Ela provoca rejeição, muita dor e sofrimento em si mesmo, mas que, incapaz de se assumir, descarrega nas pessoas à sua volta um jogo de culpas e vitimizações às vezes insuportável, o que leva os familiares, muitas vezes, a quererem se livrar de seu convívio, entregando-a aos cuidados de casas para idosos, onde irá compartilhar e despejar seus dramas e sofrimentos.

Certamente, não é este o fim que queremos nem para nós, nem para as pessoas que amamos. Se o que buscamos é felicidade, e felicidade em abundância, com alegria de viver, orgulhosos do que realizamos e cercados de amor e carinho, sem dúvida precisamos plantar carinho, respeito e amor em nossa vida. Não podemos fugir das dores do viver, mas podemos superar os sofrimentos e os dramas de uma vida mal vivida.

Questões

Em busca de seu autoconhecimento em relação ao Subsistema Parentesco – a Família, responda para si mesmo, se possível até mesmo por escrito, às seguintes questões, sempre relacionadas com sua vida e seu ambiente pessoal e profissional:

- Onde você nasceu? Descreva como era o espaço físico (casa, comunidade, etc.).
- Quando nasceu? Descreva o que acontecia no mundo à sua volta.
- Você descende de estrangeiros? O que isso significa para você?
- Gosta de seu nome? Por quê?
- Em que cidades ou comunidades já morou? Onde está morando hoje? Com quem mora?
- Que tipos de problemas você tem com familiares?
- Como encara a sexualidade?

- O que é ser homem ou ser mulher para você?
- Como você se sente em relação a sua família e seus parentes?

Sugestões de exercícios

- Medite agradecendo a Vida que você recebeu de seus pais e antepassados.
- Reflita como você se relaciona com seus familiares (pais, irmãos, cônjuge, filhos, parentes).
- Trace metas para seu subsistema de parentesco
    - Quem, com quem, para quem?
    - Onde? Quando?
    - O que? Como? Com que? Por quê? O que espero?

Conclusão

Numa época em que os valores referentes à família estão passando por profundas transformações, não podemos ter uma atitude de, simplesmente, "deixar prá lá", de não dar importância. Os valores aprendidos na infância e na adolescência não são mais suficientes para nos dar direção segura na vida. Como, por exemplo, encarar a sexualidade? As separações e divórcios? Nossos pais e antepassados vieram, em geral, de uma visão estreita a respeito, carregada de mitos, ameaças e medos. Temos, sem dúvida, que alargar nossos horizontes mentais, ou nos tornamos julgadores dos comportamentos das pessoas.

É difícil, hoje, ter ideias próprias, não se deixar determinar como devemos pensar sobre tudo isso a partir de alguma escola teórica ou alguns princípios presos a visões religiosas e tradicionais sobre família e sexualidade. Propomos aqui que nós encaremos com seriedade estes assuntos e busquemos nosso próprio conjunto de valores e crenças que nos determinem como viver em família e atender nossos impulsos de reprodução e nossa forma de vivência da sexualidade.

Não podemos encarar esses assuntos com banalidade e brincadeiras. Ali está a continuidade da vida humana e a base da convivência comunitária e social. E é no meio familiar que aprendemos a amar, a desfrutar dessa coisa maravilhosa que se chama afetividade, abraço, beijo, aconchego.

Se necessário, pode-se buscar ajuda de algum mentor ou profissional terapeuta que tenha a mente aberta e o profundo respeito pela vida.

É a família que nos recebe e nos molda para viver. É o relacionamento familiar que desperta em nós as mais fortes emoções e influencia sobre tudo o que realizamos na vida.

É preciso coragem e autodeterminação. Somos livres para encontrar nossa própria maneira de encarar a vida em conexão com o nosso interior, com a Fonte divina de ser.

S2 | Sanitário: Saúde e Higiene

Introdução

Estamos adentrando cada um dos 14 subsistemas ou raios da Roda da Vida do sistema humano, numa jornada de aprofundamento, conduzindo o leitor a se observar e, principalmente, a sentir onde se encontram seus pontos de dor e sofrimento sob o enfoque do respectivo subsistema ou raio, e buscando lançar luz no caminho, ao encontro da Fonte da verdadeira felicidade e alegria de viver.

Vamos agora, em sequência, aprofundar nosso olhar sobre o S02-Sanitário, que trata de Saúde e Higiene.

O Subsistema Sanitário – Saúde e Higiene

O Subsistema Sanitário lida com saúde, higiene, doença, contaminação, limpeza e sujeira, vida e morte. São assuntos de extrema importância e para os quais precisamos estar sempre muito atentos.

É um conjunto de elementos, tais como os personagens que prestam serviços de saúde e seus pacientes, com instalações, equipamentos e tecnologia para isso, bem como personagens e seus equipamentos e tecnologia voltados para a limpeza e higiene – para promover, preservar ou recuperar o equilíbrio (homeostase) da energia constituinte de um sistema, possibilitando a evolução do mesmo e evitando sua desintegração.

Para manter este equilíbrio, é preciso ter saúde e, para isso, é necessário promover higiene – no corpo, no ambiente e na mente.

Ter saúde é o estado natural de qualquer sistema. Mas é importante tomarmos consciência de que todo ser vivo é cíclico. As plantas murcham e perdem as folhas no outono/inverno e se recobrem de folhas, flores e frutos na primavera/verão. E todo ser vivo tem um processo evolutivo, que vai do nascimento, crescimento, multiplicação, envelhecimento e morte.

A antítese da saúde é a doença e a antítese da higiene é a sujeira.

A saúde e a higiene necessitam de cuidados e constante disposição. É preciso estar atento à flutuação cíclica do organismo e às condições dinâmicas do entorno, sempre em movimento e em mudanças contínuas.

Você olha para uma planta saudável e ela é bonita de ver; uma pessoa saudável é bonita, tem energia, tem disposição, força, garra, atenção, transmite alegria e promove o bem-estar à sua volta.

Da mesma forma, a higiene é uma conquista permanente. É preciso dedicação e muita disposição para manter-se limpo, asseado, cheiroso, brilhoso, denotando saúde e organização. Assim, também, há que ter cuidado com o ambiente em que se vive, com a moradia, a cidade, a natureza e o planeta.

Saúde e Doença

Em nossa busca da felicidade, sempre que nos encontramos

em espaços harmônicos de convivência, estamos bem, saudáveis, alegres, tranquilos, transmitindo alegria e vivacidade. Pois, a vida, em geral, tende a ser saudável. As dores e as doenças são um aviso de que alguma coisa não está bem em nosso corpo ou em nossa alma. Sentir dor é uma coisa natural, um alerta, um aviso para tomarmos cuidado. Alguma coisa está em desequilíbrio. Está faltando qualidade de vida, que se expressa em alguma parte ou órgão de nosso corpo ou de nossa mente.

Temos dores em nosso corpo físico. Mas também temos dores em nossa mente. O sofrimento é uma dor originada em nossa mente que pode ou não transferir-se para o corpo. É o drama que fazemos em cima de nossas dores e doenças, muitas vezes, fazendo-nos de vítimas. O sofrimento é uma expressão emocional que nos desequilibra, faz com que nos sintamos vítimas de alguma coisa que nos causa dor, nem sempre física. Ele pode, pois, indicar que estamos, de alguma maneira, desconectados com a vida. O sofrimento é uma forma de a vida nos pedir atenção à maneira como tratamos os nossos relacionamentos com os outros e, sobretudo, conosco mesmos. Muitas vezes, o sofrimento pede que busquemos ajuda e orientação.

E o que é a doença? O dicionário confirma que "é um conjunto de sinais e sintomas específicos que afetam um ser vivo, alterando o seu estado normal de saúde." Em geral, é caracterizada como ausência de saúde, provocando distúrbios, seja a nível celular, corporal, mental, emocional e até mesmo espiritual.

Assim, pois, é importante que se aprenda a estar atento aos sinais que alguma dor ou doença nos está enviando. Sobre o que está nos alertando? Antes de procurarmos a solução fora de nós, em remédios ou médicos, por que não olharmos para dentro, tentando descobrir quais os alertas que o nosso corpo está nos enviando? Será que o remédio já não está dentro de nós? Aí, sim, se preciso for, vamos buscar solução externa.

A Morte

Há uma coisa pela qual não temos como escapar: de que jeito encarar a morte? Esta dualidade vida e morte, o que significa para nós?

O temor que as pessoas sentem em relação à morte deve-se em grande parte ao que a mídia e a própria cultura ocidental nos transmitem desde pequenos. A ideia de morte que nos é passada geralmente está vinculada à escuridão, à tristeza, à violência e a ambientes fantasmagóricos, e acabamos por associá-la quase sempre a imagens negativas, ruins e ao fim de tudo.

Precisamos aprender a enfocar a morte como um dos aspectos da vida. Não há razão para temê-la. Assim como o nosso descanso noturno é necessário para acordarmos bem dispostos na manhã seguinte, a morte representa um estado latente durante o qual as energias são recarregadas para o renascimento ou uma nova vida. Acreditamos que a vida é eterna. Ela não acaba com a morte. Assim como viemos da Vida ao nascermos, também partimos para a Vida ao morrermos. A vida não morre. O que chega ao fim é uma etapa da vida, em que acumulamos experiências para novas etapas.

É preciso perder o medo de viver para perder o medo de morrer.

O nascimento é uma extensão da vida e a morte o começo de uma outra vida. Nascer não diz respeito apenas à vida nem a morte quer dizer apenas morrer. Sábio é olharmos para o nascimento e para a morte como uma coisa só. Não são excludentes, uma não é o oposto da outra, ambas são ciclos da Vida, que é muito maior.

"A morte é nossa eterna companheira", dizia Dom Juan em *Viagem a Ixtlam*, "é a conselheira mais sábia que possuímos". "Como é que alguém pode sentir-se tão importante, quando sabe que a morte está ao seu encalço?", completa ele. A consciência de nossa própria morte e da morte das pessoas que amamos nos torna humildes. É, também, para nós, um grande estímulo para que procuremos deixar um legado positivo para as gerações que nos sucedem.

A vida é o maior presente que temos e ela é sagrada. Não se pode atentar contra ela, seja por agressão a outras pessoas, seja por autoagressão, que pode ser por suicídio direto ou por suicídio indireto, através de correr riscos irresponsáveis, ou através de drogas que afetem o bom funcionamento corporal e mental.

Vamos acompanhar as reflexões que Hsing yun Chang faz em seu livro "Ensinamentos Fundamentais do Budismo". Eis aqui alguns extratos:

> *"Se nós pudéssemos de fato entender a morte, veríamos que morrer não é muito diferente de tirar um passaporte que nos permita atravessar para outro país. Que liberdade! A morte é um caminho que nós todos devemos atravessar. Como podemos fazer para encarar a morte de forma a nos sentirmos preparados e não assustados? Para fazer isso, precisamos primeiro entender a morte.*
>
> *Algumas pessoas acreditam que a morte é o capítulo final da vida, que não existe nada após a morte e, muito menos, que se possa renascer. Para elas a vida é curta e frágil. Em função de sua visão da morte, olham a vida com ceticismo e ansiedade. Em vez de enxergar a vida como um tesouro e fazer o melhor uso dela, essas pessoas vêem a vida apenas como uma oportunidade de mergulhar nos prazeres e satisfazer os sentidos. Como não olham a vida e a morte no contexto da Lei de Causa e Efeito, estão prontas para fazer o que quer que seja, legal ou ilegalmente, para conseguir alcançar seus objetivos pessoais. Tal visão da morte e, portanto, da vida é errônea.*
>
> *Se você quiser saber sobre sua vida futura, só o que tem a fazer é refletir sobre sua vida presente. Se sua vida é pautada por pensamento correto, praticar o bem e evitar causar o mal, não precisamos ter medo da morte.*
>
> *A vida de uma pessoa pode ser comparada à vida escolar de um jovem e a morte, à sua formatura. Quando se*

forma, as notas que ele recebe dependem do quanto ele foi bom ou mau aluno.

Nosso corpo experimenta processos metabólicos todos os segundos. Novas células são criadas enquanto células antigas morrem. O ciclo de nascimento e morte é como o processo de criar células novas para repor as células antigas.

Quando temos a perspectiva correta sobre morte, não há por que temê-la. O que deve nos preocupar não é o quando morremos, mas o que acontece após a nossa morte. A maioria de nós passa a vida pensando apenas em se divertir e em aproveitar. Gastamos nosso tempo atrás de fama e de fortuna, sem termos uma visão clara de para onde estamos indo. Sem um propósito e uma direção claramente definidos, a vida não tem sentido. O que é fama e fortuna quando nos encontramos em nosso leito de morte? Quando sabemos como viver a vida, sabemos como lidar com a morte. Confúcio uma vez falou:

'Se não entendemos a vida, como podemos compreender a morte?'. Não deveríamos ficar consumidos pelo medo de morrer, que é em si um processo físico. O que é mais trágico é viver nossas vidas na ilusão e na ignorância; podemos estar vivos no corpo, mas mortos no espírito.

Com o nascimento vem a morte. Sejamos cristãos, budistas, espíritas, teremos de enfrentar a morte um dia. Felizmente, com os ensinamentos podemos entender a vida, e, a partir daí, a morte. Não devemos ter medo da morte, porque a morte é nada mais do que um fenômeno natural. Quando nos preparamos enquanto estamos vivos, podemos ter esperança naquilo que se segue após a morte.

Nós fazemos provisões de tudo na vida. Guardamos uma lanterna para um caso de emergência ou de blackout. Te-

mos à mão um guarda-chuva caso chova. Empacotamos comida para longas viagens e trocamos nossos guarda-roupas ao anúncio de uma nova estação. Da mesma maneira, deveríamos nos preparar espiritualmente para o dia em que a morte vier bater à nossa porta. Não devemos depositar nossas esperanças apenas no presente, também devemos refletir sobre a vida após a morte. Nossa natureza é eterna."

Que sábias palavras!

Para perder o medo de morrer, o que precisamos, mesmo, é perder o medo de viver. Como diz a canção dos Titãs, "é preciso saber viver".

Higiene

E, agora, o que a Higiene tem que ver com Saúde? Por que essas duas estão juntas no mesmo subsistema da Teoria da Organização Humana?

Acontece que, sem higiene, não há saúde. As doenças se multiplicam em ambientes onde falta limpeza. Por que uma ferida fica infeccionada? Por falta de higiene, claro! E de que jeito começa o curativo? Pela limpeza da ferida!

E o que acontece quando um hospital fica contaminado? Uma sala de cirurgia?

A higiene, pois, compreende hábitos que visem preservar o estado original do ser, que é o bem-estar e a saúde perfeita, em todos os níveis.

Muitas das doenças infecto-contagiosas são encontradas em locais inadequados, decorrentes dos baixos padrões de higiene. Essas doenças são, atualmente, até certo ponto, contidas com a implementação de padrões de higiene, através da conscientização da população e instrução de novas metodologias que ensinam como a sociedade deve se comportar em relação à sua higiene, seja pessoal, comunitária e social.

Pode-se falar em diferentes tipos de higiene: a pessoal, a coletiva, a mental, a ambiental e a espiritual.

A **Higiene Pessoal é** um conjunto de hábitos de higiene e asseio com que cuidamos de nossa saúde, em carácter individual, tais como:

• Banho – Tomar banho diariamente.

• Assepsia – O uso de desodorizante é bastante útil, especialmente no verão. No entanto devem ser evitados os que inibem a produção de suor (anti-transpirantes), pois são tóxicos e restrigem o fluxo linfático, pondo em risco sobretudo as mamas.

• Lavar as mãos – sempre que necessário, especialmente antes das refeições, antes do contato com os alimentos e depois de utilizar o sanitário.

• Higiene oral – Os dentes e a boca devem ser escovados depois da ingestão de alimentos.

• Água potável – Beber água mineral ou filtrada.

• Fazer uma alimentação equilibrada, com alimentos mais naturais.

A **Higiene Mental é** a necessidade que temos de cuidar de nossa mente. Recebemos informações de toda ordem, muitas das quais intoxicam nossa mente de medos, angústias, dúvidas. Outras tentam nos impor verdades, crenças e ideologias não condizentes com a Vida. Por isso, há que fazer uma constante descontaminação através da meditação, de leituras positivas, ambiente de convivência sadio e alegre.

A **Higiene Ambiental** é um conceito relacionado com a preservação das condições sanitárias do meio ambiente, de forma a impedir que este prejudique a saúde do ser humano. Inclui, por exemplo, cuidar do lixo, varrer a casa, lavar os alimentos antes de comer, evitar o uso de inseticidas tóxicos, etc. É fundamental para termos uma boa qualidade de vida.

Aura e Campo Energético

Desde muito tempo se sabe que nosso corpo tem um campo energético, muitas vezes chamado de 'aura', que nos envolve. "Tudo o que existe e se manifesta no plano físico, desde uma pedra, uma planta, até os animais e o homem, possui também uma manifestação de energia mais sutil que pode ser chamada de campo energético" (Wikipédia).

Por que é importante estarmos atentos a isso? É que, através deste campo energético, nosso corpo tanto emite frequências energéticas quanto as pode receber. Então, tanto nós podemos influenciar outras pessoas e o ambiente, quanto somos influenciados – positiva ou negativamente.

E, nós temos, em nosso interior, um centro energético que tanto ativa nossas energias, quanto é ativado por energias que vêm de fora. Todo o esforço de cultivo e amadurecimento pessoal está em nós tomarmos consciência deste centro e aprendermos a ativá-lo a nosso favor, a favor das pessoas que amamos e da vida como um todo.

Quando este centro energético, e o campo energético (aura) que emitimos, está em disfunção, nosso corpo também entra em disfunção, provocando dores e doenças. Quando algo nos aborrece, quando nos sentimos tristes ou frustrados, muitas vezes agimos por impulso, caímos em exageros e, por vezes, até fazemos coisas que, na realidade, não combinam com a nossa essência.

Hoje, existem inúmeras formas terapêuticas voltadas para buscar o equilíbrio, ativar ou acalmar nosso campo energético, tais como o Reiki, a Cura Reconectiva, a Terapia Floral, a Psicossomática Integral, a Acupuntura, a Terapia Prânica e outras que, quando aplicadas por terapeutas bem preparados, centrados e conectados com a Vida, costumam ter efeitos extraordinários.

Questões

Em busca de seu autoconhecimento em relação ao Subsistema Sanitário, que compreende saúde e higiene, responda, para si mesmo, às seguintes questões, sempre relacionadas com sua vida e seu ambiente pessoal e profissional:

1. Como é sua saúde hoje? Está fazendo algum tratamento?

2. Faz exames, *check-up* periódicos? Com que frequência?

3. Quais os cuidados preventivos que você tem em relação a sua saúde? Que cuidados você toma para ter boa saúde?

4. Qual é seu histórico em termos de saúde/doenças?

5. Sofreu algum acidente grave?

6. O que lhe preocupa em termos de saúde/doenças para o futuro?

7. Você tem alguma lembrança especial de algum(a) médico(a), dentista ou outro terapeuta? Em que o marcou?

8. Costuma fazer algum tratamento alternativo?

9. Pais ou irmãos têm ou tiveram alguma doença considerada grave ou crônica?

10. Tem algum vício (fumo, bebida, drogas, etc.)? Sente como afeta sua saúde (respiração, digestão, etc.)?

11. Faz ou deveria fazer alguma dieta alimentar?

12. Pratica alguma atividade física? Com que frequência?

13. Como cuida de sua higiene pessoal, mental e ambiental?

14. Tem alguma parte sua de que você goste menos?

15. Como encara o sofrimento e a morte?

16. Como sente a morte de uma pessoa?

Sugestões de exercícios

• Meditação: sinta todo seu corpo, perceba-o funcionando: respiração, circulação sanguínea, temperatura, etc.; desenvolva em seu interior uma atitude de profunda gratidão à vida que flui em seu corpo.

• Faça uma boa limpeza em sua casa, quarto, mesa de trabalho e arrume sua bagunça com Feng Shui.

• Observe, ao longo de um dia ou uma semana, quanto os meios de comunicação (TV, internet, jornais, etc.) trazem de lixo para sua mente?

Exercício sobre a limpeza

Poucas são as pessoas que amam fazer limpeza. Normalmente, as pessoas executam a limpeza com sentimentos tais como, "eu não gosto de limpar, mas sou obrigado". Desnecessário dizer que é ainda pior quando se trata da limpeza do banheiro. Ninguém gosta de limpar o banheiro.

Mas, se ampliarmos a visão, podemos fazer a limpeza sem nos deixar levar pelo gostar e o não gostar. Quando alguém reclama "não gosto de trabalho sujo!", não há aprendizado nem desenvolvimento pessoal.

Para executar este exercício, destacamos as seguintes etapas:

1. No início, você percebe a realidade de como é difícil limpar um banheiro ou a cozinha. É difícil imaginar como é árduo o trabalho antes de fazê-lo.

2. Coloque uma intenção clara de limpar bem o banheiro ou a cozinha, porque a higiene é importante para a saúde. Decida fazê-lo por você mesmo, não porque é obrigado.

3. Depois de um bom treinamento, por um bom tempo, você se dará conta de que os seus comportamentos foram se tornando progressivamente mais gentis e amáveis.

4. Na vida, enfrentamos situações que são parecidas com um banheiro ou com uma cozinha, deixando acumular ideias e

emoções sujas, imundas até, e percebemos então a insensatez dos seres humanos, contaminando-se e contaminando as pessoas e o ambiente com seu comportamento mal cheiroso e sua tristeza e vazio.

5. Tudo isso é um exercício. Através dos treinos aprendemos perseverança e espírito de compaixão e desenvolvemos o prazer de servir as pessoas. Desde os velhos tempos, diz-se que uma limpeza no toalete deixa as pessoas com um caráter mais suave, porque esfregar o vaso sanitário amadurece o ego imaturo, acaba com a vaidade e o egoísmo e aprimora o caráter bom e gentil da mente.

Limpeza parece uma questão insignificante, mas é de grande importância na formação e aprendizado de muitas coisas a respeito do corpo e da mente. Ela melhora o seu caráter para se dedicar ao trabalho com as pessoas.

Conclusão

Nossa integração no universo, de que falamos em nosso texto sobre Cosmovisão, é um processo contínuo, que pede nossa atenção sempre, para desfrutarmos quando estamos em alta nos ciclos vivenciais e para que tenhamos muito cuidado quando estamos em baixa.

Temos, principalmente, que cuidar de nossa higiene mental, se quisermos manter um bom equilíbrio em nossa saúde, jogando no lixo as ideias e emoções que não são condizentes com a vida e com nossos anseios mais profundos. Uma pessoa que cultiva sua saúde física, mental e espiritual distribui alegria à sua volta. É uma pessoa com quem as outras pessoas gostam de conviver. Por outro lado, aquela que não cuida de sua saúde física, não cuida de sua alimentação, não pratica exercícios, vivendo em ambientes sujos (físicos ou mentais), tal pessoa costuma espalhar à sua volta tristeza, grosseria, não atrai pessoas de convívio agradável.

Por isso, tenha cuidado quando estiver triste, desanimado, angustiado, sofrendo interiormente. Sua saúde pode estar em perigo. Às vezes, é necessário procurar uma pessoa amiga, experiente, para buscar orientação, buscar se conhecer melhor, descobrir o que está atrapalhando sua vida. É hora de buscar um mentor ou um psicoterapeuta.

Você tem direito de desfrutar da vida; você pode ter uma vida mais alegre, saudável e feliz.

Para encerrar, fazendo uma higiene mental, leia devagar, refletindo e sentindo calmamente, este belo texto da escritora gaúcha Martha Medeiros:

A Faxina!

Estava precisando fazer uma faxina em mim...
Jogar fora alguns pensamentos indesejados,
Tirar o pó de uns sonhos, lavar alguns desejos que
estavam enferrujando...
Tirei do fundo das gavetas lembranças que
não uso e não quero mais.
Joguei fora ilusões, papéis de presente que nunca usei,
sorrisos que nunca darei...
Joguei fora a raiva e o rancor nas flores murchas,
Guardadas num livro que não li.
Peguei meus sorrisos futuros e alegrias pretendidas e as coloquei
num cantinho, bem arrumadinhas.
Fiquei sem paciência! Tirei tudo de dentro do armário e fui jogando no chão: paixões escondidas, desejos reprimidos, palavras horríveis que nunca queria ter dito, mágoas de uma amiga sem gratidão, lembranças de um dia triste...
Mas lá havia outras coisas... belas!!!

Uma lua cor de prata... os abraços... aquela gargalhada no cinema, o primeiro beijo... o pôr do sol... uma noite de amor.
Encantada e me distraindo, fiquei olhando aquelas lembranças.
Sentei no chão,
Joguei direto no saco de lixo os restos de um
amor que me magoou.
Peguei as palavras de raiva e de dor que estavam na prateleira de cima - pois quase não as uso – e também joguei fora!
Outras coisas que ainda me magoam, coloquei num canto para depois ver o que fazer, se as esqueço ou se vão pro lixo.
Revirei aquela gaveta onde se guarda tudo de importante:
amor, alegria, sorrisos, fé.....
Como foi bom!!!
Recolhi com carinho o amor encontrado, dobrei direitinho os desejos, perfumei na esperança, passei um paninho nas minhas metas e deixei-as à mostra.
Coloquei nas gavetas de baixo lembranças da infância; em cima, as de minha juventude, e... pendurado bem à minha frente, coloquei a minha capacidade de amar...
e de recomeçar...

S3 | Manutenção: Alimentação e Sustento

Introdução

Convido você a nos acompanhar nesse nosso estudo sobre a Roda da Vida do sistema humano através da Teoria da Organização – TOH – do Prof. A. Rubbo Müller. Trata-se de uma jornada de aprofundamento, em que buscamos observar e, principalmente, a sentir onde se encontram, através dos 14 subsistemas da TOH, os pontos de dor e sofrimento sob o enfoque do respectivo subsistema ou raio, a fim de lançar luz no caminho, ao encontro da Fonte da verdadeira felicidade e alegria de viver.

Vamos agora, em sequência, aprofundar nosso olhar sobre o S03-Manutenção, que foca a Alimentação e o Sustento.

Manutenção – Alimentação e Sustento

O subsistema 03 Manutenção – Alimentação e Sustento – trata da subsistência, da sobrevivência, da alimentação, bem como do abrigo frente às intempéries e das roupas que nos cobrem e protegem. É o jeito de como um Sistema se mantém, em busca de seu bem-estar. É o provimento necessário à conservação e evolução do Sistema, sua alimentação física, emocional, racional e espiritual.

A vida merece ser cuidada como se cuida de uma planta. É preciso nutri-la, alimentá-la, protegê-la. Precisamos comer, beber, respirar, ter proteção frente às intempéries, ter onde dormir, recompor as energias, ter as vestimentas necessárias para as variações climáticas.

Atender às necessidades de Manutenção é cuidar da sobrevivência, é buscar condições de viver, de dar sustento, de permanecer vivo, de termos força para realizarmos nossas tarefas e para que possamos viver com o conforto necessário para nos sentir bem.

Para nos mantermos vivos, precisamos ter a percepção de nossas necessidades e muita determinação. A resultante é a homeostase, o equilíbrio. Isto é uma tarefa e tanto! É a luta pela vida. Todo ser vivo, micro ou macro organismo, luta por se manter vivo e por expandir sua vida.

Envolve os grandes impulsos vitais: respiração, sede-fome, frio-calor, sono, segurança, vida x morte. Qualquer um desses fatores pode pôr a vida em risco.

Nossa manutenção exige atendimento constante e diário. Conseguimos, em média, ficar até 10 dias sem comer, até 5 dias sem água, mas nem 5 minutos sem respirar.

Quando nos faltam os meios de sobrevivência, quando não conseguimos nos manter a nós e a nossa família, isso nos causa muita dor e angústia. Almejamos sempre prover as necessidades básicas e o suficiente conforto a nós mesmos e aos nossos.

A luta pela vida

Nossa subsistência, enquanto tal, é essencialmente egocêntrica. Como assim? Cada ser vivo tem de lutar sua própria luta para permanecer vivo, seja buscando alimentos, protegendo-se das intempéries naturais ou procurando meios de se defender de outros seres que queiram sobreviver a suas custas. E, quando se trata da família, das crias, por cujo sustento somos responsáveis; a "coisa" se torna muito séria. Nós nos sacrificamos por elas, lutamos por elas, nos desdobramos, damos o sangue por elas. E quando falta o necessário, a dor e o sofrimento crescem exponencialmente. Somos capazes de qualquer coisa, não é mesmo? É luta de vida e morte!

Boa parte da vida é utilizada no processo de nutrição. Por isso, nossa relação com os alimentos, com a manutenção, constitui um fator determinante. Para satisfazer o processo nutricional, precisamos de condições que nos permitam produzir ou utilizar os alimentos disponíveis que o meio ambiente oferece. É uma luta constante pela sobrevivência. Repito: é luta de vida e morte!

Nossa vida corre riscos por meio de eventos da natureza, como, por exemplo, tempestades, afogamentos, falta de ar, de água, terremotos, desmoronamentos, calor ou frio excessivos. Temos também que nos defender de outros seres vivos, vírus e bactérias, epidemias, etc. Haja comida, haja água, haja moradia, haja roupa!

A Sobrevivência na forma de vida humana

O ser humano, nessa busca pelos meios de sobrevivência, desenvolve as mais variadas relações com o ambiente, através da caça, pesca, agricultura, pecuária, piscicultura, desmatamentos, etc.

Nas formas de vida vegetal e animal, os indivíduos contam com o instinto de sobrevivência, que lhes indica onde, quando e como se alimentar. Os animais têm sua pele natural para protegê-los, de acordo com as condições climáticas, e organizam suas tocas, seus ninhos pelos ditames instintivos. O ser humano foi, ao longo dos tempos, complexificando suas formas de sobrevivência, já não mais atendendo somente a seus instintos. Agora, ele cria e recria seu ambiente, seus alimentos e suas roupagens, o que lhe dá muito mais condições de subsistência nos mais diferentes climas e ambientes físicos. Por outro lado, fica refém das formas de organização social e cultural, que lhe obrigam a esforços às vezes sobre-humanos para atender suas necessidades e dos seus, submetidos a exigências e limitações ditadas pelo sistema de poder e controle social. E aqui reside um mundo de dificuldades, geradoras de muita dor, violência e sofrimento. Disso tudo resulta uma complicada trama de esforços, brigas, guerras, onde as necessidades básicas de sobrevivência ficam reféns de interesses que pouco têm a ver com as reais necessidades humanas.

No esforço de produção de alimentos e de energia, o homem vem interferindo na Natureza, eliminando ou modificando o ambiente, de modo a pôr em risco a satisfação das necessidades básicas de todos os seres vivos, incluindo ele mesmo. Isto tem causado profundas modificações no campo ecológico, com o desaparecimento de espécies, provocando pragas, com consequências perigosas para o próprio homem.

Equilíbrio e desequilíbrio
(as dores e sofrimentos)

Quando atendemos bem, com equilíbrio, nossas necessidades básicas, isto nos dá prazer e satisfação. É bom comer e beber bem, é gostoso. Melhor ainda quando podemos compartilhar com nossos familiares e amigos. Nossas comemorações envolvem quase sempre uma boa comida e uma saudação com uma bebida de qualidade. Faz parte de um ambiente agradável e feliz.

O sofrimento advém de quando nos desviamos do foco e passamos a comer mal, a descuidar de nosso bem-estar real. Passamos a comer e beber o que nos prejudica, abusamos de nosso corpo comendo e bebendo além da conta. Pior quando vem acompanhado de drogas e com indisciplina no sono e descanso.

A resultante, muitas vezes, é que passamos a maltratar nosso corpo, a não cuidar dele, a não medir consequências. E aí, geralmente, advém um forte sentimento de culpa e de busca de culpados. Um desequilíbrio na saúde, uma doença, é o alerta que recebemos para que cuidemos melhor, com mais equilíbrio, de nós mesmos. E haja dieta, geralmente depois que as consequências dessa falta de amor por nós mesmos estão nos deixando com sobrepeso, advindo problemas digestivos, de circulação, de diabetes.

Aqui, cabem algumas perguntas, caro leitor: sua comida, a bebida, o sono, a respiração – isto está alimentando uma vida feliz e alegre ou está lhe trazendo preocupação, sofrimento e infelicidade? Você tem dado atenção à qualidade do que você consome, tem observado como seu corpo reage? Sua digestão tem funcionado bem? Tem levantado, pela manhã, sentindo o corpo refeito, tem tido dores de cabeça e mal-estar? Que sinais seu corpo tem lhe dado?

Nosso Corpo é um Sistema

Preste atenção: seu corpo é um Sistema. Tudo o que entra nele é processado internamente e é absorvido por ele. Quando ele dá saídas saudáveis, isto indica que o que foi absorvido fez bem, foi coisa boa, adequada às suas necessidades. Mas quando a saída é desagradável, quando provoca dor e mal-estar, é um aviso de que provavelmente faltou cuidado na entrada do sistema e o processamento não pôde ser adequado às suas necessidades. Não adianta se queixar. Queixar-se com quem? Nosso corpo é muito leal a nós mesmos. E sempre nos avisa. Precisamos aprender a estar atentos à luzinha vermelha de alerta.

Onde está a verdadeira questão em relação às dietas de emagrecimento? O grande gênio da ciência Albert Einstein já dizia: *"Os problemas que criamos não podem ser resolvidos com o mesmo pensamento que os criou."* Se nós não mudarmos a forma de pensar e sentir nosso corpo, vamos fazer enormes sacrifícios para perder peso, pondo em risco nossa saúde, e depois talvez voltar ao mesmo peso de antes, ou mais.

Qual o olhar com que olhamos nosso corpo? Vamos ampliar nossa visão sobre nós mesmos, vamos mudar nosso pensamento, como diz Einstein, para encararmos com novo olhar o nosso corpo?

Um novo Olhar

Do que se alimenta nosso corpo? Não se alimenta da terra? O arroz, o feijão, a carne, os vegetais, as frutas vêm de onde? Não se alimentaram eles também da terra? A água que consumimos de onde vem? E o ar que respiramos? E mais: a energia que tudo move, a luz e o calor necessários à vida na terra vêm de onde? Do sol, claro! E o sol está trocando energia de onde? Da galáxia, do cosmos! Portanto, nós somos parte da energia de todo o universo, trocamos energia com a terra e com as estrelas. Olhe agora para seu corpo. Olhe agora para o corpo das pessoas que você ama, das pessoas à sua volta: todos nós, cada um de nós, somos uma expressão deste universo, cada um de nós é uma expressão única, que não se repete nunca, do mesmo universo.

Gente, isto é simplesmente fantástico! Quando comemos, bebemos e respiramos, estamos ligados à terra, e a todas as expressões de vida e natureza da terra, esta nossa verdadeira morada, enquanto nos ligamos a tudo no universo, às estrelas e às galáxias de que somos parte!

Este é o verdadeiro olhar com o qual podemos aprender a nos amar e a amar as pessoas e tudo a nossa volta, porque aprendemos a amar à Fonte de tudo isso, Fonte que está dentro de nós fazendo pulsar nossa vida, e Fonte que está pulsando em todas as pessoas e em todos os seres.

Comer, pois, exige uma atitude de profundo respeito pela Vida! Aí, sim, vamos saber comer com gosto, escolhendo para isso o que realmente estamos precisando, e não o que as propagandas tentam nos empurrar para encher nossa barriga de drogas enquanto nos comem enchendo seus bolsos famintos de dinheiro...

Vamos deixar de ser bobos, nos permitindo envolver por propagandas lindas e enganosas de produtos fabricados sem respeito à vida, sem respeito à natureza. Qualidade de vida exige respeito, e isto temos que começar a exigir de nós mesmos.

O Consumismo

O consumismo é um desequilíbrio muito sério. Trata-se de se deixar levar pelos impulsos de comprar sem pesar a real necessidade dos objetos. Os meios de comunicação buscam ativar em nós falsas necessidades. A disposição das prateleiras dos supermercados e as vitrines das lojas e shoppings são tentações sem fim. Se não estivermos centrados, nossas casas, escritórios, quartos e salas ficarão abarrotados de quinquilharias, além do que os bolsos furados. O pior é, provavelmente, mal atendidos em nossas reais necessidades.

O que tudo isso implica em nosso dia a dia?

Os cuidados com alimentação, respiração, exercícios físicos, sono, etc. nos permitem ativar e desenvolver nosso centro energético vital, com reflexos altamente positivos nos outros centros energéticos básicos: o centro afetivo (relacional) e o centro de comando.

Por outro lado, os vícios de alimentação, bebida, drogas, descuidos com saúde, com descanso, etc. debilitam nosso centro vital, afetando negativamente o centro afetivo e o centro de comando.

Os frequentes apegos a bens, a avareza, a deficiência de meios de sobrevivência, os problemas de saúde, a fome, as angústias do dia-a-dia são fontes de muita dor e sofrimento.

Necessitamos desses meios de sobrevivência, mas eles não nos satisfazem plenamente, não nos proporcionam verdadeira felicidade. Sem eles não temos qualidade de vida para realizações maiores.

1 – O alimento

Nós somos o que comemos.

Uma alimentação sadia e equilibrada traz harmonia para o corpo físico e nos dá energia.

Nossa principal reposição de energia diária vem da energia dos alimentos.

A energia vital é uma energia natural que percorre e preenche todo o ser vivo. É basicamente a essência da vida, por estimular todas as funções fisiológicas do corpo, que dá suporte físico a nossas funções afetivas e mentais.

Diversos fatores obstruem o seu livre fluxo, tais como: o stress diário, as tensões que as crises pessoais e sociais nos criam, a má alimentação, a má respiração, a depressão, a ansiedade, o medo, entre outros.

Como a energia vital forma um elo ou superfície de contato entre a mente e o corpo, torna-se possível resolver tanto os distúrbios emocionais como os desequilíbrios físicos através de seu equilíbrio no corpo humano. A estrutura física reflete sempre a forma como lidamos com nossas diferentes expressões energéticas.

A energia vital é adquirida através de diversas fontes, tais como: o ar, o alimento, a água e o sol. Os alimentos contêm a energia vital. Em nosso metabolismo, principalmente nas pessoas que usam muito o intelecto, as vitaminas e sais minerais são muito requisitados, pois fazem parte de nossos processos cerebrais.

Os sábios, observando a natureza, perceberam que tudo está em transformação. Assim como os dias e as noites se sucedem, também as diferentes estações do ano geram mudanças e transformações constantes. Essas transformações não ocorrem ao acaso, mas observam leis naturais, que regem a vida humana, como parte que somos da natureza.

A sabedoria está em conhecer e respeitar as leis naturais em suas fases, extraindo da vida a beleza.

2 - A água

A água é fonte de vida.

A água é um líquido fundamental para a vida. É um dos elementos mais importantes para todos os organismos vivos. O corpo humano é constituído de mais de **70% de água**, fazendo dela um nutriente indispensável para manter o bom funcionamento do nosso organismo. O nosso cérebro, que comanda as diferentes funções orgânicas, constitui-se de cerca de 85% de água.

Sabemos que o consumo de água traz diferentes e importantes benefícios para a saúde, tais como:

- Distribui os nutrientes pelos diferentes órgãos do corpo;
- Ajuda a regular a temperatura do corpo;
- Elimina as toxinas através da urina e da transpiração;
- Estimula o trânsito intestinal;
- Transporta, pelo sangue, substâncias para as células, como os nutrientes e o oxigênio.

A água, portanto, é fundamental para o normal funcionamento do organismo. Ela equilibra o organismo, fazendo com que fique mais resistente e funcione melhor. Cada célula do corpo depende de água para seu bom funcionamento. Diferentes disfunções são causadas por insuficiência de água ou por água contaminada com poluentes.

Aconselha-se ingerir, no mínimo, dois litros de água diariamente, distribuídos em quantidades e intervalos regulares. Precisamos desta quantidade diária, porque não temos maneira de armazená-la no corpo, como fazemos com os alimentos (gordura). Morreríamos dentro de 3 a 7 dias sem água.

Deixe a água a seu alcance, sempre à mão para lembrar-se de bebê-la.

Muitas pessoas dizem não ter sede, esquecem-se de beber água, e chegam mesmo a pensar, erradamente, que não necessitam de água. Não se deve esperar pela sede para beber água, pois quando ficamos com sede significa que nosso organismo já estaria necessitado de água há mais tempo.

A água é responsável pela hidratação da pele e pela saúde e brilho dos cabelos.

3 – A respiração.

"Respiração é o ato de inalar e exalar ar através da boca, das cavidades nasais ou pela pele, para se processarem as trocas gasosas ao nível dos pulmões." (Wikipédia).

Recebemos o oxigênio através da inspiração e exalamos o dióxido de carbono. No momento do nascimento, depois de ser cortado o cordão umbilical, o ato de respirar é a primeira ação independente do recém-nascido. Convém destacar que, por mais que possamos passar vários dias sem comer ou beber, já o mesmo não podemos dizer do ar, pois não podemos ficar mais do que uns poucos minutos sem respirar.

O universo é energia. Tudo é energia. Com a respiração, absorvemos oxigênio para o corpo físico e energia para o corpo vital.

O corpo armazena energia necessária; no entanto, nós deixamos essa energia fugir através de vicios, pensamentos negativos, maus habitos, alimentação inadequada, vida atribulada.

Além de deixar escapar a energia, isto provoca desarmonia e dores em nível físico, emocional, mental e espiritual, tais como: preocupação, medo, raiva, tristeza, baixa estima, estresse, depressão, desânimo.

Tomar consciência da respiração, cuidar da respiração nos dá energia e equilíbrio. O equilíbrio nos proporciona paz e bem estar.

Busque sempre ar puro. Abra as janelas, faça o ar circular. Livre-se do ar poluído pelo cigarro e outros poluentes atmosféricos. Não sobrecarregue seu ar com perfumes artificiais, que alimentam as células muitas vezes já sobrecarregadas com todo tipo de poluentes. Sim, cuidado com o cigarro, as drogas e os perfumes artificiais. Eles instilam veneno para dentro de seu corpo. E fazem você se distanciar dos verdadeiros perfumes da natureza.

A respiração nos provê de um fluxo contínuo de reposição de energia. Esse é um ponto importante para manter um organismo equilibrado. Existem técnicas de respiração que podem ser praticadas no dia a dia. Você também pode prestar mais atenção a si mesmo, parar alguns momentos do dia para respirar fundo e relaxar, atento a este momento. Estar presente no ato de respirar, perceber os pulmões se enchendo, e senti-lo se esvaziando quando expira, este simples gesto também ajuda a acalmar, a equilibrar o estresse das atividades e preocupações, aumentando seu equilíbrio e bem-estar.

4 – O sono

"O sono é um estado ordinário de consciência, complementar ao da vigília (ou estado desperto), em que há repouso normal e periódico, caracterizado, tanto no ser humano como nos outros vertebrados, pela suspensão temporária da atividade perceptivo-sensorial e motora voluntária." (Wikipédia).

O sono é essencial para a reposição e equilíbrio de energia.

Dormir não é apenas descansar. As duas coisas podem acontecer juntas, mas não são uníssonas. Há pessoas que dizem "não estou cansado, então não preciso dormir". Isto é um grande erro. O sono é tão necessário quanto o descanso, os alimentos ou o oxigênio que respiramos. Há processos no nosso organismo que só ocorrem enquanto dormimos. Há necessidade de um sono regular e periódico. Devemos dormir todos os dias, de preferência aproximadamente no mesmo horário. O sono entra como restaurador geral das energias e também recompõe as sinapses neurológicas, a rede de relações entre os neurônios.

O fígado, um dos principais órgãos de manutenção do fluxo energético, tem seu principal trabalho na madrugada, entre 1h e 3h. Por isso, estar em sono profundo nesse horário é muito importante. Dormir tarde, além de atrapalhar esse fluxo energético, interfere no equilíbrio hormonal. Para um corpo desequilibrado, as sensações de fome e saciedade, os processos digestivos e de bem estar se tornam dificultados e confusos.

A falta, ou a irregularidade, de sono geram uma espécie de curto-circuito em nosso cérebro e a memória acaba tendo sua capacidade reduzida. Seria necessário apelar para truques mnemônicos como bilhetinhos para evitar esquecer tudo.

O sono também é responsável pela reparação dos tecidos, devido a alterações na circulação e na respiração. Em pessoas que não dormem com equilíbrio, a cicatrização de machucados pode demorar o dobro do tempo normal.

Sem descanso para o corpo, nosso sistema imunológico se enfraquece. Não é à toa que os médicos sempre nos recomendam repouso na recuperação de doenças e cirurgias, no tratamento de gripes e outras doenças.

Privados de sono, provavelmente teremos déficit de atenção e dificuldade de concentração. Estaremos mais vulneráveis a ocorrências desagradáveis, cometendo desde pequenos *gaps*, como pôr o relógio no copo da dentadura, ou até provocar graves acidentes, às vezes desastrosos.

Noites mal dormidas são seguidas de mal-estar no dia seguinte e costumam provocar ansiedade. E quem nunca sentiu isso? Tanto os atletas amadores, quanto os profissionais, principalmente antes de provas, não conseguem ter o descanso ideal capaz de recuperar as energias por completo.

Em média, o organismo necessita de aproximadamente oito

horas de sono por noite. A qualidade do sono também é importante. Por exemplo, acordar diversas vezes durante a noite ou dormir por muitas horas não é sinal de descanso.

Então, como fazer para conseguir manter a mente e o corpo despertos depois de uma noite ruim de sono? É cultivar sono de qualidade.

Questões

Em busca de seu autoconhecimento, em relação ao Subsistema de Manutenção, responda, para si mesmo, às seguintes questões, sempre relacionadas com sua vida e seu ambiente pessoal e profissional:

- Como é sua alimentação?
- Horários?
- Sabe cozinhar, preparar sua comida?
- O que bebe?
- Que vestuário prefere?
- Compra e cuida de suas roupas?
- Como dorme? O que sonha?
- Que tipo de educação alimentar dá a seus filhos?
- Como é sua respiração?
- Como encara o cigarro, as bebidas alcoólicas e outras drogas?
- Que tipos de alimentos você oferece a sua mente? (TV, internet, leituras, conversas, etc.)

Sugestões de Exercícios:

- Coma devagar, sentindo (pelos cinco sentidos) cada bocado, percebendo as diferenças de fragrâncias e sabores, sua textura mais macia ou dura;

- Respire calma e pausadamente, sentindo todo seu corpo se alimentando do oxigênio;

- Faça um exercício de Roda Viva 1 + 13, isto é, verifique a importância de uma boa alimentação nos demais 13 subsistemas.

- Observe-se como seleciona a roupa, suas cores, sua textura, como combina as diferentes peças, até onde é para você, **e até onde é para mostrar aos outros...**

Exercício para um bom sono

1. Deite na posição em que você prefere dormir e respire fundo e devagar três ou quatro vezes seguidas.

2. Vá dizendo mentalmente o seguinte: "eu relaxo os músculos da minha cabeça, eu relaxo os músculos da minha face, eu relaxo os músculos do meu pescoço, eu relaxo os músculos dos meus braços, eu relaxo os músculos dos meus antebraços, eu relaxo os músculos das minhas mãos." Enquanto você diz isso, vá se sentindo relaxado gradualmente.

3. Na continuação, vá dizendo "eu relaxo os músculos..." e cite todas as partes do seu corpo, barriga, quadril, etc., até os pés. E vá notando que realmente você está relaxando, na ordem que você está "dizendo" mentalmente.

4. Sinta-se bem! Sinta-se relaxado, cada vez mais!

5. Sinta-se leve, quase flutuando!

6. Agradeça à Fonte do Ser a Vida que flui em seu interior e permaneça ainda uns minutos em silêncio consigo mesmo.

Conclusão

O subsistema de Manutenção, como vimos, visa a restauração de nossas energias e busca nosso bem-estar. E o nosso bem estar é algo bem subjetivo. Depende de cada um de nós, da maneira como administramos as coisas de que necessitamos para viver bem, isto é, as ações que nos permitem satisfazer as verdadeiras necessidades do existir neste mundo em que vivemos e construímos nossa missão de vida.

Temos nosso corpo à nossa disposição para o que decidirmos fazer na vida, seja no campo pessoal ou profissional. Restauramos nossa energia através da alimentação, da água, da respiração, do sono, mas não podemos esquecer que existe outra potência que não se esgota e que nos está sempre disponível, porque está dentro de nós: a energia da Fonte.

É a grande Energia que nos fornece todo o combustível que tiramos dos alimentos, dos relacionamentos e do nosso propósito de vida. Nós precisamos, sim, das energias que consumimos pela alimentação, porque somos seres deste mundo processual, em constante mutação. Mas não podemos perder a conexão com a Fonte originante de tudo isto. E, esta, nós não precisamos correr atrás. Ela se encontra dentro de nós.

Com nossas energias restauradas, sentimo-nos de bem com a vida e felizes.

No capítulo que escrevemos sobre o subsistema de Parentesco, apresentamos os diversos ciclos de nossa vida e vimos que, em cada ciclo, as necessidades são diferentes. Também, para a manutenção, as necessidades vão variando: quando bebês, na infância, na adolescência, na fase reprodutiva, nas exigências profissionais, na velhice, etc. Há períodos de desgaste físico maior, noutros o desgaste é mais intelectual, noutros há um emocional excepcional, etc.

Isto implica toda uma gama de formas de relacionamento nosso conosco mesmos e com as pessoas de nossa convivência, que também variam segundo as fases diferentes de nossa vida e da vida das pessoas com quem compartilhamos nosso espaço vivencial. Este é o foco de nosso próximo capítulo: *S04 - Lealdade – Amor e Relacionamentos* – um tema eletrizante, pois toda a qualidade de vida está focada nisso. As maiores alegrias e as maiores dores advêm de nosso espaço de relacionamentos.

S4 | Lealdade: Relacionamentos e Convivência

Introdução

Você quer ser feliz? Duvido muito de que você não queira. Posso lhe afirmar com todas as letras: só há um caminho! Quer saber? Esta dica já é bem antiga. A maioria dos sábios já havia mencionado: se você quer ser feliz, aprenda a AMAR! Simples assim.

Pois leia este texto, que aí vão estar não somente uma, mas algumas boas dicas em torno deste tema, tão crucial em nossa vida.

A busca da felicidade é o que move as pessoas e o mundo. Todo ser humano almeja ser feliz. E nós temos como despertar a felicidade, descobrindo a alegria de viver, pois temos o poder da transformação. Podemos transformar nossa maneira de ver o mundo, com novas possibilidades, ampliando nossa visão.

Nós vamos, no presente texto, mergulhar com vontade no subsistema S04, ou o raio 04, da Roda da Vida do sistema humano, segundo a TOH, numa jornada de aprofundamento, conduzindo você a se observar, e principalmente a sentir onde se encontram seus pontos de dor e sofrimento sob o enfoque deste subsistema ou raio, e buscando lançar luz no caminho, ao encontro da Fonte da verdadeira felicidade e alegria de viver.

Lealdade - Relacionamentos e Convivência.

Subsistema S04 – Lealdade aborda o campo dos relacionamentos e da convivência, envolvendo amizades, associativismo, alianças, comprometimento grupal e comunitário.

O subsistema de Lealdade é, pois, um conjunto de elementos - amigos, parceiros, cúmplices, com sedes, pontos de encontro - para agrupar, associar, consorciar, aliar pessoas, instituições, países e blocos, resultando em romances, associações, tratados, alianças, pactos, promessas de cooperação, evitando o isolamento, a debilidade, na defesa dos interesses de cada um. É o movimento de atração, tensionamento e retração da energia triádica e sua força impulsiva e explosiva, ligando partes, desligando e afastando no campo do relacionamento humano.

Trata-se de laços, união, amor, confiança, associação, amizade, ódio, sindicato, clube, cooperativa, integração, solidariedade, desconfiança, aliança, traição.

Lealdade, no conceito mais comum, diz respeito à honra, à decência e à honestidade. É a postura de quem honra seus compromissos com retidão, responsabilidade, probidade, franqueza e fidelidade. E é isso mesmo e muito mais...

Observe quão amplo é o leque de situações que são abrangidas por este subsistema, abarcando todos os aspectos voltados para relacionamento.

Relacionamento Humano é a forma como as pessoas se comunicam e se tratam. As pessoas se relacionam pelo exemplo, pela admiração, pela competência, pelo caráter.

Todo tipo de relacionamento envolve convivência, comunicação e atitudes que devem ser recíprocas. Quando uma das partes não desenvolve os atributos necessários para uma boa convivência, o relacionamento se torna difícil.

O ser humano é social por natureza. Todos nós nascemos como membros de um pequeno grupo, que é a família. Posteriormente, passamos a pertencer a outros grupos, como os de amizade, de vizinhança, da escola, da igreja, da comunidade, da empresa, do clube, da cidade, dos grupos profissionais, etc.

Consequentemente, tanto do ponto de vista social, como do ponto de vista biológico, a vida social, em grupos e em sociedade, é condição de sobrevivência da espécie humana.

Nossa vida é sustentada por relações de todos os tipos como familiares, afetivas, profissionais, espirituais. Nossa história é feita de relacionamentos do passado, que interferem no presente e que determinam em grande parte nosso futuro.

Vivemos nossa vida sempre almejando algo, conseguindo, às vezes, o que queríamos, para logo perder a graça e almejarmos outra coisa. Assim, seguimos entre pequenas conquistas e grandes frustrações. Parece ser uma maneira nada hábil de ser feliz.

Sabe aquele emprego que você tanto queria? Agora é seu e junto com ele veio o seu chefe de quem você gostaria de se livrar. Aquela linda moça ou aquele belo rapagão que você queria tanto namorar? Agora é o ser que você gostaria de ver o mais longe possível e que deixa um rastro de mágoas e cobranças...

O sofrimento, em relação a este subsistema, origina-se do apego aos objetos desejados. Sofremos porque não temos algo; sofremos porque conseguimos algo e temos medo de perdê-lo; sofremos porque temos algo que parecia bom, mas agora não é tão bom assim; e sofremos porque temos algo pelo qual queremos nos livrar e não conseguimos.

Podemos ver então que, mesmo que tenhamos sucesso na

nossa experiência de felicidade, ela mesma pode se tornar causa de uma experiência de sofrimento. Estes objetos podem ser uma casa, um carro, roupa, livros, equipamento, etc., uma infinidade de coisas que consideramos nossas e de que não queremos abrir mão. Mas podem ser também pessoas, tais como cônjuge, namorado(a), filhos, amigos, colegas, etc. Ou ainda, um time, pátria, religião, partido, bando, ideias, princípios, crenças.

Temos, pois, inúmeros objetos a que nos apegar e que, afinal, nos causam dor, angústia, medo de perder, sofrimento quando perdemos, disputas com outras pessoas ou grupos que possam querer a mesma coisa.

Somente através da superação desse ego possessivo e eliminando ou direcionando seus desejos é que se pode alcançar a libertação dos sofrimentos.

Um bom relacionamento se desenvolve quando há confiança, empatia, respeito e harmonia entre as pessoas envolvidas.

Todos nós temos a capacidade de amar. Mas, quando há quebra de confiança, é como um cristal que se quebra. Não conseguimos, ou é quase impossível, restaurá-lo por inteiro. Então, sentimo-nos desprezados, traídos, incapazes de amar ou de expressar amor. Além disso, também sentimos o desprezo, nojo, raiva, mágoa, refletindo, possivelmente, em nossa saúde física.

Quando isto se repete, a tendência é perdermos a confiança em nós mesmos e nas pessoas de nossa convivência. Passamos a ter cada vez mais dificuldade de nos ligar, tornamo-nos desconfiados, muitas vezes agressivos, cínicos e sarcásticos, ou nos fechamos e nos isolamos. Criamos cadeias para nós mesmos – e reclamamos dos outros e da vida.

Também dói quando sentimos que pessoas nos procuram dizendo-se amigos, quando, na realidade, só têm interesse, querem nos usar para seu benefício ou interesse. Sentimo-nos objetos.

A saída é redescobrir nosso foco interior, cultivar o amor a nós mesmos, reencontrando nosso centro, e a partir daí recuperar, pouco a pouco, a confiança nos outros e na vida. Para isso, é preciso buscar o apoio de alguém que nos ajude nessa difícil tarefa da redescoberta interior, um mestre, um mentor, um terapeuta.

A Internet

Até poucos anos atrás, os relacionamentos à distância se davam, principalmente, através de cartas e geralmente as respostas e trocas exigiam um certo tempo para fluírem, seja nas relações afetivas, comerciais ou institucionais. Elas se destacavam via telefone, ligações nem sempre fáceis e, sobretudo, caras. As reações emocionais aconteciam ao longo do tempo de espera, as expectativas e as ansiedades iam crescendo, provocando sofrimento e angústia.

Hoje, os relacionamentos à distância se dão, sobretudo, via internet com seus recursos tecnológicos em rápidas transformações.

A internet possibilita que as pessoas interajam de qualquer lugar do mundo, com respostas rápidas e imediatas, muitas vezes, superficializando as reações afetivas, sem tempo para um processamento interior.

Se, de um lado, a internet encurtou as distâncias entre as pessoas, por outro lado, facilmente põe distância entre elas no mundo real, uma vez que elas se recolhem para seus "mundos" virtuais e ficam por ali horas e horas, vendo filmes, fotos, ouvindo músicas, entre outras coisas. A presença de amigos, e até mesmo namorados, muitas vezes fisicamente pertos em um mesmo lugar, ambos atentos a seus celulares, faz-nos perguntar se eles estão juntos ou distantes. Estão fisicamente presentes, mas de fato estão longe, não se relacionam.

É importante entendermos que o relacionamento e o diálogo entre as pessoas são necessários. Por mais que as pessoas queiram realizar suas atividades sem a ajuda de ninguém, sempre haverá situações onde dependeremos de outra pessoa.

Na verdade, tudo se conecta, não existe nada separado e nada isolado. Tudo está em interconexão.

Há alguns anos, quando um eletrodoméstico estragava, por exemplo, era comum as pessoas irem até um local especializado em consertos e pagar para arrumá-lo. O pensamento atual já é diferente: quando se quebra algo, não se leva mais para consertar, apenas compra-se outro, como se tudo fosse descartável. Mas, as pessoas não são descartáveis. Aliás, nem consertáveis. As relações entre elas precisam ser cultivadas, se quisermos ter verdadeiros amigos com os quais contar.

Nós dependemos e precisamos da família, dos amigos e colegas para uma vida feliz, porque tudo está interligado.

Veja este belo texto do monge e poeta vietnamita Thich Nhat Than:

"Se você olhar bem, verá claramente uma nuvem em um papel em branco. Se não existir a nuvem, a chuva não cai. Se não cair a chuva, a árvore não cresce. Se a árvore não cresce, não se faz papel. Então podemos dizer que o papel e a nuvem se encontram em interexistência. Se observarmos mais profundamente o papel, veremos nele a luz do sol. Sem a luz do sol, o mato não cresce. Ou melhor, sem ela nada no mundo cresce. Por isso, reconhecemos que a luz do sol também existe no papel em branco. O papel e a luz do sol se encontram em interexistência. Se continuarmos observando profundamente, veremos o trabalhador que cortou a árvore posteriormente levada à fábrica de papel.

Veremos também o trigo no papel. Sabemos que o trabalhador não pode existir sem o pão de cada dia. Por isso, o trigo, a matéria-prima do pão, também existe no papel. Pensando desta maneira, reconhecemos que um papel branco não pode existir quando faltar qualquer um destes ele-

mentos. Não posso citar nada que não esteja aqui, agora. O tempo, o espaço, a chuva, os minerais contidos no solo, a luz do sol, as nuvens, os rios, o calor... tudo está aqui, agora. Não podemos existir sozinhos.

Este papel branco é totalmente constituído de "elementos que não são papel". Se devolvermos todos os "elementos que não sejam papel" à sua origem, o papel deixará de existir. O papel, em sua espessura fina, contém tudo do universo. Nele não há nada que não exista em interdependência. A inexistência de elementos independentes significa que tudo é satisfeito por tudo.

Nós só existimos em interexistência com os demais e com todo o Universo, assim como um papel só existe porque todos os demais elementos existem."

Relacionamentos

No contexto dos relacionamentos humanos, todas as verdades podem e devem ser ditas, até pela busca do crescimento e fortalecimento dos relacionamentos humanos (confiança). O grande segredo, porém, é a forma de dizê-las, a habilidade em colocá-las a cada momento vivido, a percepção de considerar que cada ouvinte é um ser diferente, complexo, sensível, e saber que nessa diversidade reside a beleza do ser humano e o significado da vida.

Eckart Tolle nos diz a respeito de relacionamento:

"A maioria dos relacionamentos humanos se restringe à troca de palavras – o reino do pensamento. É fundamental trazer um pouco de silêncio e calma, sobretudo aos seus relacionamentos íntimos. (...)

Ouvir com verdadeira atenção é outra forma de trazer calma ao relacionamento. Quando você realmente ouve o que o outro tem a dizer, a calma surge e se torna parte essencial do relacionamento.

Mas ouvir com atenção é uma habilidade rara. Em geral, as pessoas concentram a maior parte de sua atenção no que estão pensando. Na melhor das hipóteses, ficam avaliando as palavras do outro ou apenas usam o que o outro diz para falar de suas próprias experiências. Ou então não ouvem nada, pois estão perdidas nos próprios pensamentos. Ouvir com atenção é muito mais do que escutar. Ouvir com atenção é estar alerta, é abrir um espaço em que as palavras são acolhidas.

As palavras se tornam então secundárias, podendo ou não fazer sentido. Bem mais importante do que aquilo que você está ouvindo é o ato em si de ouvir, o espaço de presença consciente que surge à medida que você ouve. (...) Nesse espaço, você e ela se tornam uma só consciência."

Olhe, agora, um pouco para si mesmo. Observe como está a confiança em si mesmo, em relação aos outros e na vida? Está lhe trazendo felicidade ou dor?

E vem, aí, uma pergunta intrigante: como nos relacionar?

Vamos nos aprofundar neste tema, "o relacionamento humano".

Ao olhar este tema, vem imediatamente uma pergunta: como está o seu relacionamento com as pessoas com as quais você convive? Com seus pais, seus irmãos, seu namorado(a), seu cônjuge, seus filhos? E no trabalho, como você se relaciona com seus superiores, seus colegas, seus subordinados, sua equipe? E em sua comunidade, como você se relaciona com seus amigos, vizinhos, parentes, com as pessoas que lhe prestam serviços?

No mundo do trabalho é comum as pessoas terem muita dificuldade de lidar uns com os outros. De modo geral, em nossa formação profissional foi dada ênfase em como administrar recursos, processos – e não aprendemos a lidar com gente. Frequentemente, entramos em choque com as pessoas, sobretudo as de nossa equipe. Por quê? O principal incentivo para crescer na carreira é pela competição, por superar os demais. Aprendemos a ver nas pessoas apenas recursos e processos que tragam bons resultados, que sejam produtivos. Será que elas são só isso?

Pense bem: você é apenas uma peça da máquina de produzir resultados na empresa? Você não tem uma vida muito mais ampla do que isso? Você não tem família, religião, esportes, amigos? Você não tem anseios, sonhos para além da empresa? Você não fica doente, frustrado, problemas com contas, dívidas, doenças na família? Você não tem vontade de ser feliz, de viver bem?

Pois bem, as pessoas com quem você convive, com quem você trabalha, cada pessoa também tem sua família, sua religião, seu esporte preferido, seus amigos, seus sonhos, fica doente, frustrado, preocupações e, acima de tudo, cada um quer ser feliz e viver bem.

Conclusão: Nossa vida, no dia a dia, é constituída por laços, união, amor, amizade, associação, negociações, acertos, acordos – enfim, relacionamentos de toda ordem.

Relacionamentos Focados e Desfocados

Para aprofundar e ampliar nosso olhar sobre essa questão dos relacionamentos, vamos usar um quadro de referência muito simples. Vamos olhar os relacionamentos quando estão FOCADOS e quando estão DESFOCADOS.

1. O que é um RELACIONAMENTO FOCADO?

Dizemos que é focado o relacionamento que tem a outra pessoa ou grupo como foco, como eixo. Aí, ele está centrado. A pessoa ou grupo é visto para além das aparências, dos títulos, dos rótulos. São vistos como seres iguais a nós, em dignidade.

2. O que é um RELACIONAMENTO DESFOCADO?

Dizemos que um relacionamento é desfocado quando não é

direcionado às pessoas ou grupos por eles mesmos, quando é descentrado, quando se dirige mais às aparências, aos rótulos, aos interesses que se tem neles. E, aí, caímos na armadilha do gosto-não-gosto, do aceito-não-aceito, do serve-não-serve...

Vamos refletir sobre as três características básicas de um RELACIONAMENTO FOCADO e de seu contraponto DESFOCADO:

1. Postura Condutora

2. Presença Aqui Agora

3. Comunicação Real

1. Um relacionamento é FOCADO com <u>Postura Condutora,</u> quando a pessoa age com liberdade interior, quando é dona de suas decisões e tem <u>opções próprias, pessoais</u>. Dizemos que tem <u>resiliência,</u> pois "aguenta o tranco", tem jogo de cintura, mas sabe ser firme e resistente, como o bambu: ele balança ao vento, mas nenhuma tempestade forte consegue quebrá-lo.

A pessoa focada sabe <u>delimitar seu campo</u>, isto é, não invade o espaço de outras pessoas e não se deixa invadir. Sabe até onde ir sem invadir, mas sabe dizer não para não ser invadido.

Sua postura é de <u>centramento</u>, mantendo o foco em seu próprio interior. Age a partir de suas próprias crenças, consulta seu interior, sua intuição, para não ser envolvido em dramas afetivos ou jogos subgrupais que tendem a sugar suas energias. Perder seu centro é, como se diz na linguagem popular, "perder a cabeça" ou deixar-se induzir ou seduzir.

Mas, isto não significa que a pessoa deve ficar fechada em si mesma, não. A pessoa focada é <u>cooperativa</u>, colabora com outras pessoas, se integra nas equipes. Contudo, no mundo competidor em que vivemos, joga para ganhar, com ética e respeito, sabendo que o melhor jogo é o ganha-ganha.

Vamos olhar, agora, para o lado do RELACIONAMENTO DESFOCADO.

Desfocado da postura condutora é a pessoa que perde sua autocondução e se deixa conduzir por fatores externos. Por exemplo:

Falamos de <u>cooperação</u> e <u>competitividade</u> enquanto focadas. Como seria então a <u>competição</u> desfocada?

Ao invés do ganha-ganha, passamos para o ganha-perde. Temos que estar atentos a nosso espírito competidor, para não cairmos no "ganhar a qualquer custo". Quando usamos de qualquer meio para chegar a um fim, geralmente ferimos as pessoas, perdemos a compaixão pelos outros, perdemos o respeito. E o resultado é que perdemos a confiança nas pessoas, e as pessoas perdem o respeito por nós. O relacionamento começa a ser muito problemático e desgastante para todas as partes. O que mais se ganha com isso é um crescente estresse que nos desgasta e nos afasta dos outros, incluindo a nós mesmos.

E por que dizemos que o <u>consumismo</u> é desfocado? Dá para viver sem consumir? É claro que não. Mas, não podemos deixar o controle por conta da propaganda, do apelo da embalagem, do gosto-não-gosto. Não podemos ir ao impulso do momento. Precisamos apelar para o bom senso, pesando as vantagens e as consequências. Não posso ser levado pela moda, pela aparência, pelos apelos sensoriais. É para isso, entre outras coisas importantes, que serve a inteligência racional, que dá direção, dá condução, que fornece os pesos e medidas...

Uma questão grave e que acarreta muitos desencontros, conflitos, desgastes é a falta de delimitação, as <u>invasões</u> aos espaços de outras pessoas, o desrespeito à privacidade e às opções dos outros. A pessoa descentrada tende a querer se impor sobre os outros. E, muitas pessoas não sabem como se defender dessas intromissões e se submetem, perdendo sua autocondução, tornam-se <u>submissas</u> e, geralmente, são dominadas pelo medo, inseguras.

O <u>medo</u> é um instinto natural de defesa que promove o alerta para perigos. Mas quando é dominado por emoções negativas, por dramas mentais, ele tende a nos paralisar. Na verdade, perdemos nossa postura condutora. Quem toma as rédeas são entidades imaginárias que só existem em nossa mente, carregadas de emoções negativas e paralisantes. É uma das causas de descentramento. Também estamos descentrados, quando somos seguidores de algum guru, mestre, quando nos atrelamos a alguma doutrina ou ideologia que se coloca como dona da Verdade. Nós não precisamos seguir ninguém. Nós já temos a Verdade dentro de nós. Através do centramento e da meditação nós temos acesso a esta Verdade, que nos conecta com a Vida.

2. O segundo ponto para manter um relacionamento focado é a Presença Aqui Agora.

Nossa vida é um constante fluir, uma passagem pelo tempo. Mas tudo somente acontece agora e aqui mesmo onde estamos. O passado não existe no agora. Já foi. O futuro também não existe no agora. Ainda será.

Da mesma forma, não existe lugar melhor nem pior do que este onde estou agora. Este é o único lugar que posso ocupar neste instante.

A consciência disso nos permite valorizar a vida do jeitinho que ela é, valorizando as pessoas com as quais compartilhamos este momento e também as coisas que temos, mesmo sabendo que só estão de passagem. Pessoas e coisas estão conosco, mas não são nossas. Se nos apegamos a elas, preparamos o sofrimento da separação.

O escritor inglês Aldous Huxley, aquele do livro "O Admirável Mundo Novo", tem uma frase muito sugestiva: *"O Aqui e Agora é sempre provisório e relativo"*.

Quando nossa mente se prende ao passado, ficamos desfocados da realidade, que só existe no presente. Ter saudade é até bom, mas ela não pode nos prender, seja no que foi agradável ou no que foi desgostoso, carregado de mágoa. Isso nos deixa patinando, não aprendemos com o presente, e não evoluímos.

A tendência é o julgamento. Podemos ficar na mão de alguém que julgamos pessoa muito boa, porque nos deu um presente, tratou-nos bem no passado. E, agora, pode nos explorar e até mesmo nos chantagear. Ou, ainda, julgamos uma pessoa por algum preconceito ou por uma ação que nos ficou na memória como desagradável ou ruim. O julgamento impede de fazer uma avaliação correta no presente e de termos uma postura condutora leal e eficaz, impedindo-nos de viver o presente, aceitando-o como ele é.

A mesma coisa é ficar preso no futuro, cheio de ansiedades, de medos. Leva-nos a fugir do presente e pode, até mesmo, tornar qualquer um irresponsável pelo que está acontecendo.

Estar presente no Aqui e Agora é saber aproveitar cada instante, desfrutar dele e aprender com ele. É estar aberto para aprender com cada pessoa a cada momento. Viver passa a ser, então, um enriquecimento contínuo. "Errar é humano", sim. Mas, podemos aprender com os erros, se estivermos Aqui e Agora atentos a eles, buscando novos caminhos, com mentalidade criativa, solucionadora.

Mas esse enriquecimento pessoal depende de uma atitude interior que determina nossa vontade: qual a nossa intenção neste momento? qual a abertura de coração que temos? Se nossa intenção básica é tirar proveito pessoal de tudo, não há lugar para entreajuda, para colaboração, para mentalidade participativa e servidora.

3. A terceira característica importante para se manter o foco nos relacionamentos é a Comunicação Real.

É ter uma comunicação limpa, clara, direta. Ela é real quando é explícita, quando abre o jogo.

Para termos uma comunicação real é importante a negociação. Tudo explícito e negociado. É buscar o consenso com a compreensão mútua do ponto que se negocia. Isto evita conflitos, mal-entendidos, mágoas, cobranças.

Nem sempre se pode dizer tudo. Deve-se sentir até onde a outra pessoa vai conseguir entender o que estou querendo comunicar. Não se pode "dar feijoada a recém-nascido". Mas, jamais mentir, jamais enganar. Toda mentira, todo engodo, toda desculpa esfarrapada acaba se voltando contra quem as usa. E com isso, lá se vai a confiança, base para um relacionamento realmente produtivo, consistente, que produz alegria e bem-estar.

Por outro lado, a comunicação é desfocada quando usa de <u>táticas</u>, quando enrola, disfarça, e se <u>justifica</u> a toda hora. É terrível quando se vale de <u>fofocas</u>, de intrigas, quando fala por trás. De um lado, isto fere a lealdade às pessoas. De outro, as pessoas passam a não mais acreditar no fofoqueiro.

Acima de tudo, queremos reafirmar um ponto já abordado anteriormente: qual a <u>intenção</u> básica do que se está comunicando ou negociando? Existe respeito à outra pessoa ou aos grupos? Estou de alma limpa, de coração aberto, focado na compaixão, a maior das virtudes?

Já dizia o grande Mestre: "Amar ao próximo como a si mesmo", este é o segundo maior mandamento, depois daquele "Amar ao Pai Fonte da Vida acima de tudo".

Conclusão

Com esta abordagem relacional, cultivando uma <u>postura condutora</u>, estando presente no <u>aqui e agora</u> e tendo uma <u>comunicação real</u>, obtemos resultados não apenas eficientes ou eficazes, mas de excelência no convívio com as pessoas e com todos os seres.

O ser humano possui sede de infinito, de amor pleno, e tenta preencher com o amor romântico do "você é tudo para mim". Como isso não preenche essa sede, quando os limites deste amor se apresentam, nas rupturas, nos conflitos, nos desgastes, no sentir-se usado, provoca os grandes sofrimentos...

Também é frustrante para quem utiliza toda sua energia de vida em ganhar coisas, propriedades, joias, dinheiro, e de repente se dá conta de que tudo isso é limitado. Muitas vezes, quando frustradas, essas pessoas sentem-se perdidas, refugiam-se em drogas, ou até mesmo atentam contra a própria vida, para pôr fim ao sofrimento. Basta perceber quanta gente se suicidou, quando em momento do chamado Plano Collor, início da década de 90, ou em relação ao grande desfalque dos bancos e construtoras, nos Estados Unidos, na crise de 2008.

A vida só acontece no Aqui e Agora, num presente absoluto, onde tudo no universo pulsa simultaneamente. Para dar-nos conta disso, temos que acalmar nossa mente, treinada para o movimento, o processual. Nossa mente costuma estar apegada às experiências do passado, e, ao mesmo tempo, angustiada frente ao que possa vir a acontecer no futuro.

Deve-se mergulhar no silêncio interior para ouvir o grande SER pulsante, para sentir-se contido no Universo e simultaneamente contendo-o. Deve-se meditar!

Nossos condicionamentos mentais, nossas ações de subsistência e nossos vínculos afetivos nos dividem, cobram de nós mecanismos de ataque e defesa, de inclusão e exclusão. Precisamos nos reunificar, reaproximar-nos.

A profunda tomada de consciência disso, permite a nós superar o sofrimento proveniente da desunião, da separatividade. Ao ver no outro o reflexo divino que ele é, já o vejo para além de suas expressões limitadoras, como sexo, idade, cor, raça, nacionalidade, partido, religião, e até mesmo, para além dos vínculos afetivos. Sinto pulsar em mim a mesma frequência maior que pulsa no outro.

Centrado nessa percepção, me ponho a serviço da Vida. É esta a visão que me permite uma postura prestadia, de estar a serviço do outro, da vida, do amor.

Porque, só consegue transcender seu egocentrismo, alguém que desenvolve uma consciência de si mesmo como reflexo do Universo e enxerga nas outras pessoas este mesmo reflexo.

Passa a ter um real "mando com", sem mecanismos inconscientes de controle dos demais, sem satisfazer necessidades egoístas em prejuízo dos demais, nem competir em proveito de seu próprio grupo, sem levar em conta as necessidades dos outros ou, até mesmo, lutando contra os outros. É o verdadeiro ganha-ganha.

Para que haja um comando onde todos ganhem, deve-se estar centrado em seu foco interior de reunificação, que promove um profundo respeito por todos os seres. Isto nos permite compartilhar o pão nosso com quem tem fome e, ainda, transcender o apego e a possessividade sobre coisas e pessoas.

Centrados na Reunificação, que nos remete diretamente à Fonte, é que somos realmente livres frente a tudo mais e promovemos este sentimento de liberdade nas pessoas com quem convivemos. A resultante disso é a alegria de viver, o pleno desfrute da Vida, assumindo um dar e receber com gratidão por tudo o que nos cerca. É ser feliz, além das dores e limitações.

Exercícios

Em busca de seu autoconhecimento em relação ao Subsistema de Lealdade, responda, para si mesmo, às seguintes questões, sempre relacionadas com sua vida e seu ambiente pessoal e profissional:

1. A quem você ama e quem o ama?
2. Como você é no amor, na amizade, na solidão, na rejeição e no ódio?
3. Como faz para conquistar, agradar?
4. Tem facilidade para fazer e conservar amigos(as)?
5. Gosta de si mesmo?
6. Pertence a alguma associação? Como se sente nela?
7. Em seus relacionamentos, prevalece a confiança ou a desconfiança?

8. Quais são os melhores lugares para você se reunir com os amigos?

Sugestões de exercícios

1. Selecione três ou mais amigos e reflita sobre o que mais lhe atrai neles e sobre o que você representa para eles.
2. Selecione três ou mais pessoas por quem você tem rejeição ou desconfiança e descubra o que provoca este sentimento em você?
3. Descubra de que forma você pode se tornar mais atuante na associação à qual você pertence.
4. Medite sobre como tudo está conectado com tudo.

Exercício sobre o amor

Parece incrível, mas raramente temos uma visão mais ampla sobre as pessoas que amamos.

Sentimos que amamos muito nosso filho, mas geralmente aspiramos a que ele "se dê bem na vida" segundo nossa forma de ver, que nos respeite, isto é, siga o caminho que nós lhe indicamos ou algo semelhante.

De modo aparentemente "natural", surgem em nossa mente algumas – ou muitas – condições que consideramos necessárias para seu bem-estar, vitórias, conquistas, etc. E, se tais condições não se manifestam, a relação desanda, a comunicação fica comprometida e a lucidez nos falta.

Olhar para o próprio filho, a partir de outros referenciais, pode transformar por completo uma rede de relações ligadas ao passado, presente e futuro. Descobrimos que nossas necessidades de controle, e todas as negociações e estratégias de controle podem cessar. A vida fica mais simples. Relações saudáveis vão surgindo aqui e ali, e um novo tecido humano se torna possível.

Então, vamos ao exercício

1. Pense nas pessoas com quem você quer ter relações saudáveis.
2. Faça uma lista das pessoas com as quais você se relaciona no seu dia a dia (filhos, cônjuge, colegas...).
3. Focamos cada pessoa, incluindo a nós mesmos.
4. Vamos ampliar nossa visão em relação a estas pessoas, pelo exercício do amor. Medite calmamente:
   - Que (nome da pessoa) encontre a felicidade (serenidade) e se liberte do sofrimento (aflições).
   - Que (nome da pessoa) encontre as verdadeiras causas da felicidade e se liberte das causas (origens) do sofrimento.
   - Que (nome da pessoa) se purifique de todos efeitos de suas intenções negativas, de suas fixações.
   - Que (nome da pessoa) possa, de fato, trazer bem-estar a todos e veja nisso a fonte de toda alegria, motivação e energia.

Faça esse exercício todas as manhãs por alguns dias, para que os condicionamentos indesejáveis sejam transformados. A sugestão é repetir, várias vezes, até que sinta a energia mudar.

SEJA FELIZ NO AMOR PELA VIDA, POR SI MESMO, PELAS PESSOAS E POR TODOS OS SERES NO AQUI E AGORA!

S5 | Lazer: Alegria e Recreação

Introdução

Estamos, passo a passo, trilhando os caminhos propostos pela Teoria da Organização Humana, a TOH, do Prof. A. Rubbo Müller, adentrando cada um dos 14 subsistemas ou raios da Roda da Vida do sistema humano, numa jornada de aprofundamento, propondo ao leitor se observar e, principalmente, a sentir onde se encontram seus pontos de dor e sofrimento sob o enfoque do subsistema ou raio, e buscando lançar luz no caminho, ao encontro da Fonte da verdadeira felicidade e alegria de viver.

E neste texto, agora, vamos aprofundar um pouco mais nossa reflexão em torno do subsistema ou eixo S05 – Lazer - Alegria e Recreação.

Lazer - Alegria e Recreação

O subsistema de lazer ou de recreação é um conjunto de prestadios de diversão, esportes e entretenimento e seus públicos, em teatros, em centros de esportes e lazer, *playgrounds*, acampamentos, recantos e seus equipamentos tecnológicos - para relaxar o tensionamento triádico causado por agendas e outros subsistemas, buscar prazer, desfrute, divertir e compensar com agendas mais agradáveis que as rotineiras, evitando o stress, o masoquismo.

Este subsistema envolve: alegria, descanso, diversão, felicidade; esportes, *hobby*, tempo livre, férias, turismo. Mas também a outra face, quando envolve dor e sofrimento: esgotamento, tristeza, insatisfação, amargura, desprazer, depressão, chatice.

Segundo a Wikipédia, lazer (latim *licere*, ou seja, "ser lícito", "ser permitido") corresponde ao tempo de folga, de passatempo, de ócio, de descanso, distração ou entretenimento, de uma pessoa. "É comumente visto como um conjunto de ocupações às quais o indivíduo desenvolve, de livre vontade, seja para repousar, seja para divertir-se, recrear-se e entreter-se ou, ainda, para desenvolver sua informação ou formação desinteressada, sua participação social voluntária ou sua livre capacidade criadora, após livrar-se ou desembaraçar-se das obrigações profissionais, familiares e sociais".

A natureza é alegre. Observe os pássaros, os animais, as flores, as risadas das crianças brincando. Quando se perde a alegria de viver, a vida perde a graça, torna-se pesada para si mesmo e para as pessoas à sua volta. As pessoas se fecham. Os rostos expressam tristeza, preocupação, sofrimento, ou mesmo, raiva e violência.

A vida é para ser celebrada, festejada. Praticar esportes, passeios, promover e ir a festas, viajar, desfrutar da arte, da dança, gostar de cantar – são todas expressões dessa alegria de viver, da mesma forma pela qual, por exemplo, as crianças (e os animais) ficam felizes, quando brincamos com elas.

O sofrimento, em si mesmo e nas pessoas de nossa convivência, começa quando jogos e brincadeiras se tornam muito competitivos, desleais, e quando agridem as pessoas e o meio ambiente. Os esportes podem se tornar vícios que tiram a liberdade e a alegria, gerando ansiedades, conflitos e inimizades, agridem a saúde física e emocional. Não permita desvirtuar o que é saudável! O sofrimento é, também, não achar tempo para brincar, divertir-se, alegrar-se com as pessoas e a vida.

Quando percebemos que estamos perdendo a alegria e nos irritando demais com as pessoas e com o que ocorre à nossa volta, o que isto pode estar indicando? Onde ficou a alegria, a felicidade? Cadê a criança interior que desperta a vontade de brincar, que nutre a vida com alegria?

Quando foi a última vez que você brincou?

O lazer é, pois, o subsistema encarregado de eliminar o *stress*. Enquanto, os afazeres do dia a dia vão nos estressando, é importante ter uma válvula de escape. A natureza é alegre. Os nossos afazeres diários exercem sobre nós uma tensão. Esta pode ser criativa, quando nos impulsiona e desafia para irmos buscar a criatividade, ou a tensão pode se transformar em conflito. Depende de como olhamos para ela.

Tensão Criativa

A tensão criativa é a força que entra em ação no momento em que identificamos o que queremos (o nosso objetivo) com uma imagem nítida da realidade atual (onde estamos em relação ao que queremos). Assim sendo, a tensão criativa é a força, a energia de que precisamos, no intuito de unir nossa visão com a realidade desejada.

O que é que nos limita a criar o que realmente queremos? Segundo Peter Senge, em "A Quinta Disciplina", o que nos limita é nossa crença de impotência (nos sentir incapazes de realizar o que queremos) e de desmerecimento (não ser merecedores do que desejamos).

Essa força pode provocar emoções associadas a ansiedade, a medo ou insegurança, mas ela será o ponto de partida para nos pôr em movimento.

Podemos usar essa ansiedade a nosso favor. Por exemplo: ao

disparar uma flecha, temos três opções: se o arco estiver frouxo, a flecha simplesmente cairá logo à sua frente, sem atingir o alvo; se estiver excessivamente tensionada, a flecha ultrapassará o alvo; mas se a tensão estiver na medida certa, você terá grande probabilidade de acertar o alvo.

Esta força é que nos move, que nos faz sair da zona de conforto para realizarmos o que precisamos. Se forçamos demais, ficamos estressados, se não forçamos, não saímos do lugar, não realizamos nada.

Maestria Pessoal

Saber manter a tensão criativa é o que determina nossa maestria pessoal.

A maestria pessoal é uma das cinco disciplinas de Peter Senge e indica a capacidade do indivíduo de estar sempre aberto a aprender e a compartilhar suas experiências de vida e profissionais. É a essência do aprender a gerar e a sustentar a tensão criativa em nossas vidas e a evitar o conflito. Para isso, precisamos aprender a desestressar.

Desde cedo, aprendemos a separar e dividir os problemas para facilitar a execução de tarefas e o tratamento de assuntos complexos. Assim, é comum deixarmos de ver as consequências de nossos atos e perdermos, também, o sentido de conexão com o todo maior.

Esta é a origem dos nossos conflitos. Afinal, enxergamos divididos, em fragmentos, ou olhamos o todo? Olhamos uma parte e avaliamos o todo pela parte, ou olhamos a parte integrada no todo pulsante?

É importante saber dividir e distinguir, sem perder a noção do todo. Esta é a visão holossistêmica. Esta é a visão que precisamos cultivar e desenvolver. Esta é a visão do mestre de sua própria vida.

Para isso, é necessário que a gente aprenda a dar uma parada, concentrar-se, buscar ver o que é realmente importante, nesse momento. Perguntar-se: por que está escolhendo tal caminho e não outro? O que o leva a investir seu tempo nisso? Está de acordo com sua intenção maior? Com seu propósito de vida? Com sua visão de futuro?

Uma vez clareado, vá em frente com coragem! O possível conflito foi superado... com maestria!

A maestria pessoal é a base de nossa capacidade de ver o mundo como um sistema de forças entrelaçadas e relacionadas entre si. Significa fazer da vida um trabalho criativo, viver a vida de um ponto de vista criativo, em contraposição ao modelo reativo – esperar acontecer para fazer alguma coisa.

A maestria pessoal é ver o conflito, aceitá-lo e ultrapassá-lo, sem se deixar prender nas dificuldades, mas aberto ao que está emergindo, de forma coerente com a vida, com espírito alegre, focado na solução.

Peter Senge, no citado livro *A Quinta Disciplina*, conta-nos a parábola do sapo escaldado que, se colocarmos um sapo numa panela de água fervendo, ele pulará fora rapidamente. Mas, se o colocarmos numa panela com água morna e formos aquecendo bem devagar, ele irá se adaptando à temperatura e acaba anestesiado – e, cozido ao final de algum tempo.

A maestria pessoal, portanto, é estar de olho aberto, perceber o que se passa à nossa volta, as armadilhas – às vezes, ardilosas e sutis – que tentam nos apontar soluções incoerentes com a vida e com nossos propósitos.

Que as tensões se tornem criativas, desafiadoras de nossas capacidades. Isto nos dará a alegria da verdadeira vitória!

Alegria

A alegria é o ponto a ser alcançado no subsistema de lazer. Um lazer, que seja a válvula de escape encarregada de eliminar o *stress*, mantendo sobre nós uma tensão criativa, que nos movimenta para agir e experimentar a alegria.

A alegria que experimentamos origina-se de ter nossos desejos concretizados ou nossos problemas solucionados.

Conseguir um aumento, apaixonar-se, comprar um carro, curar-se de uma doença, fazer uma nova descoberta, todas essas coisas e muitas outras, possibilitam-nos entrar num mundo de alegria.

Porém, esse estado de alegria é passageiro, como o gosto de algo doce, cujo prazer logo acaba. A primeira mordida de um bolo de chocolate causa-nos grande prazer, porém, pela quinta ou sexta vez, esse intenso prazer dá lugar a um mero contentamento ou, até mesmo, ao enjoo.

Infelizmente, nossa sociedade ensina que a realização de nossos desejos é a verdadeira felicidade. As pessoas, entretanto, anseiam por uma vida na qual as alegrias momentâneas de êxtase possam, de alguma forma, tornar-se permanentes.

Atingir o estado de alegria é o propósito último e a condição de vida mais elevada. Somos tentados por revistas de turismo e programas de TV, que nos apresentam visões de um paraíso a ser atingido através de uma curta viagem de carro ou de avião. Empresas nos mostram "novas" versões de seus produtos, convidando-nos a descartar dos velhos – ainda perfeitamente utilizáveis. A sociedade nos tensiona, dizendo que precisamos adquirir mais e mais: a felicidade prometida é ter algo, ser alguém, é poder estar em algum lugar especial. As pessoas tendem a sentir-se inadequadas ou deslocadas, quando não podem manter um determinado estilo de vida. A alegria, então, torna-se o mundo em que as pessoas buscam aparecer, subir na vida, destacar-se.

Na realidade, êxtase ou alegria não se encontra em algum lugar além, mas, sim, onde estamos agora. A alegria que brota de nossa prática da fé em nós mesmos, da fé na vida e do modo como a conduzimos.

Fernando Pessoa já dizia:

"Onde você vê um obstáculo, alguém vê o término da viagem e o outro vê uma chance de crescer.

Onde você vê um motivo pra se irritar, alguém vê a tragédia total e o outro vê uma prova para sua paciência.

Onde você vê a morte, alguém vê o fim e o outro vê o começo de uma nova etapa...

Onde você vê a fortuna, alguém vê a riqueza material e o outro pode encontrar por trás de tudo, a dor e a miséria total.

Onde você vê a teimosia, alguém vê a ignorância, um outro compreende as limitações do companheiro, percebendo que cada qual caminha em seu próprio passo. E que é inútil querer apressar o passo do outro, a não ser que ele deseje isso.

Cada qual vê o que quer, pode ou consegue enxergar. "Porque eu sou do tamanho do que vejo. E não do tamanho da minha altura."

O espaço deste nosso subsistema de Lazer – Alegria e Recreação é, pois, o espaço que obtemos por nossa maestria pessoal e grupal de geração de clima de relax, de alegria, de leveza. É espaço para cultivar amizades alegres, saudáveis e criativas.

Enxergar a vida com leveza relaxa, abre caminhos, rejuvenesce. O contrário envelhece, dificulta os relacionamentos, traz tensão.

Para que carregar tanto peso em nossas costas? Para que acumular mágoas, pensamentos e sentimentos negativos?

O mundo tem coisas maravilhosas. Fixe-se nas maravilhas e olhe os obstáculos para saber se dá para removê-los, ou contorná-los. Pratique o perdão. Perdoar alivia o coração, libertando a pessoa perdoada, mas ainda mais quem perdoa. Enfim, leve a vida com bom humor, de uma forma leve e saudável; sorria, cante, tenha um *hobby*, pratique um esporte, busque companhias alegres; não se leve tão a sério.

Vamos reencontrar, dentro de nós, a criança que expande a alegria, com muito riso. Rir é uma expressão humana fantástica. É a melhor expressão da alegria de viver.

Tristeza

Nós estamos todos em busca da felicidade, não é verdade? Mas, no nosso dia a dia, passamos por momentos alegres e momentos tristes.

Se a alegria é expressão da essência da vida, ela tem, como contrapartida, a tristeza. Como nos comportarmos diante da tristeza?

O que nos traz tristeza é nossa postura frente à vida, é a maneira como a encaramos. É importante sabermos que a tristeza existe e que cabe a nós olhá-la de frente. Às vezes, a tristeza nos manda um recado de que alguma coisa, ao nosso olhar, não está bem. É um aviso de que algo precisa ser mudado em nossa vida ou na maneira de enxergarmos este algo. É importante ampliarmos nossa visão frente aos fatos que acontecem na nossa vida.

Cabe a nós, então, avaliarmos se podemos dar conta de mudar o que está pedindo vez, ou se precisamos de ajuda.

Nós, da cultura ocidental, herdamos a culpa, e, quando nos sentimos culpados, sentimo-nos tristes. Não aceite a culpa, nem em você nem nos outros. Cobre de você e dos outros, assumir a responsabilidade e pagar o devido preço.

É possível que, agora mesmo, você esteja passando por um momento ruim ou de vazio existencial e a tristeza esteja tomando conta de si.

Quando nos sentimos tristes, sentimo-nos diferentes dos outros. Parece que a dor é só nossa. Fechamo-nos para os demais. E, muitas vezes, permanecemos consumidos pela raiva de nós mesmos, dos outros e da própria vida.

Não nos esqueçamos de que a dor existe, mas só depende de

nós mesmos a transformação dela em sofrimento. A dor nos convida a partilharmos a vida. O sofrimento nos isola e nos torna dependentes.

Vamos ampliar a nossa mente e encontrar um sentido nas coisas que nos rodeiam, buscar um sorriso da pessoa que nos ama, o afeto de nossos familiares, a alegria de nosso bichinho de estimação. Procuremos recordar algum gesto, algum toque, alguma mensagem que tenha nos arrancado algum sorriso e pensar em algo diferente para nós e nossa vida.

Deixemos o sol brilhar em nossa vida. Podemos, sim, optar por sermos felizes. A alegria está a nosso alcance. Vamos buscar algum tipo de lazer, algum esporte ou uma recreação para eliminar o *stress* e fazer a vida valer a pena.

A alegria de viver depende de nós. Está a nosso alcance! Vamos soltar nosso riso, a melhor expressão da alegria!

O Riso

O riso é divino. Vale a pena ler sobre o RISO nas *Cartas de Cristo*. Eis alguns trechos sobre o Riso na Carta 9:

O Riso é um impulso da consciência que se propaga através da Via Láctea até os confins do infinito. Tão infinito quanto a Consciência Divina, o Riso começou a existir no momento do Big Bang.

O que é o Riso? (...) É um efeito ondulante experienciado por todos os seres vivos das espécies mais elevadas e que são capazes de certos julgamentos ou percepções. Isso elimina a tensão. O "efeito ondulante" é sentido sobre o diafragma, o qual protege o coração e o sistema nervoso.

(...) Uma espontânea e saudável explosão de Riso é primeiro experimentada como uma onda de consciência que passa pela cabeça, iluminando a consciência inteira. Isso é imediatamente seguido pelo "efeito ondulante" físico do Riso, experienciado

como um leve bater da respiração sobre o diafragma para romper qualquer tensão e aliviar qualquer resíduo de amargura.

Às vezes o Riso, provocado em uma situação muito divertida, se prolonga tanto que a pessoa finalmente se sente exausta – mas também feliz e ao mesmo tempo triste, porque o Riso terminou.

A maioria das pessoas diz que o Riso proporciona a elas uma sensação de bem estar, ainda que tenha passado por uma situação de discórdia um minuto antes. Se uma pessoa pode rir sinceramente vendo o absurdo de uma situação, onde existia um aborrecimento ou mágoa, as tensões são aliviadas e as relações amistosas se restauram espontaneamente.

O Riso é um presente de amor para uma criação que está possuída pelos egos e necessitando liberar-se deles.

À medida que o impulso egocêntrico diminui gradativamente sua pressão sobre a mente e as emoções, você descobrirá que o Riso brota espontaneamente e traz uma maravilhosa sensação de libertação. O "efeito ondulante" do Riso eleva as frequências vibratórias de sua consciência porque a energia é liberada onde você mais necessita – no seu coração e no seu diafragma, que é o centro das emoções – e também porque o Riso vem diretamente da Consciência Divina.

Portanto, o Riso é Divino.

O Riso é sua criança interior. Enquanto você lê estas Cartas, medita, e seus níveis de frequências vibratórias de consciência se elevam, você descobrirá que os velhos padrões mentais já não estão confortáveis em sua mente. Você buscará forma de expulsá-los de sua consciência. Conforme você vai se elevando espiritualmente e deseje cada vez mais desfazer-se dos inconvenientes impulsos humanos egocêntricos, os conflitos em suas sensibilidades se tornarão mais penosos e você pedirá por alívio. Perceberá então que, quando se volta para a Consciência Divina e pede ardentemente por Assistência Divina, a ajuda vem com certeza. Você se livrará dos pensamentos e reações indesejáveis e descobrirá que o riso se torna cada vez mais espontâneo.

Descobrirá também que as tensões são suavizadas e que seus pensamentos se tornam mais leves, que suas relações são mais fáceis, mais cuidadosas, muito mais apreciativas, que você está mais consciente da vida em si e de tudo o que ela tem a oferecer em visão e experiência.

Você desfrutará mais dos prazeres simples da vida, se sentirá menos saturado de desejos, necessitará menos alimento, menos entretenimento, estará mais feliz com sua própria companhia e afinal começará a se alegrar com sua própria companhia, porque a Consciência Divina estará infundindo sua consciência humana com Seu próprio Estado exaltado de Bem-estar.

Pouco a pouco, você retornará à sua condição de 'criança', que vê o mundo com um olhar feliz e curioso. Isso não é senilidade. É um estado de maior consciência e vivacidade, seja qual for sua idade.

Que interessante! Este é, possivelmente, o mais valioso retrato do que é o Riso, sua profunda conexão com a vida e sua expressão da alegria.

Ele pode ser muito bem complementado por este belo texto da jornalista **Joana Schmitz Croxato,** *editora do blog Massao Bem-Estar*:

O poder da alegria para nossa saúde era bem conhecido nas culturas antigas. "Alegrem-se sempre"! Está até na Bíblia, nas recomendações que o apóstolo Paulo dava aos primeiros cristãos, além do hábito de orar constantemente, ajudar o próximo e perdoar. A medicina tradicional chinesa também já descrevia a alegria como uma emoção que brota do coração e a medicina ayurvédica indiana, como resultado do equilíbrio de forças vitais.

Em nossa cultura ocidental moderna, ainda somos tímidos em dar boas risadas para nos libertar da seriedade e das preocupações.

As evidências científicas já comprovam que sorrir é um excelente remédio: ajuda a reduzir os hormônios do estresse, diminuir dores, baixar a pressão arterial, aumentar o bem-estar, melhorar a qualidade do sono, entre muitos outros benefícios.

Ao gargalhar, o indivíduo trabalha quase todos os músculos do rosto e do abdômen, melhora a oxigenação do cérebro, estimula a liberação da endorfina (substância que ameniza a dor e causa bem-estar). A risada tem ainda efeito anestésico e aumenta a imunidade do organismo. Pesquisadores norte-americanos afirmam ainda que 15 minutos de risada queimam cerca de 50 calorias (equivalente a uma barra de chocolate) ou podem até aumentar nossa expectativa de vida em 4 anos.

Gostou dessa?

Você pode encontrar muitas outras dicas para complementar as informações sobre a Risoterapia, ou Terapia do Riso, na internet. Faz um bem exacerbado ao corpo, à mente e à nossa alma. Vale a pena.

Questões:

Em busca de seu autoconhecimento em relação ao Subsistema de Lazer, Alegria e Recreação, responda, para si mesmo (pode fazê-lo por escrito), às seguintes questões, sempre relacionadas com sua vida e seu ambiente pessoal e profissional:

- Quais as suas diversões preferidas e quem são seus parceiros?
- Quanto tempo dedica ao lazer?
- Gosta de se divertir sozinho ou em grupo?
- Gosta de brincar com seus familiares (filhos, cônjuges, pais, etc.)?
- De que festas você gosta?
- Qual seu esporte preferido?
- Quanto tempo dedica ao esporte?

- Como é o seu humor? E nos diferentes horários do dia? Nas diferentes fases do mês, do ano?
- Curte cinema, teatro, shows?
- Gosta de passeios, viagens?
- Como curte suas férias?
- Você é uma pessoa alegre, feliz? O que mais lhe traz alegria?
- Costuma rir bastante? Quando?

Sugestões de Exercícios

• Experimente praticar um esporte ou exercício diferente dos que tem praticado até agora e crie um ambiente, em seu interior, para encontrar ali prazer e alegria.

• Mantenha-se atento a seus diferentes humores no decorrer de um dia, e à noite procure relembrar, anotando o que percebeu.

• Em seu dia de relax ou nas férias, divirta-se observando como as pessoas se divertem, sem julgá-las; sem moralismos.

• Compartilhe com alguém um divertimento que é muito agradável à pessoa, mesmo que não seja muito de seu gosto.

Exercício sobre a Terapia do Riso

Ainda somos tímidos em dar boas risadas para a libertação da seriedade e das preocupações do nosso dia-a-dia. Sorrir é o melhor remédio. Então, vamos nos exercitar para mudar este padrão e ampliar a própria visão:

1. Ao deitar-se, busque pensamentos bons.
2. Acorde de bom humor.
3. Dê bom dia para você mesmo e para tudo e todos à sua volta.
4. Pense em todas as coisas boas que pretende fazer no dia.

5. Olhe-se no espelho pela manhã e sorria para você.

6. Sorria para todas as pessoas que encontrar.

7. Sinta que o otimismo e a alegria estão abrindo novos caminhos.

Conclusão

Estes são, pois, os pontos que precisamos considerar neste subsistema 05 Lazer – Alegria e Recreação:

- Criatividade, humor, diversões, hobbies, esportes, artes (teatro, dança, carnaval, literatura, novela, poesia, cinema, pintura, modelagem, música e canto, etc.);
- Jogos, recreação, entretenimento;
- Folclores regional e nacional;
- Educação física (de movimento);
- Quebra de rotinas para refazer e expandir energia;
- Dias de descanso e férias;
- Empecilhos para se dedicar aos esportes;
- Esgotamento, estresse, tristezas;
- Terapia do Riso.

Caro leitor, você merece ser feliz! Merece desfrutar da vida como ela é, viver com alegria, não importam as dores e dificuldades, que são sempre passageiras, enquanto a vida continua, do jeitinho que é!

A vida é para ser celebrada, festejada. Praticar esportes, passeios, promover e ir a festas, viajar, passear, desfrutar da arte, da dança, gostar de cantar – são todas expressões dessa alegria de viver.

Convido-o a quebrar sua rotina, a mexer-se, a praticar o lazer.

O lazer é uma válvula de escape, encarregado de eliminar o *stress* que fica impregnado em nossos afazeres diários e que exercem sobre nós uma tensão. Vamos, pois, fazer esta tensão ser criativa e não conflitiva.

A tensão criativa é a força que nos move, que nos faz sair da zona de conforto para realizarmos o que precisamos.

Saber manter a tensão criativa é o que faz nossa maestria pessoal.

Nossa maestria pessoal é estar de olho aberto, percebendo o que se passa à nossa volta, as armadilhas, às vezes, ardilosas e sutis, que tentam nos apontar soluções incoerentes com a vida e com nossos propósitos. É ela que faz com que nossas tensões se tornem criativas, desafiadoras de nossas capacidades. Isto nos traz alegria!

E solte sua alegria! Ria, ria muito, o riso alegre de quem se entrega ao momento e solta a criança que está dentro de si!

Lembre-se: o Riso é divino!

Aprenda a respeitar seu tempo de lazer, de liberar suas tensões e a criar suas próprias formas de lazer, não dependente de rótulos e receitas. Mas, aprenda também a respeitar o tempo e as formas de lazer das outras pessoas, sobretudo, das que convivem com você.

S6 | Viário: Comunicação e Transportes

Introdução

No presente texto, vamos aprofundar a reflexão em torno do subsistema ou eixo S06 – Viário - Comunicação e Transportes. Queremos levar o leitor a se observar e, principalmente, a sentir onde se encontram os pontos de dor e sofrimento sob o enfoque do subsistema ou raio, buscando lançar luz no caminho, ao encontro da Fonte da verdadeira felicidade e alegria de viver.

Viário - Comunicação e Transportes

O subsistema S06 – Viário – Comunicação e Transportes envolve uma ampla gama de ações e situações na vida humana: a imensa área da Comunicação e tudo que envolve o Transporte de gente, coisas, mercadorias, etc.

É um conjunto de elementos - condutores, passageiros, comunicadores e receptores, com vias de transporte e comunicação, veículos, emissoras e terminais da mais alta e efervescente tecnologia - para estabelecer os contatos e as trocas entre prestadores de serviços e seus usuários e circular entre eles informações e outros bens, promovendo a comunicação e evitando o desencontro.

O ser humano tem a capacidade de se mover e se comunicar, de interagir e estabelecer ligações: andar, viajar, falar, escrever, gesticular, gravar, publicar, propagar. Ele constrói meios de transporte e de comunicação. A dificuldade de se movimentar ou de se comunicar trava o circuito de relações com a vida e com as pessoas.

A dor é ficar parado, isolado, sem comunicação. A água que corre tem vida, mas na água parada tudo morre, pouco a pouco, dentro dela e a seu redor.

A pessoa que está devagar, sem comunicação, perde a visão das coisas, não tem para onde direcionar suas ações e sua vida. Falta motivação. A pessoa não tem um caminho ou motivo a seguir. Fica surda, porque não quer ouvir, e cega, porque não quer enxergar. Trava o circuito com a vida e com os outros. Não desfruta da vida e dos relacionamentos, além de perder o sentido e a vontade de ser útil. Provoca o desencontro, o isolamento, a timidez.

Sem ajuda e sem apoio dificilmente consegue energia para ampliar sua visão e seus circuitos de relacionamentos e sair do mundinho em que vive.

Observe como está sua capacidade de andar, viajar, de se comunicar. Está promovendo encontros, desfrute da vida (felicidade e alegria) ou desencontros, isolamento (sofrimento e infelicidade)?

Vamos, agora, focar o campo da Comunicação e tudo o que envolve a interação entre as pessoas, comunidades, regiões e países.

Segundo a Wikipédia, "**Comunicação** é um campo de conhecimento acadêmico que estuda os processos de comunicação humana. Entre as subdisciplinas da comunicação, incluem-se a teoria da informação, comu-nicação intrapessoal, comunicação interpessoal, marketing, propaganda, relações públicas, análise do discurso, telecomunicações e jornalismo."

Mais adiante, Wikipedia acrescenta: "A **comunicação humana** é um processo que envolve a troca de informações, e utiliza os sistemas simbólicos como suporte para este fim. Estão envolvidos neste processo uma infinidade de maneiras de se comunicar: duas pessoas tendo uma conversa face-a-face, ou através de gestos com as mãos, mensagens enviadas utilizando a rede global de telecomunicações, a fala, a escrita que permitem interagir com as outras pessoas e efetuar algum tipo de troca informacional."

Esta definição nos remete à Teoria dos Sistemas, que é a base de nossa Teoria da Organização Humana, da qual o S06 é o subsistema Viário.

Todo sistema (tudo que existe na natureza, na vida e no universo) se compõe de circuitos de Entrada – Processamento – Saída.

Toda entrada que um sistema recebe, vinda de outros sistemas, é processada no interior, gerando, depois, uma saída para outros sistemas.

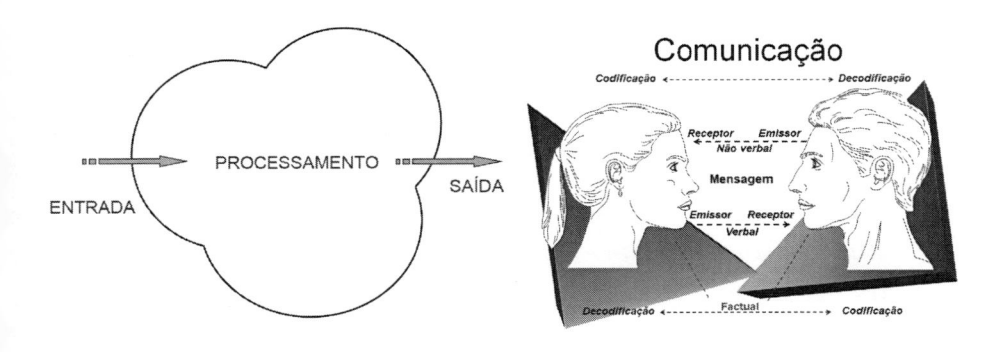

No processo de Comunicação, há sempre algum tipo de circuitos entre um sistema (Emissor) que manda (codifica) uma mensagem para outro sistema (Receptor), que a processa (decodifica) e devolve de alguma forma.

Estes circuitos ocorrem sempre em toda a malha de seres, em processos automáticos. Nosso corpo é um imenso e maravilhoso conjunto de circuitos – entre células e entre órgãos – tudo se comunicando com tudo, mantendo-nos vivos e em interação com todos os seres que nos rodeiam. Internamente, nós temos o sistema neural através do qual todos os órgãos e todas as células se interligam em permanente comunicação. Para nos relacionarmos com o mundo exterior, temos nossos sentidos, tais como a visão, a audição, o tato, o olfato e o paladar, todos simultaneamente nos permitindo interagir com tudo. É um processo fantástico, diante do qual vale pararmos muitas vezes e meditarmos sobre isto, para valorizarmos cada vez mais a maravilha da vida.

Vamos, agora, focar na **comunicação interpessoal**, que é a que mais mexe com as nossas emoções, dando-nos prazer e alegria de viver e conviver, mas também a que pode causar mais dores e sofrimentos.

Na comunicação interpessoal, cada indivíduo tem seus princípios, seu próprio "recheio mental", seus filtros provenientes de sua formação cultural, suas crenças e valores, sua própria experiência de vida. A mensagem que é emitida por uma pessoa passa pelos filtros mentais da outra pessoa. Às vezes, o receptor não entende, noutras vezes entende errado, noutras se alegra ou se magoa, noutras não sabe o que fazer, e assim por diante. E a resposta que o receptor dá também passa pelos filtros do emissor. Aí, então, pode gerar aquela confusão, que nós conhecemos...

Nossa comunicação pode ser real, ou focada, quando estamos centrados, atentos a nós mesmos e ao outro.

Quando a comunicação é focada, tudo é claro, explícito, sem ambiguidades ou segundas intenções, e tudo é negociado, compactuado, "seja vossa palavra sim-sim, não-não" (Mt 5, 37). Quando desfocada, a tendência é gerar uma comunicação com baixa qualidade de confiança, que é o grande elo entre as pessoas, como no gráfico:

RUÍDOS NA COMUNICAÇÃO VERBAL

COMUNICAÇÃO DESFOCADA

COMUNICAÇÃO REAL FOCADA

- Canais Entupidos
- Canais Encantados
- Verbosidade
- Mutismo
- Justificante
- Racionalizante
- Ideologizante
- Indutiva
- Tática
- Inconsciente
- Guerra
- Emotiva
- Dramatizante

No caso da comunicação desfocada, descentrada, podem ocorrer ruídos:

■ Canais entupidos são áreas ou assuntos em que não se pode mexer, causam sofrimento;

■ Canais encantados são os assuntos preferidos, aqueles em que se põe a falar sem parar;

■ Verbosidade quando fala demais;

■ Mutismo – quando não abre a boca, fica calado, não participa;

■ Justificante – quando justifica tudo: "cheguei tarde por isso...", "não deu por isso..."

■ Racionalizante – quer explicar tudo tim-tim por tim-tim, longas explicações...

■ Ideologizante – vê tudo sob o estreito prisma de suas crenças (religiosas, políticas, etc.);

■ Indutiva – tenta envolver, induzir o receptor para suas ideias ou ações;

■ Tática – faz jogo implícito, prepara armadilha para o outro cair na sua;

■ Inconsciente – fala, fala, mas não está sabendo do quê está falando;

■ Guerra – tudo é ataque e defesa, geralmente, com altas cargas de raiva e violência;

■ Emotiva – com altas cargas de emoção, seja com risadas exageradas ou muito choro;

■ Dramatizante – faz muito drama, exagera e tende a ser tudo ou nada, sem meio termo.

Eis aí um esboço das reações que podemos ter quando nossa comunicação não é focada, quando conduzida por mecanismos de ataque-defesa, medos, etc.

Portanto, se de um lado é pela comunicação que trocamos ideias, carinhos, descobertas, alegrias, ganhamos confiança, por ela também ofendemos e somos ofendidos, enganamos e somos enganados, envolvemos em nossos jogos, perdemos confiança, agredimos e nos sentimos agredidos. Isto causa muita dor e sofrimento nas pessoas.

A dor referente a este subsistema é não poder se movimentar, por alguma limitação física, provisória ou permanente. É ter vontade de se expandir, de andar, de viajar, de correr, e não poder.

Mas, a dor proveniente de problemas de comunicação interpessoal é, certamente, muito maior. Não poder se comunicar, sentir-se isolado... É complicado! Dói ainda mais, quando nos sentimos mal compreendidos ou caluniados. Numa relação a dois, em que existem altas doses de afetividade – p. ex. entre marido e mulher, entre pais e filhos, entre irmãos, entre amigos – as dores e sofrimentos por causa de mal-entendidos, de agressões verbais, de fechamento provocam mágoas muito, muito doloridas.

A pessoa que está devagar, sem comunicação, com a comunicação cortada, vai perdendo a visão das coisas, não tem para onde direcionar suas ações e sua vida. Começa a faltar motivação. Não tem rumo; fica desnorteada. Fica surda, porque não quer ouvir, e cega, porque não quer enxergar. A relação se torna amarga. Há coisas que ficam difíceis de engolir; trava o circuito com a vida e com os outros. Não desfruta da vida e dos relacionamentos e perde o sentido e a vontade de ser útil. Provoca o desencontro, o isolamento, a timidez e, até mesmo, a depressão. Não enxerga mais as belezas da vida, as cores da natureza.

Sem ajuda e sem apoio, fica difícil sair dessa. Muitas vezes, falta energia para abrir os olhos e enxergar de forma mais ampla, olhar de cima e abrir espaços para experimentar novas formas de se relacionar, ou até mesmo, abrir-se para novos relacionamentos, sair do mundinho em que tinha se fechado. Como é bom encontrar alguém que realmente nos ouça, que nos faça ver as cortinas mentais que nos impedem de enxergar, e que nos ajude a descobrir novos caminhos, a nos encontrar, a viver! Alguém que nos ajude a ver onde está a nossa trava, que nos dê um feedback.

A comunicação não depende só da forma como a mensagem é transmitida, mas se ela foi compreendida. O que parece óbvio para você, pode não ser para seu interlocutor. Precisa ter um acompanhamento para saber se chegou de forma correta, ou se precisa corrigir, ou melhorar: esta é a função do Feedback.

Feedback – o Eu Observador – a Consciência Direcionadora

Vamos voltar ao nosso referencial do Sistema: Olhe bem. O que encontrou agora? Apareceu a chave de comando, controle e regulagem do sistema: o *FEEDBACK*.-Veja bem o quadro:

SISTEMA

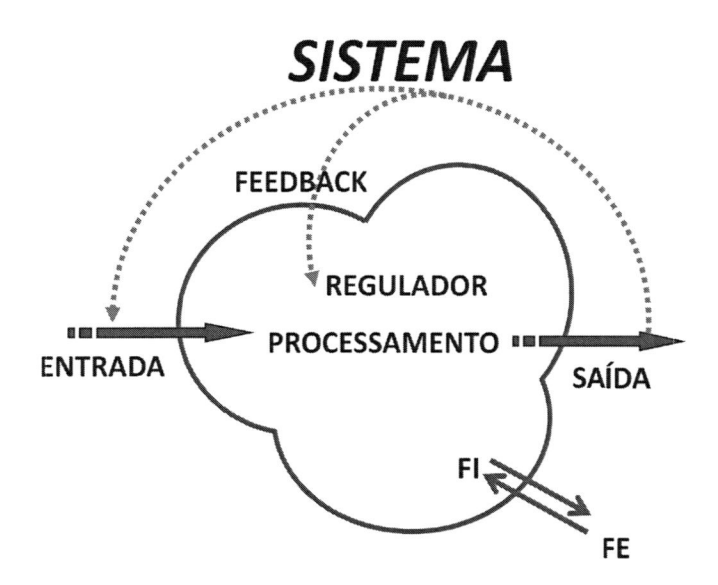

```
         FEEDBACK
          REGULADOR
ENTRADA → PROCESSAMENTO → SAÍDA
              FI
              FE
```

O **Feedback** pode ser nas *Entradas*, isto é, como estamos recebendo a comunicação que está chegando; pode ser nas *Saídas*, ou como estamos nos comunicando, ou pode ser como é feito o *Processamento* da comunicação que recebemos. Pode ser que, nem sequer processamos a informação, e já damos saída, de forma reativa.

O *Feedback* tudo observa, não perde nada. Nós é que temos pouca consciência do que se passa em nosso interior (FI - com nossa Faixa Interna) e com a vida à nossa volta (FE - com a Faixa Externa).

Este tema é instigante: <u>Eu observador de mim e de tudo o mais</u>. O cultivo disso resulta numa fantástica ampliação da consciência e, consequentemente, de uma comunicação muito mais real, aberta e leal.

Este é o verdadeiro sentido do *Feedback*.

Vamos refletir um pouco mais sobre isso.

Quem é o Eu que observa?

Aquilo que costumamos pensar que é o Eu tem diferentes aspectos:

- o Eu que pensa;
- o Eu que tem emoções;

• o Eu funcional, que realiza e faz coisas.

Não há nada, nessas áreas, que não possamos descrever.

Por exemplo, podemos expressar o que pensamos, explicar nossas ideias, refletir sobre nossas ações e pensamentos.

Quanto às emoções, normalmente podemos descrever como nos sentimos quando ficamos excitados de satisfação ou deprimidos. Podemos até mesmo perceber que nossas emoções aumentam, indo até um ponto máximo e depois diminuem.

E podemos, também, estar atentos a nosso funcionamento físico: andamos, trabalhamos, voltamos para casa, sentamos, permanecemos ocupados em executar alguma tarefa.

Estes aspectos do eu, que podemos descrever, são os fatores primários de nossa vida: nosso eu pensador, nosso eu emocional e nosso eu operacional ou funcional.

É o *Feedback* como Consciência Direcionadora, quando nossa mente está alerta.

E vamos agora refletir um pouco nos três itens que aparecem abaixo do "olho observador" da figura:

FEEDBACK COMO CONSCIÊNCIA DIRECIONADORA
MENTE ALERTA

- Observe-se a si mesmo, suas percepções interiores

- Observe como sente as reações do outro (com-paixão)

- Observe como o outro se expressa - oral e não-verbal

a) Observe-se a si mesmo, suas percepções interiores.

Vamos dar uma parada e olhar para nós mesmos. Acalmar um pouco nossa mente agitada e refletir: o que estou fazendo? Como estou agindo? O que estou pensando? O que estou sentindo?

Quando estamos fazendo alguma coisa, podemos observar como trabalhamos, como fazemos amor, de que maneira comemos, como nos comportamos numa situação nova, quando só há desconhecidos.

Não há nada a nosso respeito que não possamos passar por uma análise, um crivo. Para fazer isso, não é preciso parar o que estamos fazendo. Mesmo quando nos encontramos inteiramente absortos nas atividades da vida diária, o Eu Observador está em ação, basta tomar consciência.

Qualquer aspecto de nossa pessoa que *não e*steja sob observação permanecerá indistinto, confuso, misterioso. Será meio independente de nós, como se pudesse acontecer por si mesmo. E, nesse caso, corremos o risco de ficar presos em suas malhas e arrastados pela confusão. O *Feedback* sempre acontece, mas, quando não estamos atentos, acontece fora de nosso controle, podendo ser aleatório, caótico.

"O objetivo da auto-observação é nos capacitar a modificar a nós mesmos. Mas o seu primeiro objetivo é o de nos fazer mais conscientes de nós mesmos. Somente isso nos habilita a começar a mudar".

Maurice Nicoll.

E o que isso tem a ver com Comunicação?

É que, se eu não adquirir o hábito de me observar, de ver meus cacoetes, as pisadas na bola, sentir minhas reações interiores, ver o que e como estou agindo, qual o grau de coerência de minhas ações com minhas crenças e com meus discursos – toda a minha comunicação fica perneta, soa falsa e geralmente nem percebo – porque estou longe de mim mesmo.

b) Observe como sente as reações do outro (com-paixão):

Geralmente, só observamos as outras pessoas, a partir do nosso próprio interesse sobre elas. É preciso um esforço consciente para que estejamos aptos a sentir a outra pessoa, como ela é e como se apresenta, percebendo o momento dela, a adequação da minha fala, a percepção provindo da outra pessoa em relação ao que eu estou transmitindo para ela com respeito, amor, e se estou, de fato, buscando colaborar com seu crescimento como pessoa e como companheiro de caminhada na vida.

Este é o sentido da Compaixão. É a resposta emocional que damos ao perceber o sofrimento de alguém. Envolve um desejo autêntico de ajudar a aliviar esse sofrimento. É procurar compreender o outro, sentir o que o outro está sentindo!

Para isso, devo cultivar o estar atento às respostas faladas, mas, sobretudo, às respostas e às mensagens não verbais da outra pessoa: seus gestos, sua mímica, seus movimentos, seu tom de voz, seus olhos e a direção de seu olhar. Há que buscar sintonia com o outro, e isto orientado mais pelo coração, pela alma, que revela a intenção que comanda o processo de comunicação nesse momento.

Observe bem: mesmo quando estou atento ao outro, tudo ainda depende de quanto estou atento a mim mesmo, para não ficar fazendo projeções, o que distorce a comunicação e tende a deixar um rastro de sofrimento, pela sensação de não ser compreendido.

c) Observe como o outro se expressa – falado e não verbal

Só, agora, você está em condições de buscar entender o que a outra pessoa quer comunicar a você.

Através da palavra, a pessoa revela o que pensa da vida, das pessoas e de si mesmo. É assim que podemos conhecer sua cosmovisão, sua visão de mundo.

A Palavra

Devido a sua enorme influência no processo da comunicação, queremos dar um destaque especial sobre a Palavra.

A palavra tem um grande poder na vida humana, sem ela é muito difícil nos comunicar com outras pessoas. Através da palavra de nossos pais, professores e dos sábios aprendemos sobre as coisas da vida.

O poder que a palavra proporciona às pessoas que sabem usá-la é muito grande. O caso de Barack Obama, ex-presidente dos Estados Unidos da América, por exemplo, revela-nos um mero estudante, que através de sua palavra foi fazendo com que mais e mais pessoas acreditassem nele e o admirassem, a ponto de se tornar o presidente da maior potência mundial. Qual a arma deste homem? A PALAVRA!

Porém, a palavra é uma espada de dois gumes: pode se dar mal se não souber usá-la para o bem ou mesmo pode fazer outras pessoas se darem mal por causa de uma única palavra que sai de sua boca.

A Palavra tem poder; dá e também toma poder. Por isso, devemos ter todo o cuidado com cada palavra que sai de nossa boca, seja para falar bem de alguém, falar mal, reclamar, criticar ou elogiar. Temos sempre que estar atentos.

Em brigas de família, é muito comum as pessoas falarem frases tais como "eu te odeio!", "nunca mais quero te ver", "não gosto mais de você" "maldita hora em que você nasceu!", etc. Essas frases são perigosas e expressam os sentimentos que os familiares têm dentro de si. Jesus mesmo disse: "A boca fala do que está cheio o coração" (Mt 12, 33).

Portanto, vamos falar coisas boas das pessoas, para que assim possamos assumir uma posição de respeito perante as outras pessoas. Respeitar é a semente para ser respeitado. Quem planta, um dia colherá e, isso, temos que ter em mente. Falar coisas positivas, de incentivo, de paz, de amor, faz um bem imenso, tanto para os ouvintes quanto para quem fala.

Concluindo, pense bem antes de falar qualquer coisa para não ficar com peso na consciência depois.

A palavra não se restringe somente à palavra oral, falada. A palavra escrita é também importantíssima. Saber ler é imprescindível no mundo em que vivemos, bem como a interpretação do que lemos. A palavra escrita ultrapassa os limites de tempo e espaço. Hoje, podemos ler o que escrevemos há tempos; o que alguém nos escreveu; o que foi escrito a centenas ou milhares de anos. Através dela, podemos nos comunicar com os sábios antigos e deixar um legado para o futuro.

Além da palavra escrita, a comunicação à distância vem se desenvolvendo através de tecnologias fantásticas. Ao telegrama, telefone e rádio sucedeu-se a televisão e hoje a verdadeira explosão tecnológica da internet, que nos permite contatos imediatos pelo planeta afora.

A internet possibilita que as pessoas de qualquer lugar do mundo interajam, mas está também trazendo um sério problema de comunicação. As pessoas, muitas vezes, acabam escondidas por trás desses maravilhosos *aparelhinhos*, criando aproximações e distâncias virtuais, quando se recolhem em seus "mundos", passando horas e horas vendo filmes, fotos, ouvindo músicas, fazendo joguinhos, geralmente, pouco pacíficos. É comum observarmos amigos e, até namorados, lado a lado, cada um com seu celular, entretidos com tudo, menos com quem está aí, bem juntinho, mas tão distante.

Questões

Em busca de seu autoconhecimento em relação ao Subsistema Viário, de Comunicação e Transporte, responda para si mesmo, às seguintes questões, sempre relacionadas com sua vida e seu ambiente pessoal e profissional:

- Como é sua comunicação falada, escrita e corporal?

- Qual o grau de isomorfismo entre o que diz, o que sente e o que faz?

- Sabe escutar? Consegue sintonizar com o outro?

- Com quem consegue se abrir, ter conversas mais pessoais?

- Quais os assuntos preferidos em jornais, na TV, em revistas, livros, palestras?

- Gosta de viajar? Com quem? Com que meios de transporte? Para que ambientes?

- Quais os seus medos relativos a viajar, caminhar?

Sugestões de Exercício

- Observe-se para perceber de que maneira você de fato escuta as pessoas com quem você conversa;

- Após uma viagem ou um tempo no trânsito, tome consciência de como foi seu comportamento, do que você se lembra – amplie sua consciência.

- À noite, ao deitar, repasse mentalmente seu dia e examine quanto foi coerente, como foram as reações das pessoas com quem você se encontrou, veja se alguém se magoou, se fechou ou teve um comportamento alegre diante de você.

- Encontre um momento e um espaço para você dar uma parada e refletir: qual o grau de felicidade que estou sentindo? Estou promovendo felicidade e alegria nas pessoas de minha convivência? Repasse uma por uma as pessoas mais próximas e veja em que pode colaborar para que sejam mais alegres e felizes.

Exercício de Comunicação

O bastão falante - Extraído do livro *O 8º Hábito - da Eficácia à Grandeza,* de Stephen R. Covey.

O Bastão Falante foi parte integral do governo dos nativos norte-americanos durante séculos. Na verdade, alguns dos Pais Fundadores da República Americana (especialmente Benjamin Franklin) conheciam bem as ideias que estavam por trás do Bastão Falante dos chefes da Federação dos Iroqueses. É uma das mais poderosas ferramentas de comunicação, pois é tangível e física, além de incorporar um conceito de forte sinergia. O Bastão Falante representa o entendimento a que pessoas com visões diferentes podem chegar por meio do respeito mútuo, que lhes permite resolver suas diferenças e problemas com sinergia ou, no pior dos casos, de modo conciliador.

As regras são:

- Sempre que as pessoas se reúnem, o Bastão Falante está presente.

- Somente a pessoa que o empunha pode falar. Enquanto o estiver segurando, a pessoa pode falar até ter certeza de que foi entendida.

- Os outros não podem apresentar observações, argumentos, não podem concordar nem discordar. Tudo o que podem fazer é tentar entender quem está falando e articular esse entendimento.

- Eles podem tentar reafirmar o que foi dito para se assegurar de que o dono da palavra foi entendido ou pode sentir que entenderam.

- Logo que a pessoa se sente entendida, é obrigada a passar o Bastão a quem está mais próximo e procurar que essa pessoa se sinta entendida.

- Enquanto ela faz suas observações, é preciso ouvir, reafirmar e mostrar empatia até que ela se sinta realmente entendida.

Desse modo, todas as partes envolvidas se responsabilizam por 100% da comunicação, tanto a que fala quanto a que escuta. Quando todas as partes se sentem entendidas, costuma acontecer algo impressionante. A energia negativa se dissipa, as discordâncias se evaporam, aumenta o respeito mútuo e as pessoas se tornam criativas. Surgem novas ideias. Aparecem as Terceiras Alternativas.

É conveniente lembrar que *entender não significa concordar com o outro. Significa apenas ser capaz de ver com os olhos, o coração, a mente e o espírito da outra pessoa*. Exige tal autocontrole e traz tanta maturidade à comunicação que, mesmo que pareça ineficaz no início, se torna muito efetivo — isto é, alcança os resultados desejados em termos de decisões e relações sinérgicas, conexão e confiança.

Conclusão

Há um princípio fundamental em todas as formas de comunicação: a coerência ou isomorfismo. Significa que tudo aquilo que é emitido - seja falando, por escrito, via internet — esteja em harmonia, coerente com o que você pensa, acredita e sente, mas também congruente com o que você faz, com a forma como conduz suas ações, sua vida. A falta de coerência e isomorfismo é a principal causa da perda de confiança. Veja como reage uma criança, e principalmente um adolescente, quando percebe que os pais ou educadores não têm uma vida condizente com o que ensinam. Os pais perdem a autoridade e, por isso, tendem a se tornar autoritários e impositivos. Por não serem mais respeitados por seu valor pessoal, têm que se impor no grito (quando não, na violência).

Os resultados podem ser variados, todos eles produzindo dor e sofrimento. Provoca rebeldias sob várias formas, pode originar doenças, às vezes até mesmo crônicas, as pessoas podem ficar introvertidas ou tímidas frente à vida, podem perder a confiança em qualquer pessoa que se apresente como autoridade, etc. E isso tudo dói! Dói nas pessoas que percebem a incoerência, e a resultante nas pessoas que a provocam também dói. O que torna tudo mais complexo é que, dificilmente, a incoerência é percebida e, sobretudo, assumida. Quase sempre gera culpa e caça a culpados, com cada vez maior afastamento entre as pessoas.

Sentir que as pessoas, sobretudo as que amamos especialmente, afastam-se de nós por não ter mais a confiança é barra! Recuperar este valor é uma tarefa muito difícil e cheia de surpresas, geralmente pouco agradáveis.

Daí, a importância de estarmos sempre atentos à nossa forma de comunicação. Esta é sempre resultado do permanente cultivo de nosso interior, da ampliação constante da consciência de nós mesmos e da visão da vida e de mundo. É preciso que examinemos sempre, e a todo momento, até que ponto temos claro para nós qual é nossa intenção maior na vida e, frente a isso, fazendo análises do grau de coerência entre nossas ideias e sentimentos em relação às ações do dia a dia.

Eis, aí, o verdadeiro caminho da felicidade. Não importam as dificuldades, as barreiras, as dores pelas quais tenhamos que passar. Quando cultivamos relacionamentos baseados na coerência, no isomorfismo, confiança, temos sempre uma boa reserva de alegria para tocar nossa vida e para termos convivências alegres e felizes, onde a criança dentro de nós pode se expandir no aconchego de relações afetivas ricas e produtivas.

E, antes de se comunicar, centre-se, consulte seu eu interior, pense na força que a palavra tem, na coerência entre o que fala e faz, e comunique-se com amor, com generosidade e ternura! Seja feliz!

S7 | Pedagógico: Educação e Cultura

Introdução

Em prosseguimento a nosso estudo em base à TOH, aprofundaremos a nossa reflexão em torno do subsistema ou eixo **S07 – Pedagógico: Educação e Cultura**. Queremos levar o leitor a se observar e, principalmente, a sentir onde se encontram seus pontos de dor e sofrimento sob o enfoque deste subsistema ou raio, buscando lançar luz no caminho, ao encontro da Fonte da verdadeira felicidade e alegria de viver.

Pedagógico: Educação e Cultura

O ser humano tem, desde bebê, muita curiosidade e uma vontade incessante de entender tudo que se passa a sua volta. Não estamos sozinhos nisso. Basta observar um pouco os animais e vamos vê-los cheirando por tudo, fuçando, tocando, numa curiosidade que busca captar tudo que está à sua volta – seja para comer, seja para brincar ou para fugir. É a sabedoria da vida, inerente a cada ser.

O que nós, seres humanos, temos de próprio? A possibilidade de acessar conscientemente a sabedoria da vida em nosso interior. Nós também somos movidos pela curiosidade diante de tudo que nos cerca.

Contudo, há algo a mais, fruto do processo evolutivo da vida na Terra. Buscamos entender o mundo em que vivemos para além do que nossos sentidos conseguem nos oferecer. Queremos saber o porquê das coisas, das relações que umas coisas têm com as outras, a razão pela qual gostamos mais disso do que daquilo, dessas pessoas do que das outras. Temos a necessidade de sempre experimentar coisas novas, descobrir novas maneiras de fazer.

Desenvolvemos meios de comunicação que nos permitem não só acumular experiências, mas disseminá-las, gerar memória para as futuras gerações. Descobrimos como contar histórias pela palavra. Descobrimos como deixar documentada nossa memória através da escrita. E, mais recentemente, como multiplicar tudo isso através das modernas tecnologias de comunicação.

Nós, seres humanos, temos uma qualidade fantástica, que nos impulsiona a crescer sempre mais, e nos desafia a não quebrar de vez o equilíbrio natural do planeta em que vivemos. É a nossa capacidade de recriar, de romper o que já vinha pronto e fazer coisas novas. Não nos é suficiente acomodar-nos ao que já existe. Construímos casas, roupagens, ferramentas, novas tecnologias.

Tudo isso vai tornando, cada vez mais, complexa a nossa forma de viver, de entender e de conviver, num mundo que vai entrando num ritmo de mudanças constantes e difíceis de serem acompanhadas de uma geração para outra.

O que está acontecendo agora é algo novo. Em tempos antigos, a forma de ensinar era a de os mais velhos e experientes simplesmente passarem para os mais novos aquilo que sabiam e que, em geral, tinham recebido da geração anterior. Consistia em preparar os mais novos a fazer corretamente o que sempre vinha sendo feito, com mais ou menos capricho.

E agora? Quando nem os mais velhos, nem os mais novos conseguem entender muito bem o que vai se passando, as mudanças em ritmo maluco que estão nos envolvendo – de que jeito preparar as novas gerações? E mais: de que jeito preparar as gerações mais velhas a se adaptarem a esse mundo, que ontem existia, hoje não mais existe e nem sabemos se e como vai existir amanhã?

É aqui que entra o subsistema S07 – Pedagógico – Educação e Cultura.

O subsistema Pedagógico é um conjunto de elementos - docentes, pesquisadores, discentes, com seus centros educacionais, métodos e tecnologias - para desenvolver a capacidade de operar e utilizar a sociedade ou o meio ambiente nos quatorze subsistemas do Sistema maior, para desenvolvimento da competência de viver, conviver e atuar neste mundo e nesta sociedade cada vez mais complexa.

A irrefreável aceleração da vida e a obsolescência de informações e de capacitação funcional requerem um processo de educação e reciclagem continuada e mais apropriada a cada ciclo de nosso fluxograma vital.

Não é mais suficiente o antigo sistema de os mais velhos passarem seus conhecimentos aos mais novos, ou de os professores ensinarem o que sabem aos alunos, bem como as religiões passarem suas crenças a seus fiéis. Nem é mais possível reduzir a aprendizagem ao processo escolar acadêmico, que ainda é uma forma mais elaborada de passar adiante o que já está conhecido. É preciso incluir agora uma educação não tradicional, não acadêmica, não formal, e continuada. Há todo um mundo paralelo de formas de aprendizagem, que envolvem os mais diversos veículos de informação e as mais diferentes formas de influenciar o comportamento das pessoas, de questionar suas crenças e valores.

As torres mais altas nas comunidades estão deixando de ser as das igrejas e são, cada vez mais, as torres de TV e de Internet. E, por isso mesmo, os púlpitos que mais influenciam nos comportamentos humanos já vão deixando de ser os das igrejas e, cada vez mais, são os das TVs e dos *smartphones*.

Quais são, então, as dores e sofrimentos ligados a isto? Dúvidas, dúvidas, dúvidas!

Parar de estudar, nem pensar, porque se perde o rumo de vez. Mas, estudar o quê? Preparar-se para que profissão, se a maioria vai deixar de existir em poucos anos, por sobre-função? Ler que tipo de leitura? Vamos pesquisar no Google... o que? Que linha de pensamento? Por trás de tudo o que se diz e se escreve existe sempre uma crença, uma cosmovisão, uma tradição cultural: como distinguir umas e outras, como fazer nossas próprias escolhas, sem ser enrolado nem cair em armadilhas?

Ficar na ignorância é que não dá! As pessoas não querem ser ignorantes. Detestam descobrir quando são enganadas, quando se dão conta da ilusão a que foram induzidas. Querem saber o que estão comprando, o que estão assinando, o que estão comendo, em que estão acreditando e por que, etc. Ninguém quer ser ignorante, nem vítima.

Na vida, somos professores e alunos ao mesmo tempo. A vida nos ensina o tempo todo. Mas, às vezes, estamos tão ocupados com os nossos afazeres que não atentamos ao que se passa à nossa volta e não prestamos atenção para aprender com tudo o que se nos oferece.

Aprendizagem

Aprendizagem, segundo a Wikipédia, é o processo pelo qual as competências, habilidades, conhecimentos, comportamentos ou valores são adquiridos ou modificados, como resultado de estudo, experiência, formação, raciocício e observação.

Assim escreve Peter Senge em "A Quinta Disciplina":

> *"Ninguém precisa ensinar uma criança a aprender, pois elas são intrisicamente curiosas e aprendem por si mesmas a andar, falar e até mesmo a correr pela casa. O aprendizado faz parte de nossa natureza e, além disso, todo ser humano gosta de aprender."*

Mais adiante, o mesmo Peter Senge diz:

> *"A verdadeira aprendizagem está intimamente relacionada com o que significa ser humano. Por intermédio da aprendizagem nós nos recriamos, tornamo-nos capazes de fazer o que nunca conseguíamos fazer, adquirimos uma nova visão de mundo e de nossa relação com ele, ampliamos nossa capacidade de criar, de fazer parte do processo generativo da vida. Dentro de cada um de nós há uma intensa sede por esse tipo de aprendizagem, tão arrebatadora quanto o desejo sexual."*

Na fase de infância, somos considerados somente como aprendizes. Todo mundo permanece **à nossa disposição para** nos preencher com os ensinamentos, valores e moldando a nossa personalidade. As crianças são questionadoras, querem saber o que é aquilo, por quê. E, elas percebem quando são enganadas ou enroladas. Elas gravam isto, pois provoca sofrimento, sentimento de inferioridade. As crianças merecem ser tratadas como seres racionais e não como bichinhos de estimação que precisam ser domados. Querem respeito, respostas corretas e leais à vida, bem como à sua rica imaginação, à sua forma de criar, de rir, de brincar.

Mas, quando chegamos à adolescência, o impulso que temos é de questionar tudo. Não queremos mais que nos digam o que fazer. Olhamos desconfiados para tudo e todos. É uma idade difícil. Temos que decidir o que queremos ser. Ainda não sabemos direito como fazer nossas escolhas. É a difícil, e geralmente dolorida, fase da autoafirmação. Não se deve abafar a criança que ainda persiste no adolescente, mas agora ele precisa treinar a usar sua razão, a conhecer o mundo e como se compõe e se organiza. É preciso instrumentá-lo a dar sentido a sua vida e ajudá-lo a pagar o preço pelas escolhas que está fazendo.

Com o passar do tempo, percebemos que entramos no desejado e temido mundo dos adultos e, agora, somos nós que temos as responsabilidades. Mergulhamos no mundo do trabalho, obrigações, e temos muito afazeres. Temos tanto que aprender, fazemos cursos, treinamentos, aprender, aprender, aprender...

Só que não aprendemos a aprender a viver, a gostar de viver, a dar um sentido real a nossa vida. Somos praticamente engolidos pela máquina social. Esquecemos que na vida somos sempre professores e alunos. Que ensinamos e aprendemos sempre. Mas, agora não podemos, agora não temos tempo de parar, olhar para as pessoas e os acontecimentos, e perguntar: o que elas têm a nos ensinar?

E, como não aprendemos, precisamos repetir a lição, até aprender. Então, vamos estar abertos para aprender com as pessoas e com os acontecimentos.

Aprender a viver e viver com qualidade de vida. Para isto, o Professor Antônio Rubbo Müller, o mesmo que criou a TOH dos 14 subsistemas, nos propõe a aprendizagem da vida em 4 dimensões, a saber:

1. Existir com qualidade: Capacidade de perceber a própria missão na vida (quando se consegue responder a pergunta: quem sou eu?). Ser capaz de integrar as diversas esferas da vida: afetiva, criativa, familiar, profissional, etc.

2. Qualidade de Viver: Capacidade de identificar seus pontos fortes e fracos. Desenvolver o seu projeto de vida: onde quero chegar, com quem quero chegar, com quanto dinheiro no bolso, por que e para que?

3. Conviver com Qualidade: A competição exacerbada reduz o homem à sua capacidade de sobrevivência. É preciso resgatar a

capacidade de amar, colaborar, transcender. A capacidade de amar não é apenas um sentimento, mas um verbo que indica ação, aquela que nos faz encontrar o outro. Abrir os caminhos da intuição.

4. Servir com Qualidade: Servir com amor dando valor às necessidades do outro. Permitir o desenvolvimento do potencial das pessoas. Você é cliente de si próprio: faça aos outros e a si mesmo somente aquilo de que gosta e jamais o contrário.

"Ninguém escreve se não escrever, assim como ninguém nada se não nadar". Paulo Freire

Se nossas escolas, desde a mais tenra idade de seus alunos, tivessem uma entrega maior ao trabalho de estimular neles o gosto da leitura e o da escrita – gosto que continuasse a ser estimulado durante todo o tempo de sua escolaridade – haveria, possivelmente, um número bastante menor de pós-graduandos falando de sua insegurança ou de sua incapacidade de escrever.

Se estudar, para nós, não fosse quase sempre um fardo, e a leitura não fosse uma obrigação chata e amarga a cumprir, e, ao contrário disso, estudar e ler fossem fontes de alegria e de prazer, resultando também ao indispensável conhecimento com que nos movemos melhor no mundo, teríamos índices melhores e mais reveladores da qualidade de nossa educação.

Este é um esforço que deve começar na pré-escola, intensificar-se no período da alfabetização e continuar sem jamais parar. Estudar é desocultar, desvendar mistérios, ganhar a *compreensão* mais exata das coisas e processos, perceber suas relações com outros objetos. Implica que o estudioso, sujeito do estudo, arrisque-se, aventure-se, sem o que não cria nem recria. Assim, descobrimos a alegria de aprender e a beleza de ler e estudar.

Vamos, agora, refletir sobre a ciência que estuda o processo de ensino e aprendizagem: a Pedagogia.

Pedagogia

Pedagogia é a ciência da educação.

A Pedagogia moderna se apoia nos dados apresentados pelas ciências, procurando estabelecer o que é a educação. Ela se apoia, principalmente, em dados das ciências que estudam o comportamento humano, tais como a Psicologia, a Biologia, a Sociologia, a Antropologia, as Ciências Políticas e a Economia.

O comportamento humano é algo muito complexo. Não dá para situá-lo em apenas uma área de estudo. É resultado de fatores psicológicos, biológicos, antropológicos, sociológicos, econômicos e políticos.

Esses diferentes fatores interagem provocando constantes mudanças no comportamento humano. Cada uma das áreas acima citadas centraliza seus estudos e pesquisas num dos fatores. Mas o que nós propomos aqui, sem menosprezar os diferentes ramos científicos, é uma visão holossistêmica, isto é, ver o ser humano como um todo, apresentando diferentes expressões do mesmo todo.

Nosso velho mestre, Waldemar de Gregori, criador da Cibernética Social, já nos prevenia de que a maioria dos cientistas e educadores não tem consciência da cosmovisão com que enxerga o mundo, a vida, a natureza e o ser humano. Assim, diz de Gregori:

> *"Sabendo-se que a mente é produto social condicionado* (pela cosmovisão, pelos preconceitos e ideologias), *as teorias e a ciência que ela produz também são condicionadas. Por isso, é saudável cultivar o pluralismo metodológico sério e continuar a buscar novos caminhos ou aperfeiçoar os existentes."*

Isto é, não há ciência sem cientistas e estes sempre têm seus quadros mentais, suas maneiras de pensar o mundo e a vida. A maioria nem tem muita consciência disso e quer nos passar seus princípios e conclusões como sendo verdades definitivas, objetivas. São sempre verdades transitórias, parciais, que novas descobertas vão superá-las.

Nossa proposta é de enxergarmos a pessoa como um ser global, evolutivo (isto é, em permanente transformação), recorrente (isto é, que traz consigo as experiências passadas influenciando as atuais), triádica (pois carrega em si mesma as tensões que a levam a fazer opções frente às dificuldades).

A educadora e nossa colega de estudos, Colandi Carvalho de Oliveira, assim, escreve no livro "Da Dependência à Autocondução":

"A grande virada que propomos é possibilitarmos ao educando reassumir a globalidade da vida que os oficialistas do planeta lhe impedem. Vamos nos colocar para isto numa posição de Educador, Pai, Professor, Orientador educacional, Terapeuta ou até Amigo de alguém que nos procure para ouvi-lo e ajudá-lo."

O renomado pensador e pedagogo suíço, Jean Piaget, já dizia:

"A principal meta da educação é criar homens que sejam capazes de fazer coisas novas, não simplesmente repetir o que outras gerações já fizeram. Homens que sejam criadores, inventores, descobridores. A segunda meta da educação é formar mentes que estejam em condições de criticar, verificar e não aceitar tudo que a elas se propõe."

E o pedagogo brasileiro, Paulo Freire, refletindo sobre o que o impulsiona a educar, acrescenta:

"Eu gostaria de ser lembrado como um sujeito que amou profundamente o mundo e as pessoas, os bichos, as árvores, as águas, a vida."

Este é, pois, a principal função do educador, instigar nos educandos um espírito de busca, de questionamento, de acreditar em seu próprio potencial de descobrir a verdade, sem ter que se submeter a nenhum dono da verdade. Em suma, levá-los a expandir suas consciências de si mesmos, da vida e do mundo.

Consciência

O ser humano contém, em si, a sabedoria da vida. Ele compartilha esta sabedoria com os outros níveis dos seres. As plantas sabem escolher o que precisam do solo e a colher a luz do sol. Os animais sabem o que precisam para viver. Sabem como buscar o atendimento das necessidades de sobrevivência e reprodução.

Mas, os animais e vegetais não têm <u>consciência da consciência</u>. Esta é uma prerrogativa do ser humano. Temos também o nível instintivo de consciência, que é dotado de força, pois é nele que se fundamenta a nossa intuição, que é a consciência do aqui e agora. O que a consciência humana tem de próprio, e que vai além da instintiva, é a capacidade de raciocínio, de abstração e de dar sentido e direção às suas ações.

A consciência humana não nasce pronta. Ela vai se desenvolvendo ao longo do tempo, influenciada sempre pelo meio familiar e cultural em que vive. É ela que dá significado e valor a tudo que existe a nosso redor.

Aqui entra o papel do processo educativo. O modelo social, seja da família, seja da escola, seja da igreja, seja da empresa, quer que a gente aprenda corretamente como fazer bem feito o que sempre foi feito. E nos dá uma <u>consciência de empréstimo</u>, pronta para dizer amém ao que nos é determinado ou a reclamar e rejeitar quando não gostamos. E ainda enfiam em nossa consciência o sentimento de culpa quando não agimos direitinho como "deve ser feito", segundo o *script* que "eles" nos dão.

Com isso, entregamos nas mãos dos outros o maior tesouro, que é nossa consciência, a nossa verdade interior. Perdemos o gosto de viver nossa própria vida, para podermos compartilhá-la, livremente, com quem nós quisermos, com alegria de viver.

A educação tradicional visa basicamente a preparar as pessoas para atenderem às necessidades do meio familiar e social. Aprender uma profissão, buscar sucesso, ter prestígio, etc. Não está errado e é necessário, também. Mas é muito limitante. As grandes necessidades do ser humano, geralmente, ficam em segundo plano ou são ignoradas: a troca de afeto, uma vida saudável, boa alimentação, exercícios, direitos e deveres, auto-organização, etc. Não somos educados para a vida.

Aqui está uma das origens de muita dúvida, dor e sofrimento. Como, geralmente, só aprendemos a fazer o que a sociedade, a família, a religião ou a empresa esperam de nós, não aprendemos a amar, a ceder espaço, a compartilhar. Contudo, é isto o que nos faz feliz. Podemos até ficar satisfeitos quando ganhamos dinheiro, quando conquistamos um cargo, uma medalha, um alguém. Queremos ser donos, ter nas mãos. Mas, isto logo passa e precisamos de sempre mais, mais, mais. Nunca basta.

Não agir conforme as exigências sociais acaba gerando muita dor e sofrimento, porque, muitas vezes, o que aprendemos não está de acordo com o que a vida quer de nós. Começamos a nos sentir mal, pensando que é porque não fomos "corretos".

Todos já estamos conscientes de que o modelo social e econômico que predomina no mundo está pondo em risco a nossa sobrevivência como espécie no planeta. Há muitos donos da verdade por aí que desafiam a verdade da vida.

Quando os alicerces da casa estão inseguros, não adianta consertar paredes e passar pintura nova por cima. Há que ir a fundo, colocar bases novas, que suportem o edifício todo.

Isso exige novas formas de educação, exige uma nova pedagogia, que ajude as pessoas a ampliarem sua consciência, a terem uma visão mais global, que enxerguem o todo em cada parte, e cada parte como responsável pelo todo.

São necessários processos educacionais que preparem, sim, pessoas competentes para atuarem profissionalmente. Mas não podem buscar profissão olhando para o passado. As coisas estão mudando muito rapidamente. Por isso, é preciso formar mentes ágeis, que olhem para frente, capazes não só de se adaptarem às mudanças. Precisamos de pessoas criativas, que busquem romper limites, fazendo emergir formas de agir e de viver mais coerentes com o que a vida pede de nós.

Há necessidade, também, de que as pessoas tenham consciência de que não estão prontas ou preparadas para tudo. Temos que aprender a aprender. É preciso ter consciência de que a aprendizagem não termina nunca. Não importa a nossa idade. A mente precisa estar sempre jovem, aberta, curiosa, questionadora, criativa.

Que tipo de velhice você quer para si? Quer ser aquele vovô ou vovó que todos querem ter por perto, - porque sempre tem algo a dizer, tem uma palavra de conforto, porque soube aprender com a vida, - ou quer ser aquela pessoa que ninguém quer estar perto, porque não aprendeu o mais importante na vida que viveu, e se torna ranzinza, egoísta e fica controlando a vida dos outros, impondo sua verdade?

É uma opção que, desde logo, podemos ir desenhando, esculpindo para nosso futuro. A vida tem muito a nos ensinar. Aprende quem tem a grandeza e a humildade de se abrir para aprender.

Preste atenção a si mesmo: será que você está aberto a aprender sempre? Mente aberta gera felicidade, alegria das descobertas, clareza com que olha o mundo a sua volta, tentando entendê-lo para nele viver e conviver mais e melhor.

Ou já está acomodado naquilo que já sabe e se coloca na posição de "dono da verdade"? O dono da verdade não tem mais nada a aprender. Já sabe. Não abre sua mente para novos aprendizados. E por isso perde o bonde da história. Se deixa encarcerar em sua prisão mental e tenta enfiar os outros para trás das mesmas grades.

Isto torna a vida extremamente entediante! As pessoas se refugiam nos programas de TV, viciam-se na internet (quando não em outras drogas), passam a discutir futebol e política, a partir do que ouvem, sem visão crítica. Acreditam que o mundo vai mal, que as pessoas não prestam, que está tudo errado. Tornam-se negativas, em depressão, geralmente embutida, mas que tende a ir se aprofundando até perder o gosto de viver.

O dono da verdade é o teimoso, que não quer "dar o braço a torcer". É uma pessoa que, em determinadas circunstâncias, coloca-se como dono da verdade. Não ouve a outra pessoa num mecanismo inconsciente de defesa, em que, muitas vezes, tentar disfarçar sua ignorância ou, simplesmente, não se abre para ouvir o outro.

O mundo da ignorância é o mundo do sofrimento. É o mundo da caça aos culpados e de sentir-se culpado, inferiorizado.

É necessário alargar nossos horizontes mentais. Através de cursos, de leituras, de conversas sérias, de trocas de experiências. Aprender a ouvir, com mente aberta para sempre aprender, mesmo quando estivermos ensinando. O objetivo é ampliar a visão a respeito da aprendizagem como um processo contínuo de incorporação de conhecimentos, rumo a mais sabedoria de vida. É preciso aprender, também, a pedir a ajuda de um mentor, de alguém em quem possamos confiar e que nos desafie a ampliar nossa forma de ver as coisas.

Sabedoria

A partir disso, voltamos ao tema da sabedoria. Dizíamos acima que o ser humano já contém em si a sabedoria da vida.

A palavra sabedoria é usada comumente para definir a característica de uma pessoa sábia, envolvendo todo o conhecimento que um indivíduo possui sobre uma grande gama de assuntos ou sobre algum assunto em particular.

Sabedoria é ter a mente aberta para aprender a cada momento. Cada pessoa, cada acontecimento tem algo a nos ensinar. E aí, sim, temos o que ensinar, sobretudo a aprender, a refletir sobre a vida, a meditar.

Sabedoria é parar frente aos fatos e aprender com eles. Dessa forma, vamos incorporando as experiências, vamos desfrutando da vida, até chegarmos à velhice.

O grande sábio é aquele que sabe o quanto não sabe nada e o quanto ainda tem para aprender.

Sabedoria de vida é viver o presente. Só temos o presente. O passado já passou e o futuro ainda não chegou. Fazemos planos e ficamos preocupados com o futuro, ou temos saudade do passado e deixamos de viver o presente.

O presente é a única certeza que temos, e usufruir o presente da maneira mais serena possível é sabedoria de vida.

A palavra *sabedoria* vem do latim *sapere*, que significa saborear, tomar gosto. Sabedoria é, pois, saborear o presente para ter prazer de viver, para ser feliz. Saborear o presente é valorizar a vida como ela é e estar por inteiro no que estamos fazendo. É abrir nosso horizonte para o que está acontecendo conosco e estar sempre aprendendo.

Cada pessoa que passa por nossa vida tem algo a nos ensinar; cada acontecimento tem uma lição que precisa ser aprendida.

A sabedoria de vida é viver intensamente criando espaço para nossa felicidade.

A grande dificuldade parece ser **como acessar esta sabedoria** que já está plantada em nós.

Para acessar esta sabedoria é importante parar e ouvir.

Aprender a ouvir com atenção. Ouvir a sabedoria interior. Ouvir primeiro a si mesmo. Refletir sobre seus sentimentos, pensamentos, ações, medos e emoções. Começamos a compreender e a nos responsabilizar sobre como somos e desta forma caminhar com passos amorosos a valorizar nossa sabedoria interior.

Ouça o que as pessoas têm a lhe dizer. Abra a sua mente para ouvir coisas que você não conhece ou até mesmo aquelas com que não concorda. Ouça. Dê uma chance. Abra espaço na sua mente para o novo, o diferente. Abra seu coração para ouvir, colocando-se no lugar do outro. Ouça com empatia. Sinta o outro. E, finalmente, aprenda sempre com as pessoas com as quais você convive no presente. A gente aprende com as crianças, os jovens, os idosos e, até mesmo, com os animais e com os ciclos da vida.

Não tenha receio de observar a si mesmo, e você em relação às pessoas. Você está diante da oportunidade de crescer, de mudar sua percepção, compreender sua conexão com tudo o que existe e de abrir a mente para aceitar compaixão, amor e perdão, acessando sua sabedoria.

A sabedoria possui muitos atributos, dentre os quais destacamos:

O Acolhimento: Saber acolher. É a capacidade de entender os outros no mundo deles e não a partir do nosso olhar. Devemos entender que o outro, nas suas circunstâncias, no seu mundo, está certo. Acolher é ter a capacidade de se comunicar com as pessoas, a partir de seu mundo. Se não conseguimos nos comunicar é porque não conseguimos falar a partir do olhar dos outros e não apenas do nosso.

A Generosidade: Ensinar alguém a fazer alguma coisa é um ato de generosidade, tanto quanto evitar que alguém pratique um ato prejudicial. É compreender que eu estou conectado com todos e que somos interdependentes. A generosidade combate o isolamento e nos ensina que estamos interconectados com tudo o que há no universo. Ela ensina a desenvolver o desapego e a utilizar nosso tempo e nossa energia em favor do bem-estar dos demais.

Nós nos alegramos quando fazemos algo de bom para os outros. Um professor se alegra quando ensina um aluno, um trabalhador fica feliz por produzir algo útil para outras pessoas. Ficamos felizes quando ajudamos alguém. O que eu faço para o outro se reflete para mim. É inseparável. Se ele está feliz, eu estarei feliz.

Fala-se tanto em liderança, em desenvolver a liderança. Pois bem, podemos dizer que a sabedoria do líder é liderar pelo exemplo, é usar sua força interior para gerar conexões verdadeiras. Quando usamos a sabedoria que existe dentro de nós, inspiramos confiança. A sabedoria deve ser vivida e experimentada. É viver com mansidão, compaixão, equanimidade e generosidade. E, isso, desperta nosso poder interior, que tudo impulsiona.

Vivemos numa sociedade com uma cultura altamente complexa, com tecnologias muito refinadas, exigindo um enorme cabedal de conhecimentos. A dor é sentir-se ignorante, sentir-se diminuído frente aos outros ou incompetente frente a determinadas exigências e situações pessoais ou profissionais. É, também, causa de sofrimento não ter conseguido estudar e é motivo de alegria poder dar aos filhos o estudo que precisam e querem.

Sabedoria não deve ser confundida com esperteza ou astúcia, nem só com muita inteligência. A inteligência frequentemente está a serviço da exploração das pessoas e da natureza de formas frequentemente desleais com a vida. Sabedoria é a vida que nos proporciona. A vida vai acontecendo e nós vamos aprendendo e nos tornando sábios, ou não aprendemos nada e vamos repetir de ano, isto é, ter que passar de novo pelas mesmas coisas para incorporar em nossa vida e aprender. Conforme aprendemos, tornamo-nos mais seguros e capazes de enfrentar os revezes que a vida nos oferece.

Ouçamos o que Fernando Pessoa já dizia sobre como agir com sabedoria:

"Trabalhar com nobreza, esperar com sinceridade, sentir as pessoas com ternura, esta é a verdadeira sabedoria.

1 - Não tenhas opiniões firmes, nem creias demasiadamente no valor das tuas opiniões. Sê tolerante, porque não tens certeza de nada.

3 - Não julgues ninguém, porque não vês os motivos, mas apenas os atos.

4 - Espera o melhor e prepara-te para o pior.

5 - Não mates nem estragues, porque não sabes o que é a vida, exceto que é um mistério.

6 - Não queiras reformar nada, porque não sabes a que leis as coisas obedecem.

7 - Faz por agir como os outros e pensar diferentemente deles."

Anotações de Fernando Pessoa *(sem data)*.

Questões

Em busca de seu autoconhecimento em relação ao subsistema Pedagógico – Educação e Cultura, responda, para si mesmo, às seguintes questões, sempre relacionadas com sua vida e seu ambiente pessoal e profissional:

- Quais os estudos e os cursos que mais marcaram sua vida?
- Quais os professores ou mestres que mais marcaram sua vida?
- De que assuntos mais gosta de ler ou estudar?
- Tem pensamento crítico, positivo?
- O que pretende ainda estudar?
  - Para a vida profissional?
  - Para desenvolvimento pessoal?
  - Para atuação como prestadio (mentor, coach, conselheiro)?
- Frequenta teatro, bibliotecas, museus e/ou outros centros culturais?
- Está atento a cursos ou palestras que possam contribuir para seu desenvolvimento profissional e pessoal?
- Preste atenção a si mesmo: será que você está aberto a aprender sempre?

Sugestões de exercícios

- Faça uma relação dos principais mestres que teve e anote, junto a seus respectivos nomes, em que mais marcaram sua vida.
- Faça uma relação de pontos ou temas que você gostaria de conhecer melhor para sua vida pessoal, familiar, profissional e social (cidadão). E planeje como consegui-los (põe no papel ou no computador, para poder cobrar depois).

- Escolha um livro de seu interesse, leia-o com atenção e depois escreva uma resenha do mesmo, destacando o que mais serviu para você.

- Você pode fazer o mesmo com um bom filme – depois de assisti-lo com atenção, escreva uma análise crítica do mesmo, indicando o que aprendeu com ele.

Exercício para acessar a sabedoria interior

Sente-se confortavelmente. Respire profundamente.

Pense num acontecimento que te causou preocupação, ou que te deixou triste.

Respire novamente e relaxe.

Reflita sobre o que você sentiu no momento do acontecimento. Respire e relaxe.

Reflita sobre o que você pensou, como agiu.

Reflita sobre o medo que você sentiu. Respire fundo e relaxe.

Abra espaço na sua mente para olhar novamente sobre o que você está refletindo com novo olhar.

Reflita se foi alguém que provocou este acontecimento.

Abra seu coração colocando-se no lugar do outro. Sinta o outro. Como o outro deveria estar sentindo e pensando naquele momento,

E, finalmente aprenda a lição. O que este fato tem a lhe dizer? O que a vida quis lhe ensinar?

Contemple a si mesmo, e você em relação às pessoas.

Agradeça o que você aprendeu.

Sinta-se em conexão com sua sabedoria interior e sinta compaixão e amor.

Deixe o amor tomar conta de você. Sinta-se em paz.

Conclusão

Finalizando, repetimos as questões que já pusemos acima. Preste atenção a si mesmo: você continua aberto a aprender sempre (em busca de felicidade e alegria)? Ou se coloca na posição de "dono da verdade" (plantando rejeição, sofrimento e infelicidade)?

A pessoa com amor, compreensão e ponderação é uma pessoa sábia. E isto nada tem a ver com instrução. Encontramos pessoas com título de doutor, mas sem sabedoria, e pessoas com pouca instrução, mas com muita sabedoria.

A sabedoria é a principal virtude, pois só ela nos diz como e quando agir. Sem sabedoria, corremos o risco de distorcer a generosidade para fins escusos, tornar rígido e cruel o moralismo, confundir paciência com acomodação, usar a diligência para aprender habilidades prejudiciais como se fossem benéficas. E a sabedoria já está em seu interior. Não precisa buscá-la fora. Basta acessá-la!

Só a sabedoria tem o poder de discernir entre o bem e o mal. É somente ela que é capaz de nos guiar à atitude certa em momento certo. A sabedoria que não é utilizada no serviço ao próximo nunca será profunda, não passando, então, de mera máscara de sabedoria.

Precisamos alargar nossos horizontes mentais. Através de cursos, de leituras, de conversas sérias, trocas de experiências. Aprender a ouvir, com mente aberta para sempre aprender, mesmo quando estivermos ensinando. O objetivo é ampliar a visão a respeito da aprendizagem como um processo contínuo de incorporação de conhecimentos rumo a mais sabedoria de vida. Precisamos aprender também a pedir ajuda de um mentor, de alguém em quem possamos confiar e que nos desafie a ampliar nossa forma de ver as coisas.

Porque sábio não é só quem fica com a cara nos livros, ou quem é muito inteligente. Ser sábio é saber viver, saber lidar com as coisas, tomar as decisões certas, centrado em seu interior. Tornar-se sábio, então, é viver a sabedoria da vida para se dar bem com a vida, ser feliz...

Tornar-se sábio é a principal razão de ser da aprendizagem: entender o verdadeiro significado da vida! Simplesmente é VIVER!

S8 | Patrimonial: Propriedade, Renda e Salário

Introdução

Utilizamos a Teoria da Organização Humana, a TOH, para lançarmos olhares mais detalhados e aprofundados de nossa organização pessoal em cada um dos 14 subsistemas ou 14 raios da Roda da Vida. Quando cada raio está bem ajustado, alinhado ao todo, a vida está indo bem. Mas, quando um desses raios se desalinha, causa-nos dor e, portanto, sentimo-nos infelizes.

Nós temos uma força interna que nos impulsiona, que nos encoraja a levantar quando caímos e que faz um convite a caminharmos adiante. Esta é a força da transformação. Esta força está dentro de cada um de nós.

Quando sintonizamos com esta força, com a Fonte da Vida que está dentro de nós, despertamos para a felicidade, sintonizamos com a Felicidade, e descobrimos a alegria de viver.

Vamos, no texto presente, examinar mais a fundo a área do subsistema S08 – Patrimonial: propriedade, renda e salário.

Patrimonial: propriedade, renda e salário

O Subsistema Patrimonial é um conjunto de elementos – proprietários, capitalistas, prestamistas com seus bancos, bolsas de valores, casa de penhores, seguradoras – para a transferência de posse e acumulação de bens, útiles (moedas e títulos), bem como a remuneração dos prestadios dos 14 subsistemas.

Refere-se a propriedade, bens patrimoniais, dinheiro, contas, poupança, investimentos, previdência, salário, ganhos, lucro, bônus, comissão, corrupção, negócios, empréstimos, doações.

Pontos importantes:

- Patrimônio
- Renda, salário
- Empréstimos, doações,
- Bancos, contas, investimentos, ações
- Dinheiro,
- Negócios, ganhos, lucro,
- Previdência, poupança,
- Bônus, comissão, corrupção,
- Renda, salário,
- Impostos, condomínio,
- Inflação, renda per capita, PIB.

Define-se patrimônio como o conjunto de bens, direitos e obrigações vinculado a uma pessoa ou a uma entidade.

Neste subsistema queremos ampliar a visão que se tem, geralmente, a respeito de propriedade, bens materiais e dinheiro, focando em sua função primordial, que é de dar suporte de subsistência às pessoas, bem como de possibilitar sua expansão pessoal e profissional.

As pessoas buscam ter os bens que julgam necessários para bem viver. Precisam de uma casa onde possam dispor das coisas que servem a suas necessidades de convivência, manutenção e produção criativa e a seus propósitos de realização pessoal, familiar e comunitária. Porém, necessitam também de um espaço interior, onde se sintam livres, não invadidas; onde possam ter suas próprias decisões de ser e criar. Isto é o patrimônio interior de cada pessoa.

"A nossa felicidade depende mais do que temos em nossas cabeças do que em nossos bolsos,", já dizia o filósofo Arthur Schopenhauer.

Patrimônio interior é a consciência de que temos a mais preciosa propriedade: a Vida. E, olhando ao redor, reconhecemos o direito que todas as pessoas e todos os seres possuem de serem donos de si mesmos e se expressarem, segundo sua própria forma de ser. Faz-se necessário assumir nosso patrimônio interior, tomar posse e cuidado de nosso corpo, nosso espaço, a saúde, os conhecimentos, liberdade e nosso amor próprio.

As dores referentes a este subsistema sobrevêm, principalmente, do medo de não conseguir ter o necessário ou de perder o que se tem, bem como o de faltar dinheiro para o futuro. As pessoas podem também ter um sentimento que provoca muita ansiedade e sofrimento: é o desejo de ter sempre mais e mais, sem limites, tornando-as verdadeiras escravas de suas posses e inseguras perante a vida. O dinheiro precisa estar a nosso serviço e não nós a serviço dele. Há pessoas que se sentem usadas como propriedade ou recurso de outrem e feridas em sua dignidade.

Observe se as coisas que você tem estão a seu serviço (trazendo alegria e felicidade) ou se você é quem está a serviço delas (acarretando angústia, sofrimento e infelicidade).

É preciso ampliar a visão a respeito de propriedade, dinheiro, como suporte de subsistência e que possibilita a expansão pessoal e profissional.

Mas, afinal, o que é Patrimônio?

O conceito de Patrimônio não existe isolado. Só existe em relação a alguma coisa. Podemos dizer que Patrimônio é o conjunto de bens materiais e/ou imateriais que contam a história de uma pessoa, uma família, um povo e sua relação com o meio social e ambiental. É o legado que herdamos do passado e que transmitimos a gerações futuras.

O Patrimônio pode ser classificado em Histórico, Cultural e Ambiental.

a) Patrimônio Histórico - É o conjunto de bens que contam a história de uma geração através de sua arquitetura, vestes, acessórios, mobílias, utensílios, armas, ferramentas, meios de transportes, obras de arte, documentos. É importante para a compreensão da identidade histórica, para que os seus bens não se desarmonizem ou desequilibrem, e para manter vivos os usos e costumes populares de uma determinada sociedade.

b) Patrimônio Cultural - É o conjunto de bens materiais e/ou imateriais, que contam a história de um povo através de seus costumes, comidas típicas, religiões, lendas, cantos, danças, linguagem superstições, rituais, festas. Através do patrimônio cultural é possível conscientizar os indivíduos, proporcionando aos mesmos a aquisição de conhecimentos para a compreensão da história local, adequando-os à sua própria história. Daí a sua importância. Refere-se às raízes de nossa identidade no contexto familiar e social.

"O Patrimônio Cultural de uma nação, de uma região ou de uma comunidade é composto de todas as expressões materiais e espirituais que lhe constituem, incluindo o meio ambiente natural". (Declaração de Caracas - 1992).

c) Patrimônio Ambiental ou Natural - é a inter-relação do homem com seus semelhantes e tudo o que o envolve, como o meio ambiente, fauna, flora, ar, minerais, rios, oceanos, manguezais, e tudo o que eles contêm. Esses elementos estão em contato com o homem, e acabam interagindo, e até mesmo interferindo no seu cotidiano.

São, todos, diferentes expressões do patrimônio social, importantes no sentido de respeito à vida humana em comunidade, que possibilitam a vida humana e planetária com mais paz e prosperidade. A nível individual, determinam o contexto vivencial das pessoas, pois compõem a teia de relações e a estrutura mental e emocional de seu universo interior.

Queremos, aqui, destacar um tipo de patrimônio que afeta mais imediatamente todas as pessoas, mas que geralmente só é trabalhado do ponto de vista jurídico: o patrimônio familiar, tão arduamente construído, mas que provoca muita confusão, dor e sofrimento quando administrado de forma egocêntrica e conflitiva.

Patrimônio Familiar

O patrimônio familiar se compõe dos bens que os membros de uma família possuem e que usam para satisfazer suas necessidades. Pode-se mencionar entre eles a casa e os móveis, bem como o escritório ou uma parte da casa que serve para o trabalho de ganho da família.

Inclui, também, os bens patrimoniais de empresas e organizações que estão em nome da família, tais como propriedades rurais, indústrias, comércios, escritórios de serviços, ações societárias, etc. e todas as rendas, lucros e perdas daí provenientes.

Não vamos explorar conceitos jurídicos acerca do patrimônio familiar. Neste texto, que se volta para a superação de dores e sofrimentos, o que se pretende destacar são as dificuldades que as famílias encontram para fazer os acertos, principalmente quando da morte dos progenitores, entrando os bens em partilha entre os herdeiros, bem como, quando da separação dos casais, de que forma é feita a divisão dos bens, assim como os pagamentos de pensões de cônjuge e filhos, etc.

É mesmo muito lamentável toda sorte de dores e todo o sofrimento que vêm à tona nesses casos. Até mesmo em famílias geralmente tranquilas, quando se trata de divisão e partilha de bens, alguns vírus altamente contaminantes se espalham pelos membros e, até mesmo, extrapolam para o meio comunitário. Sobretudo no que se refere à forma de repartição e usufruto do dinheiro e propriedades.

Dinheiro

E o dinheiro? Este instrumento maravilhoso inventado pelo homem para facilitar as trocas e conseguir os bens e serviços de que necessita é também uma arma poderosa para fazer todo tipo de chantagem para dominar e manipular as pessoas.

Frequentemente, ouvimos dizer que dinheiro não traz felicidade. Mas, considera-se a seguinte relevância: a felicidade pode ser condicionada ou incondicionada. Quando é condicionada, a felicidade fica na dependência de conseguir o que queremos. O que nós queremos, muitas vezes, depende do dinheiro. Portanto, dinheiro pode trazer felicidade, condicionada.

Existe, porém, uma outra ordem de felicidade que não é condicionada, denominada de Felicidade Incondicionada. Esta não depende de nada e de ninguém, e se encontra no nosso interior. Quando conseguimos ativar esta felicidade, ela é totalmente livre e promove alegria e paz interior.

Dinheiro, portanto, não garante a felicidade, mas, pode ser importante para evitar sofrimento. O dinheiro pode trazer conforto, tranquilidade, abre possibilidades, permite escolhas, segurança. A união de todos esses sentimentos significa felicidade condicionada: dura enquanto atende à necessidade, mas tende a se desgastar.

É importante ter educação financeira. Quantas pessoas que ganham dinheiro na loteria e menos de um ano depois estão em situação pior do que estavam antes de ganhar o prêmio. Isso é a falta de educação financeira. Nem os pais, nem a escola, nem os espaços de relacionamentos deram subsídios para que o sujeito soubesse que rumo dar ao próprio dinheiro.

O dinheiro tem sua importância, mas o indivíduo que se apega a ele tende a tornar-se avarento e escravo do mesmo, inseguro, com medo de perder, de ser roubado, enganado.

O dinheiro como instrumento de manipulação, chantagem e controle pode provocar todo tipo de conflitos, dores e sofrimentos. Na família, quando não há transparência em relação a propriedades e dinheiro, gera-se um clima de desconfiança, que é a mãe dos conflitos. Esposa não sabe quanto ganha o marido, este não sabe para onde vai o dinheiro tão difícil de ganhar. Complicado, não? E as mesadas dos filhos, quando não existe clara explicitação e negociação, com transparência, que valor é dado ao dinheiro? O que se tenta, na verdade, comprar com ele? Afeto, atenção, obediência, subserviência? Quem é que está, mesmo, na liderança? Não é o dinheiro que é mesmo o líder, que é quem comanda tudo? E as pessoas, onde ficam?

Nem queremos aqui falar da manipulação que se faz com salários, abonos, horas-extras, etc – algo tão sagrado como é o salário, frequentemente, convertido em todo tipo de jogos por patrões, gestores, sindicatos, políticos.

Cada pessoa vai montando sua estratégia de vida desde a primeira infância, com os valores que recebe na família, inclusive a estratégia de lidar com o dinheiro.

O dinheiro, como tudo o mais, possui energia. E precisamos entender essa energia. A energia é que move tudo no planeta: pessoas, familiares, profissionais, países.

A grande sabedoria está em manter a qualidade de vida. Para ter qualidade de vida é necessário planejar nossa vida. Propomos o planejamento pelos 14 subsistemas: parentesco, saúde, manutenção, lealdade, lazer, comunicação e transportes, pedagógico, patrimonial, produção, religioso, segurança, político-administrativo, jurídico e precedência. Podemos ampliar, e muito, nossa capacidade de desfrutar da vida. E fazer a vida valer a pena.

Quando falamos do subsistema patrimonial precisamos entender que é importante nos apropriar do que é nosso. Por exemplo, se sou o dono de uma propriedade, é importante que eu cuide da mesma, ao passo que posso me apegar a ela. Cuidar da propriedade é colocá-la a serviço das pessoas e da vida. Sempre que coloca as pessoas e a vida a serviço primordial da propriedade, planta-se sementes de infelicidade, pois geramos conflitos, insegurança, ganância – e não há o que chega.

Apego

O que é o apego? Apego é agarrar-se a algo ou alguém. Quando quero muito uma coisa ou uma pessoa, fico feliz quando consigo o que quero. Não quero mais afastar-me desta coisa ou deste alguém. Isto prende, tanto aquele que se apega quanto o seu objeto (coisa ou pessoa), e provoca um sentimento de muita insegurança, dor e sofrimento.

Quando estamos apegados a alguma coisa ou a alguém, somos mesquinhos, egoístas, ciumentos e não deixamos seguir o fluxo da natureza. A natureza é desapegada. Por exemplo, quando nasce um filhote de algum animal, a mãe está presente até que seu filhote cresça e fique forte. Depois, o jovem animal vai buscar seu próprio caminho. A mãe não se apega ao filhote, que, agora, já é um adulto e vai ter que se virar.

Ser desapegado significa não ser ocupado por preconceitos, ter objetividade e manter um equilíbrio harmonioso entre o material e o espiritual e entre causa e efeito.

Podemos nos apegar a bens, a pessoas, a ideias, a pensamentos, conceitos, bebidas, chocolates, vícios, dogmas, religiões – enfim, a tudo o que nos limita frente à amplitude da vida.

É importante ter consciência de que tudo na vida é cíclico, que tudo muda e que de uma hora para outra sua vida pode mudar. Precisamos estar preparados para as mudanças, para o fim de um ciclo, para o novo.

Faça sempre a pergunta: "Eu tenho isto agora, mas como eu reagirei quando não o tiver amanhã?"

O apego é o mesmo que querer segurar o vento, o ar. Não é possível.

O sofrimento do apego se inicia quando acreditamos ter posse sobre as coisas materiais: nossa terra, nossa casa, nossas roupas, nossa beleza, nosso carro, nosso cargo, nossa posição social, nosso cartão de crédito internacional, nossa empresa, nosso livro, nosso celular e assim por diante.

E aumenta quando criamos a ilusão de que outra pessoa nos pertence, de que nós temos posse sobre as pessoas.

O apego não se confunde com amor. Amor a si mesmo é uma virtude, é um bem, que exige nosso cuidado. O apego é o oposto do amor. O apego é fruto da ilusão de que a outra pessoa me faz feliz, de que sem ela serei infeliz. O apego faz chantagem, o amor se doa, porque o amor quer que a outra pessoa seja feliz.

O apego nos aprisiona e o desapego nos liberta.

A vida do jeito que levamos não é satisfatória. Há uma falta interior, um vazio interior, uma falta de sentido que não se pode preencher com coisas ou pessoas.

Então este sentimento de vazio interior tem de ser preenchido. E pensamos que o nosso apego às coisas e às pessoas é o que nos trará felicidade. Estamos apegados às nossas posses, estamos apegados às pessoas que amamos, estamos apegados à nossa posição no mundo, e à nossa carreira e ao que alcançamos.

Pensamos que, segurando essas coisas e essas pessoas firmemente, teremos segurança, e que a segurança nos dará felicidade. Esse é o nosso engano, pois é o próprio apego que nos torna inseguros, e a insegurança é que nos dá essa sensação de constante mal-estar.

Portanto, solte, abra a mão. Experimente. Deixe ir.

Existe uma famosa história zen sobre um mestre e seu discípulo.

"Os dois estavam a caminho da aldeia vizinha quando, chegando a um rio caudaloso, viram na margem uma bela moça querendo atravessá-lo. O mestre zen ofereceu-lhe ajuda e, erguendo-a nos braços, levou-a até a outra margem. E depois cada qual seguiu seu caminho. Mas o discípulo ficou bastante perturbado, pois o mestre sempre lhe ensinara que um monge nunca deve se aproximar de uma mulher, nunca deve tocar uma mulher. O discípulo pensou e repensou o assunto; por fim, ao voltarem para o templo, não conseguiu mais se conter e disse ao mestre:

— Mestre, o senhor me ensina, dia após dia, a nunca tocar uma mulher e, apesar disso, o senhor pegou aquela bela moça nos braços e atravessou o rio com ela.

— Tolo – respondeu o mestre – Eu deixei a moça na outra margem do rio. Você ainda a está carregando".

Deixe ir. Desapego não é desinteresse, indiferença ou fuga. Não devemos nos tornar indiferentes aos problemas da vida.

"O desapego não é uma rejeição, mas uma liberdade que prevalece quando deixamos de nos atar às causas do sofrimento, em um estado de paz interior, com conhecimento lúcido de como funciona a nossa mente."

Matthieu Ricard.

A vida deve ser encarada de frente. Mas não precisamos nos apegar a ela.

Podemos nos apegar aos nossos pontos fortes e nos sentiremos superiores aos outros; ou aos nossos pontos fracos e nos sentiremos inferiores aos outros. Sem dúvida, nosso apego às coisas, condições, sentimentos e ideias é muito mais problemático do que imaginamos.

A vida é cíclica e mutável; todas as coisas são mutáveis; todas as condições são mutáveis. Por isso, "deixe ir" as coisas.

Não nos apeguemos nem ao passado e nem ao futuro. Vivamos o momento presente. Quando o sol brilha, desfrute-o; quando a chuva cai, desfrute-a. Pense que tudo passa. Deixe que as coisas nesta vida venham e deixe que se vão. Este é um segredo da vida. Vivamos a vida. Deixe a felicidade reinar. Seja feliz. Deixe ir.

Apego também não pode ser confundido com o sentimento de pertença, que é o sentimento de sentir-se incluído, sentir-se parte ativa de uma família, um grupo, uma comunidade, uma organização, uma nação. Está relacionado à ideia de enraizamento, integração e interação, em que uns ajudam aos outros, uns suportam as dificuldades e sacrifícios dos outros. Os que estão repletos do "espírito de pertença" comungam do mesmo propósito, gerando conjunção de forças e energia na consecução dos objetivos comuns.

Isto pode gerar apego, quando o pertencer a algum grupo acarreta a exclusão dos diferentes, provocando jogos de poder e dominação e, consequentemente, todo tipo de conflitos, dores e sofrimentos. Basta ver as guerras entre torcidas, entre religiões, ideologias político-econômicas, etc. Ou entre "as partes" das famílias que compõem um lado e outro nos namoros e casamentos.

Questões

Em busca de seu autoconhecimento em relação ao Subsistema Patrimonial, Propriedade, Renda e Salário, responda para si mesmo, às seguintes questões, sempre relacionadas com sua vida e seu ambiente pessoal e profissional:

• Você tem casa própria, propriedades?

• Está satisfeito com seu ordenado ou rendimento?

• Como é sua relação com o dinheiro? Como é que gasta?

• Você é organizado e pontual em seus compromissos financeiros?

• Alguém depende economicamente de você? Quem? Quanto?

• Você tem dívidas?

• Quais são suas prioridades financeiras?

• Já ficou desempregado ou foi à falência com prejuízos consideráveis?

• Qual é atualmente sua maior preocupação do ponto de vista econômico?

• As coisas que você possui estão a seu serviço, ou você é que está a serviço das coisas?

Sugestões de Exercícios

• Faça um orçamento doméstico para o próximo mês... o próximo ano.

• Em seguida, planeje dispor de uma poupança que possa aplicar em seu autodesenvolvimento ou de seus dependentes.

• Faça uma reflexão interna e perceba que apego existe hoje em sua vida e o que você já está disposto a deixar ir.

• Faça uma caminhada pela natureza e tome consciência de seus "meus": "meu espaço", "meu tempo", "meu trabalho", "meus objetos", "meus amigos", "meu cachorro". Quando largamos tudo isso, podemos permitir que outros entrem em nossas vidas, tornando-se mais próximos de nós mesmos.

• Exercite o desapego das coisas materiais, das ilusões emocionais, dos rancores, das mágoas, de tudo aquilo que o aprisiona.

Exercício de "pertença" a si mesmo

a) Sente-se ou deite-se em um lugar tranquilo, respire fundo e entre em seu espaço interior.

b) Agora vá, com calma, tomando posse de seu corpo, de cada parte de si mesmo.

c) Tome posse também de sua mente, de tudo que aprendeu na vida, de seus sentimentos e emoções.

d) Assuma como suas todas as atividades que compõem sua vida no espaço exterior.

e) Faça crescer em seu interior um profundo sentimento de gratidão pelo que você é, sinta alegria de viver e conviver.

f) Se possível, busque alguém que você ame especialmente e lhe dê um abraço, com muito carinho.

Conclusão

Este subsistema, que fala de patrimônio, chama-nos a atenção sobre assumir. É importante assumir o que se tem. Se sou dono de uma casa, assumo esta casa, cuido dela, mantenho-a asseada, bem arrumada, e dou a mim o direito de desfrutar deste patrimônio.

Se tenho dinheiro, ganho de forma lícita, posso, sem dúvida, usufruir dele. Mas, cuidado, o dinheiro pode ser usado egoisticamente, "só para mim" ou "só para os meus", ou pode ser usado de forma compassiva, cooperando para promover o desenvolvimento das pessoas ou para contribuir com reais necessitados. Este é um dinheiro abençoado.

Queremos também concluir com uma reflexão de suma importância, que é cada um de nós assumir a nós mesmos para valer. Cuidar de si. Passe um olhar de Roda da Vida pelos 14 subsistemas da TOH: cuidar de si na família, na saúde, na manutenção, etc. E usufruir dos valores que tem em cada um deles. É cada um assumir a posse de si mesmo.

Vá mais a fundo: você contém em si mesmo a Fonte da vida, que recebeu de seus progenitores, que receberam de seus antepassados. É a mesma Fonte de tudo a sua volta, de todas as pessoas, indistintamente. Todas tiveram a mesma grande origem e todas trazem em si a mesma marca original. Tudo está conectado. A Fonte de tudo é a mesma.

Este é o verdadeiro patrimônio que todos temos, e que todos os seres vivos e todos os demais seres do planeta e do universo têm.

Vivemos num imenso condomínio, pelo qual somos corresponsáveis e do qual temos todo o direito de aproveitar. Mas temos que pagar as devidas taxas, que são, principalmente, o cuidado, o zelo e o carinho que precisamos ter por todos os condôminos. O patrimônio é comum, é de todos.

É do índio Kaká Werá Jecupé este belo texto:

"A Tradição do Sol, da Lua e da Grande Mãe ensinam que tudo se desdobra de uma fonte única, formando uma trama sagrada de relações e inter-relações, de modo que tudo se conecta a tudo. O pulsar de uma estrela na noite é o mesmo do coração. Homens, árvores, serras, rios e mares são um corpo, com ações interdependentes. Esse conceito só pode ser compreendido através do coração, ou seja, da natureza interna de cada um."

A sustentabilidade, de que tanto se fala em congressos nacionais e internacionais, nada mais é que o cuidado ético que devemos ter para com o meio ambiente. É importante termos consciência de que cada um de nós é um ambiente que precisa de cuidado ético, cada pessoa de nossa convivência também o é, todas as pessoas, comunidades, países e o planeta também são expressões plenas deste meio ambiente, deste patrimônio global, em que a vida se manifesta.

É, em função disso, que convidamos o leitor a ter uma atitude positiva a respeito do patrimônio. É a vida e a natureza se colocando totalmente a nosso serviço a cada instante. É a vida e a natureza que também nos convidam a pôr nosso patrimônio a serviço da vida e da natureza em nós e em todos os seres.

S9 | Produção: Trabalho e Carreira

Introdução

A busca da felicidade é o que move as pessoas e o mundo. Todo ser humano almeja ser feliz. E nós temos como despertar a felicidade, descobrindo a alegria de viver, pois temos o poder da transformação. Podemos transformar nossa maneira de ver o mundo, com novas possibilidades, ampliando nossa visão.

É com o intuito de colaborar com as pessoas em sua árdua, mas produtiva, caminhada em busca da felicidade, que estamos escrevendo esta série de textos, com base na TOH, destacando os 14 raios que compõem a Roda da Vida com 14 lentes de aumento para enxergar a Vida e suas diferentes expressões e construções.

No texto presente, aprofundaremos nossa reflexão em torno do subsistema ou eixo S09 – Produção - Trabalho e Carreira.

Produção - Trabalho e Carreira

O ser humano tem habilidade ou aptidão de recriar o que

a natureza lhe oferece, para produzir bens que melhor atendam ao que considera suas necessidades. Tem talento potencial, adquire competência pessoal e profissional para desenvolver os meios necessários à sua subsistência, à expressão de seus pensamentos, de seus dotes profissionais e à de seus sentimentos através da criação artística.

No texto sobre o subsistema S03 - Manutenção - escrevíamos: "O ser humano foi, ao longo dos tempos, complexificando suas formas de sobrevivência, já não mais atendendo somente a seus instintos. Agora ele cria e recria seu ambiente, seus alimentos e suas roupagens, o que lhe dá muito mais condições de subsistência nos mais diferentes climas e ambientes físicos." Acrescentemos a isso, que ele cria e recria também seus instrumentos de trabalho e suas expressões culturais e artísticas, tão ricas e variadas quanto as folhas e flores de nosso planeta.

A sabedoria, neste campo, é aprender a dosar nossa dedicação, aprender a distribuí-la entre as diferentes necessidades humanas: afetivas, familiares, de lazer, de estudo, religiosas, de segurança, etc.

O sofrimento ocorre quando a gente se sente impotente, quando não consegue realizar o que quer e considera necessário. É sentir-se inútil, incapaz. Ou quando pensa que nunca fez o suficiente, que está sempre devendo. Precisa trabalhar mais, e mais, e mais, até a exaustão física, afetiva e mental. O que pode, também, provocar dor e sofrimento é quando, na ânsia de produzir sempre mais, produz danos às pessoas e à natureza, o que acaba se voltando contra si mesmo, alienando-o de sua própria natureza.

Atente a si mesmo: quanto você é feliz e alegre fazendo o que gosta? E quanto você se sente infeliz e triste quando se vê incapaz, incompetente ou impotente?

O subsistema de Produção se refere a um conjunto de elementos – manufatureiros, extrativistas, agropecuários, industriais, artísticos, com suas minas, campos, fábricas, ateliers e correspondentes tecnologias - para extrair da natureza, multiplicar, adequar úteis para si e os demais treze subsistemas, evitando o esgotamento dos estoques.

Em linguagem comum, este subsistema está difusamente mesclado com os conceitos de trabalho, tecnologia, produção, profissões, empregos, salários, e que é preciso deslindar.

O quadro de referência socioeconômico classifica os úteis em bens primários (segmento extração e agricultura do S.09 – Produção); em bens secundários (segmento indústria do S.09 - Produção); em bens terciários ou serviços (segmento arte e os demais treze subsistemas com intentos de criar o setor de bens quaternários, como a informática – S.06 – Comunicação e Transportes).

Na verdade, em todos os 14 subsistemas temos agendas a cumprir, em todos temos trabalhos a realizar, cada um com seus procedimentos próprios, símbolos, tecnologias, expressões próprias de valores e crenças. Pelo fato de não se dar importância ou se subestimar as agendas em alguns subsistemas é que se superestimaram as chamadas econômicas. Na família, é possível perceber o tamanho do trabalho, como o cuidado com a casa, cozinhar, lavar roupa, etc. No Lazer, na Lealdade, no Pedagógico, etc., não se trabalha em todos eles? Professor, jogador, advogado, policial...

Nos últimos dois séculos, exagerou-se a importância do subsistema de Produção, sobrepondo-o, até mesmo, acima da sobrevivência do próprio planeta, que está correndo sério risco por esgotamento de recursos, bem como o submetendo ao subsistema patrimonial, valorando-o apenas quando dá dinheiro, gera renda. É hora de dar-lhe uma posição mais definida, responsável e devotada, primordialmente, à humanidade, à preservação do planeta e da vida nos quatorze subsistemas. A meta última, universal, da produção para a humanidade, não é ser "altamente" industrializada ou "altamente" pós-industrial, mas promover o necessário para o bem-estar e o conforto de todos os partícipes da vivência no planeta.

O objetivo deste ensaio é ampliar a visão a respeito de produção, como construção do meio ambiente humano e criação de bens e serviços que atendam às diferentes necessidades da vida humana, tais como:

- Produção intelectual, científica, filosófica;
- Produção artística (pintura, escultura, música, teatro, poesia, literatura, arquitetura, cinema, etc.);
- Produção artesanal, industrial, agropecuária;
- Produção extrativista – madeira, minério, pesca, caça;
- Empresas, ateliers, escritórios, oficinas, exposições;
- Energia, tecnologia;
- Trabalho, emprego, ocupação profissional, etc.

A área da produção é a área mais conhecida em nossa formação. Fomos educados desde nosso berço para fazer, ter, adquirir, realizar, viver, mostrar resultados. Praticamente tudo o que fazemos está voltado para este campo: é preciso produzir e produzir muito e, se possível, com qualidade. As avaliações que temos (na família, na escola, nas empresas) estão preferencialmente voltadas para isso: saber fazer, saber cozinhar, saber fazer a terra produzir, saber mexer nas máquinas. Perceba como o subsistema pedagógico – S07 - está praticamente a serviço de produção.

Trabalho

Todo o universo é criativo. Tem o poder criativo. E nós trazemos em nós esta herança. Nós estamos produzindo sempre. De acordo com as características mentais das pessoas, refletidas nas comunidades e instituições, podemos falar em três tipos principais de produção:

- **Produção Intelectual:** trabalha mais com o lado racional da mente: pesquisa científica, filosofia, artigos, livros, trabalhos dos professores e dos estudantes, busca de certificações, todos os tipos de cálculos, desenvolvimento de projetos, etc.

- **Produção Artística:** utiliza mais o lado emocional/intuitivo da mente humana: música, pintura, escultura, poesia, literatura, arquitetura, dança, teatro, cinema, fotografia, etc.

- **Produção de manufaturas e serviços:** aciona o lado operacional da mente, voltado para atender as necessidades utilitárias: indústria, agropecuária, artesanato, ferramentas, máquinas, utilidades domésticas, veículos, têxtil, alimentação, etc.

Alta performance

Na produção nós estamos sempre em busca da alta performance, do melhor desempenho. Segundo John Withmore "A verdadeira performance é ir além do esperado; é estabelecer os mais altos padrões pessoais, padrões estes que excedam o que os outros exigem ou esperam".

Portanto, a alta performance não é fazer o que nos mandam fazer, nem como nos mandam fazer. É ir além do bem feito. É buscar o melhor.

Como conseguir esta alta performance? A alta performance é conseguida quando somos bons gestores e bons líderes no nosso dia a dia.

Performance Pessoal e Profissional

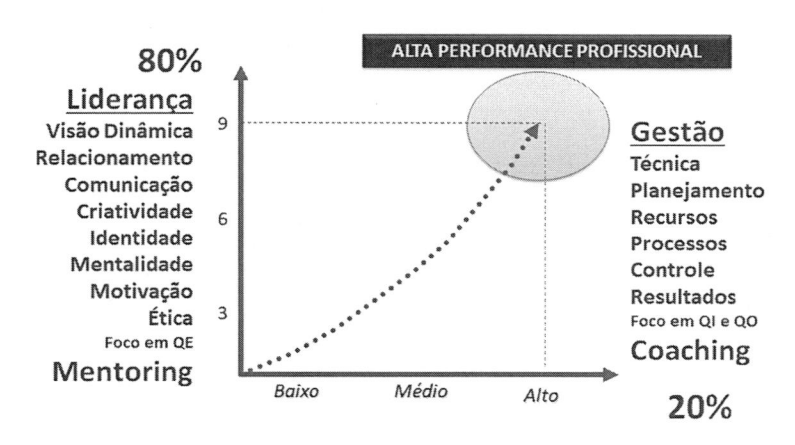

80%
Liderança
Visão Dinâmica
Relacionamento
Comunicação
Criatividade
Identidade
Mentalidade
Motivação
Ética
Foco em QE
Mentoring

ALTA PERFORMANCE PROFISSIONAL

Gestão
Técnica
Planejamento
Recursos
Processos
Controle
Resultados
Foco em QI e QO
Coaching

20%

Baixo   Médio   Alto

O bom gestor, por um lado, precisa saber o que fazer, por que fazer, quando fazer, onde fazer, com quem fazer e quanto fazer. Busca resultados, busca atingir objetivos. Para isso, administra recursos e processos.

O bom líder, por outro lado, sabe como conseguir que se faça, como lidar com as pessoas que fazem acontecer. O ponto fundamental para uma boa liderança é a capacidade de persuadir e influenciar as pessoas. Respeita as pessoas e as motiva e instiga a que cresçam, se desenvolvam, evoluam, ajam com garra e qualidade.

Isso ele consegue através de uma comunicação aberta, eficaz e transparente. Usa de argumentação consistente, clareza na exposição do raciocínio e a habilidade de debater pontos de vista. Porém, também busca inspirar confiança e respeito. Tudo isso, de modo a estar aberto a novas ideias e a construir soluções em conjunto, fazendo com que os colaboradores se sintam suficientemente instigados a defender com firmeza as suas ideias, sem receio do confronto saudável e, ao mesmo tempo, confortáveis e confiantes na presença do líder. O líder aceita e assume suas próprias limitações e sabe que seus liderados podem suprir e superar essas limitações.

No seu dia a dia, o gestor sabe *o que* fazer, *por que* fazer, *quando* fazer, *onde* fazer, *com quem* fazer, mas como não aprendeu de que jeito lidar com as pessoas, os resultados, aos poucos, vão definhando.

Lidar com gente, instrumentar e articular-se com pessoas é uma tarefa que exige muito de nós. De modo geral, a educação que recebemos e a formação profissional e acadêmica deixou isto em segundo plano.

Sua equipe talvez trabalhe arduamente, produzindo com um esforço enorme, mas descoordenado e buscando desculpas de toda ordem, quando não apontando culpados por possíveis atrasos ou insucessos. É difícil, assim, ele mesmo assumir responsabilidade, muito menos os seus submissos "liderados".

Para produzir com alta performance, é importante ser capaz de priorizar suas ações, envolver e mobilizar recursos e pessoas na direção certa.

Independentemente de que funções exerçam, as pessoas necessitam repensar seus conceitos e ampliar suas cosmovisões. Há que abrir o leque de suas percepções e de seus modos de avaliar. Precisam se dispor a cooperar para que as pessoas atuem com maior consciência e, sobretudo, com maior coerência em relação a seu modo de pensar, seus critérios de vida, de lidar com as pessoas e de atuar com alta performance.

Estratégia

O que é estratégia? Uma resposta bem simples e direta é: saber aonde quero ir, aonde quero chegar, com que meios e contando com quem.

Por exemplo, se eu for um empresário, minha estratégia é, por exemplo, ser o único no mercado daqui a 2 anos. Para isso, é necessário ter um espaço físico adequado, comprar máquinas, contratar um *expert* em computação, outro em mercado, antever o fluxo de caixa para assumir dívidas, etc.

Se for uma dona de casa, minha estratégia é, por exemplo, servir um almoço maravilhoso. Para isso preciso saber quantos vão almoçar, comprar os ingredientes, deixar temperado com antecedência, cozinhar, arrumar a mesa, etc.

Com base nas diferenciações citadas, o perfil ideal para um profissional de sucesso é equilibrar as características do perfil de gestão com o perfil de liderança. É bastante difícil reunir ambos, uma vez que são derivados de personalidades e formações diferentes. Mas não é impossível. É importante considerar que ambos são necessários para que faça melhor o que está fazendo. Por isso é importante desenvolver sua liderança, lendo sobre o assunto ou fazendo cursos e seminários de formação e desenvolvimento de lideranças.

Como afirma o guru da administração, Peter Drucker:

"A administração será, cada vez mais, a disciplina e a prática pelas quais as lideranças vão readquirir seu reconhecimento, impacto e relevância. O líder sabe o 'por que' e o gestor sabe 'como'. Juntas, essas duas qualidades podem conquistar o mundo. Separadas, correm o risco de não chegar até a próxima esquina".

Carreira

A carreira é o conjunto de experiências que temos vivenciado ou experimentado em nossas vidas, bem como os degraus que alguém se dispõe a subir para alçar alguma posição profissional almejada.

Antes mesmo de nossa formação profissional – seja de nível médio, técnico ou superior, já teremos exercido algumas atividades que somam, quando estamos focados em nossa carreira. Podemos ter sido vendedores, ajudantes de escritório, entregadores de produtos, tudo isso vai somando para contar pontos na carreira. Se você foi entregador de pizza e manteve a mente aberta a aprender, teve oportunidade e prática de lidar com pessoas, por exemplo.

Se você quer ter sucesso profissional, dê o seu melhor naquilo que estiver fazendo. Quando se entra num projeto, é importante entrar para valer. Valorize o que você está fazendo no momento e siga em frente.

Subir na carreira é o sonho de muitos, mas conseguir realizar pode não ser tão fácil – e nem tão rápido. Para fazer o objetivo acontecer, muitos fatores devem ser considerados, como a análise de cenário, isto é, se a empresa oferece espaço para ascensão, se a pessoa está capacitada para assumir um cargo mais alto, se tem competências necessárias para ser um líder. Para isso, terá que fazer um Plano de Carreira junto com o Plano de Desenvolvimento Individual, como veremos mais à frente neste texto.

Para ter uma carreira de sucesso, é importante cultivar às seguintes competências (veja o quadro de Alta Performance):

1. Visão Dinâmica de Mundo - Visão de Mundo, ou Visão Holossistêmica, se refere a como as pessoas se vêem a si mesmas, aos outros, a sua empresa e ao mundo à sua volta. Isso, por sua vez, determinará comportamentos e atitudes no exercício profissional. Por exemplo: Uma equipe tende a ser o reflexo da própria gerência. Uma empresa se torna um reflexo das pessoas que nela trabalham. A empresa toda está presente em cada área ou em cada funcionário. Numa área é possível localizar a ação da presidência, da diretoria, de planejamento, de RH, de logística, engenharia, manutenção, atendimento, comercial e todas as outras áreas, além de fornecedores e clientes, formando uma teia complexa de interações sutis ou concretas. E essa teia se tece com pessoas. São pessoas que exercem funções, cada um de acordo com a sua ocupação, modo próprio de ser e a bagagem de experiência. Uma pessoa com esta visão compreenderá sua carreira em correlação com as outras e estará comprometido com a empresa como um todo.

2. Relacionamento – Entendemos por relações o que acontece entre as pessoas. É o *astral* ou o clima da organização, que se expressa pelo ambiente de trabalho. A estrutura informal da organização extrai seus elementos principalmente das relações entre pessoas, tais como as expectativas, esperanças; decepções; simpatias e antipatias; harmonia e conflitos; status, estilo de liderança, prestígio, poder; comunicação, etc. As relações não são visíveis e calculáveis, como os recursos; nem lógicas e racionais, como os processos. São sensíveis, não racionais, sutis e não podem ser controladas ou sistematizadas. Se sua carreira é técnica, não deixe de procurar entender as pessoas. Faça treinamentos para entender como nos relacionamos e nos comunicamos. Se sua carreira é da área humana, é preciso, então, reciclar-se, bem como se atualizar o tempo todo.

3. Comunicação – comunicar é a capacidade de fazer o outro compreender o que queremos expressar. Precisamos ter consciência da importância de nossa comunicação. E, para ser eficaz, para produzir resultados, a comunicação precisa ser focada, Isto é, precisa ter uma comunicação onde tudo é explícito e negociado. É ter uma comunicação direta, clara, limpa, sem jogos. (Veja o texto S06 Comunicação e Transporte).

O bom líder se propõe a jamais mentir ou enganar. A comunicação gera confiança, que é a base para um relacionamento produtivo, consistente, que produz alegria, bem-estar e resultados positivos. Quem não se comunica, não lidera. Sua carreira necessita ter um cuidado especial com a comunicação.

4. Criatividade – é originada do latim *creare*, que indica a **capacidade de criar, produzir ou inventar coisas novas.** Criatividade é um elemento essencial no contexto do trabalho. A criatividade frequentemente resulta em soluções que permitem economizar ou criar processos e produtos que aumentam seus ganhos, seu lucro.

É importante destacar que a criatividade não necessariamente significa criar alguma coisa do zero. Muitas vezes significa ***inovar***, ou seja, melhorar alguma coisa já existente ou descobrir uma nova aplicação da mesma. Será que os líderes já se conscientizaram de que o seu capital humano, de que o potencial criativo de sua equipe é muito superior ao seu próprio desempenho criativo e inovador? Quanto ele, sua equipe e a corporação pode ganhar com isso?

E será que os líderes sabem como organizar, como aproveitar todo este potencial criativo que está disponível? Por que não estimular a produção dessas ideias no dia-a-dia? Este é o melhor caminho. Criatividade é uma arte de ser, de viver, sem pré-julgar. Gera alegria e sentido de co-participação na dinâmica da organização.

Walt Disney disse certa vez que Criatividade é como ginástica: quanto mais se exercita, mais forte fica. E criatividade é essencial na sua carreira, seja ela técnica ou humana.

5. Mentalidade – é o estado, a qualidade daquilo que é mental, do que caracteriza os processos e atividades da mente. É o conjunto de manifestações de ordem mental (crenças, maneira de pensar, disposições psíquicas e morais), que caracterizam uma coletividade, uma classe de pessoas ou um indivíduo, sua personalidade.

Qual a minha mentalidade? Qual a mentalidade da empresa? Será que você conhece e cultiva sua mentalidade? Será que você conhece a mentalidade de sua equipe, de sua organização?

Mentalidade, ou Referenciais Mentais, é o cerne mais profundo de onde decorre a forma das atividades humanas. Todos os problemas, bem como todas as soluções, provêm de e contêm uma visão correspondente.

Pode-se ter uma mentalidade confusa, sem apoios mentais claros, ou muito presa a preconceitos e a crendices e fundamentalismos, ou muito julgadora, dicotômica (só vê o certo ou errado) ou uma mentalidade muito estreita, muita específica, que vê tudo somente de seu ângulo profissional.

Destacamos aqui que, além de conhecer os diferentes referenciais mentais, o mais importante é atuar profissionalmente com elevada **visão holística** e **sistêmica**, isto é, que enxerga conjuntos, vê sob ângulos diferentes, admite outras maneiras de ver, tendo consciência de que sua mente, por mais que tenha experiência ou estudo, é sempre limitada. Respeita, por isso, a forma de pensar das outras pessoas e ajuda-as a superar suas visões estreitas, a ver de maneira mais ampla, a abrir seus leques de percepções.

6. Motivação – motivo da ação. É um **impulso** que faz com que as pessoas ajam para atingir seus objetivos. A motivação é um elemento essencial para o desenvolvimento do ser humano. Sem motivação é muito mais difícil cumprir algumas tarefas. A motivação pode acontecer através de uma força interior, ou seja, cada pessoa tem a capacidade de se motivar ou desmotivar, também chamada de **auto-motivação**, ou **motivação intrínseca**. Há, também, a **motivação extrínseca**, que é aquela gerada pelo ambiente em que a pessoa vive ou por influência ou submissão a outra pessoa: o que ocorre na vida dela influencia em sua motivação. É essencial para a sua carreira cultivar a motivação e, ao mesmo tempo, ser capaz de motivar sua equipe.

7. Identidade – é o aspecto mais sutil de sua carreira. Inclui sua cultura e seus valores; a missão e o sentido de sua existência; seus objetivos pessoais e profissionais; seus mitos e superstições; os princípios e crenças de ação; a atitude perante o mundo, etc.

A identidade nos revela outra qualidade de consciência. Ela não ocupa espaço, não decorre no tempo, não é sensível ou racional, mas é o nível no qual trabalhamos com consciência e intuição. É a essência, a alma, de sua carreira. É o sentimento de pertencer, que gera entusiasmo, motivação, engajamento e garra. "Eu sou eu, não há ninguém igual a mim, sou único, tenho minhas próprias qualidades e as cultivo, e minhas próprias carências, que busco superar. E respeito a forma de ser das pessoas que convivem comigo, que têm suas próprias identidades."

8. E, finalmente, vamos falar de **Valores**. É muito importante para sua carreira ter valores e trabalhar com valores, sobretudo com ética. A palavra ética é de origem grega, derivada de *ethos*, que diz respeito ao cuidado com a casa, aos costumes, aos hábitos dos homens.

Buscar a excelência em sua carreira significa, entre muitas coisas, agir de acordo com os ideais éticos que baseiam as relações profissionais, respeitando os direitos das pessoas e dos colaboradores e estabelecendo critérios e normas de comportamento e relacionamento.

Como diz Charles Chaplin, "não se mede o valor de um homem pelas suas roupas ou pelos bens que possui. O verdadeiro valor do homem é o seu caráter, sua ética e a nobreza dos seus ideais".

Estas são as competências necessárias para o cultivo de uma carreira de sucesso. Sem motivação, uma boa comunicação, um bom relacionamento, valores, e com mentalidade de "*pobre coitado*", não tem sentido falar em carreira. As pessoas precisam se identificar com os propósitos e metas, bem como pela sua própria missão e com a missão da organização. Esta postura inconsciente pode custar caro, gerando uma imagem negativa, tanto frente a você mesmo, como para a família, a empresa, a comunidade e o mercado.

Mentor/Coach

Ascender na carreira, encontrar um novo rumo profissional, aprender a melhorar o relacionamento interpessoal ou liderar equipes são algumas das necessidades que os clientes buscam num Mentor/Coach. Não há dúvida de que o Mentor/Coach pode contribuir para o crescimento profissional, nos seguintes aspectos:

- Instrumentar o Cliente a tomar consciência dos pontos fracos e levá-lo a buscar meios de aperfeiçoamento em sua área de atuação.
- Levar o Cliente a refletir sobre sua carreira e de como alavancá-la.
- Avaliar seu relacionamento com chefias e com colegas e subordinados na equipe de trabalho.

Um Mentor também conduz o Cliente a pôr sua vida profissional no contexto maior de sua vida pessoal, a buscar um sentido maior em tudo o que faz, a descobrir-se como parte da vida e do universo, corresponsável pelo equilíbrio do todo. O Cliente é levado a uma visão holossistêmica, isto é, a sentir-se parte do todo e a reconhecer-se presente em tudo que o cerca.

Muito importante para a sua carreira é ter um plano de desenvolvimento individual, que pode incluir um plano de carreira.

Plano de Desenvolvimento Individual

Ter um Plano de Desenvolvimento Individual é a chave para você ser bem-sucedido e obter os resultados necessários para sua carreira e sua vida.

O Plano de Desenvolvimento Individual – PDI - é um plano de ação elaborado por cada pessoa como se fosse um roteiro para escrever a história de sua carreira, visando orientar a construção de seu plano de vida.

Qualquer profissional, de qualquer área, pode fazer um Plano de Desenvolvimento Individual, independentemente de trabalhar numa empresa ou ser autônomo, ser engenheiro, ser dona de casa ou artista. O mercado está sempre em busca de profissionais capazes de resolver problemas; que saibam trabalhar em equipe, dinâmicos e colaborativos.

O PDI estabelece metas claras, com prazos. É feito visando o curto, o médio e o longo prazos.

Trabalha com metas realizáveis e mensuráveis. Jamais estabeleça metas fáceis demais, pois se tornam frágeis, ou intangíveis, sem viabilidade. No primeiro caso, falta o desafio para o desenvolvimento pessoal ou profissional. No segundo caso, a meta pode se tornar um peso. Em ambas as situações o processo se torna desestimulante e favorece a desistência.

Outro ponto importante no seu Plano de Desenvolvimento Individual são os imprevistos. Saiba que eles irão acontecer. Conte com eles e, quando surgirem, reavalie e redirecione o que for preciso, nunca fugindo de suas aspirações e de seu foco.

Faça a sua autoavaliação. Pergunte a si mesmo se, no dia a dia, você está fazendo o que sabe fazer de melhor. Você sente prazer no que faz? Seus estudos e prática reforçam o seu trabalho? Se a resposta for sim, você está no rumo certo. Do contrário, chegou o momento de mudar!

Portanto, mãos à obra! Se não tem ainda, comece agora e elabore seu Plano de Desenvolvimento Individual. Esses são os passos:

1) Comece analisando a si mesmo, o que o motiva, o que faz com que você fique com "aquela vontade" que te leva mais longe; olhe onde você está e mire para onde pretende ir. Algumas perguntas podem ajudar a entender estes caminhos: "O que eu quero (ou preciso) desenvolver em mim?", "O que eu gosto de fazer no dia a dia?". Pode usar como pano de fundo os 14 subsistemas da Teoria da Organização Humana (vide a Introdução do texto sobre Cosmovisão).

2) Encare seus pontos fortes, seu potencial, o que tem de especial que te faz único; olhe de frente também para os seus pontos fracos, quais áreas merecem ser cultivadas e incentivadas. Os pontos fortes se contrapõem aos não tão fortes ou mesmo fracos. Privilegie seus pontos fortes; é importante saber seus pontos fracos somente para entender como seu ponto forte pode contrabalançá-los e superá-los.

3) Mapeie suas competências, tanto técnicas, quanto comportamentais (uma lista já ajuda a resolver esta questão). Aspectos como habilidades, talento e características pessoais que, somados, formam suas competências.

a) Competência é a qualidade de quem é capaz de apreciar e resolver determinado assunto.

b) Habilidade é saber fazer, é ter capacidade técnica para realizar determinadas tarefas. Por exemplo, dirigir um automóvel ou usar um computador. A maioria das profissões pode ser realizada graças às habilidades, que somam conhecimento e experiência. Isoladamente não pode ser considerado um dom, pois computadores e robôs também podem ser programados com habilidades para substituir o trabalho humano.

c) Talentos são as capacidades que nascem com cada um e conduzem a um desempenho satisfatório tanto no aprendizado quanto na execução das habilidades. Por exemplo, o talento para negociar, inventar, comunicar. É diferente ter apenas habilidade do que ter também talento para executar essa habilidade. Uma pessoa com talento para uma determinada profissão é capaz de aprender e executar com muito mais facilidade essa profissão. Mas o talento também necessita ser desenvolvido, treinado, adequado às necessidades e oportunidades. O talento pode também ser associado à vocação.

d) Características Pessoais dependem do conjunto de valores, crenças, paradigmas, características físicas, psicogenéticas e da influência do meio externo. Podem ser transformadas ao incluírem novas experiências, adquiridas no decorrer da vida.

4) Uma vez que você já definiu o que o motiva, bem como os pontos fortes, os pontos fracos e suas competências, já está preparado para saber aonde quer chegar daqui a 1 ano, 2 anos e, talvez, 5 anos ou mais.

5) Agora, sim, você já pode estabelecer ações ou metas com um plano estruturado, desenhado a partir de componentes reais de seu dia a dia. Ter como meta, por exemplo, ser diretor de uma empresa é bem diferente de sonhar com esse cargo. O sonho pode se perder no meio do caminho.

6) Depois de estabelecer as metas, operacionalize cada uma delas respondendo: Onde? Quando? Com que? Com quem? Quanto? Como?

7) Faça de tudo o que puder e até o que não puder para atingir as metas estabelecidas. Faça acontecer!

Jamais desanime ou perca o pique! Ter energia é fundamental para cumprir cada uma das metas. Estude, desenvolva uma visão global do mercado onde atua, pesquise estratégias. Tudo isso irá contar a favor do seu plano de desenvolvimento pessoal.

Ele faz uma diferença incrível. Quando bem realizado, alavanca fortemente o crescimento da carreira e faz com que as pessoas passem a ganhar mais status e posição do que as pessoas que não têm um PDI.

De modo geral, nós não fazemos nosso plano individual. Deixamos este trabalho para o RH das empresas, ou deixamos o barco correr conforme alguém o empurra. É hora de virar o jogo e fazer o Plano de Desenvolvimento Pessoal.

Pesquisas têm mostrado que o PDI eficaz melhora resultados como: níveis de desempenho, promoções, remuneração e benefícios sociais, mobilidade vertical (subir na carreira) e satisfação no trabalho.

Procure ter alguém a seu lado, seja ele um Mentor, um líder ou, até mesmo, um parceiro mais experiente. Além das orientações que cada um desses profissionais é capaz de oferecer, individualmente, comprometemo-nos de forma mais intensa, quando compartilhamos nossas metas com alguém.

Você, que construiu seu PDI, tem um norte, uma direção a seguir e isto dará confiança, entusiasmo e motivação pessoal.

Seja determinado. Faça acontecer. A determinação é aquela força que faz om que o que parece ser impossível para muitos tornar-se possível para você, porque alguém acreditou em seus planos, seus desejos e seus sonhos. Essa força tem transformado o planeta e a vida de muitas pessoas. É também através dessa força que modificamos nosso comportamento, construímos uma carreira, realizamo-nos profissional e culturalmente.

Nós, seres humanos, somos capazes de nos transformar a cada dia. Transforme-se. Aquele seu sonho de ser feliz está cada dia mais perto de você, porque você o faz acontecer!

"Quem sabe faz a hora, não espera acontecer", diz a canção do Geraldo Vandré.

Questões

Em busca de seu autoconhecimento em relação ao Subsistema de Produção, responda, para si mesmo, às seguintes questões, sempre relacionadas com sua vida e seu ambiente pessoal e profissional.

- Onde já trabalhou e trabalha agora?
- Como foi seu aprendizado e sua evolução no campo profissional?
- Em que a atividade predominante em sua família de origem influi em sua atual atividade profissional?
- Quais as suas principais habilidades (manuais, artísticas, industriais, agrícolas, comerciais)?
- Em que tipo de atividade você se sente mais produtivo?

• Quanto de peso e aborrecimento e quanto de alegria e realização lhe traz sua atividade profissional? Por quê?

• Com que modalidade artística você se sintoniza melhor?

• Você cultiva a consciência de que os recursos naturais são impermanentes e limitados?

• Quanto você está usando de sua capacidade de transformar? Quantos planos e sonhos você tem para realizar hoje? Quanto de determinação que você está usando nesse momento?

• Qual a sua mentalidade? Será que você conhece e cultiva uma mentalidade mais aberta e sistêmica?

• O que eu quero (ou preciso) desenvolver em mim? O que eu gosto de fazer no dia a dia?

• Quanto você gosta de seu jeito de fazer acontecer?

Sugestões de Exercícios

• Descreva suas atividades produtivas nos 14 subsistemas da TOH, anotando em que está precisando estar mais presente e atuante.

• Reflita sobre (de preferência, escrevendo): O que eu quero (ou preciso) desenvolver em mim; o que eu gosto de fazer no dia a dia; como posso atender melhor quem precisa do meu trabalho.

• Faça um Plano de Desenvolvimento Individual – o que quero para mim, onde quero chegar e o que pretendo fazer para alcançar o que desejo (não importa sua profissão, tenha um plano para você).

Exercício para uma boa entrevista de trabalho

Se você está à procura de (melhor) emprego, prepare-se para a entrevista, levando o seu currículo e seu Plano de Desenvolvimento Individual.

Antes da entrevista:

• Estude e pesquise para conhecer bem a área de atuação da empresa, os negócios, o momento do mercado, enfim, todas as informações que puder coletar.

• Pesquise, principalmente, a área onde você vai trabalhar, conheça, na medida do possível, quem estará trabalhando com você.

Durante a entrevista:

• Deixe claro que seu objetivo vai muito além do dinheiro: demonstre que você quer crescer e está disposto a dedicar-se a isso.

• Mantenha a energia e o brilho nos olhos. Olhe o entrevistador de frente, com firmeza, mas sem empáfia. Todo gestor quer uma pessoa disposta a trabalhar. Muitas empresas deixam de contratar bons profissionais, capazes, com potencial, porque eles não conseguem demonstrar interesse na hora da entrevista.

SUCESSO!

Conclusão

O universo todo é criativo. Tem o poder de criar. O universo está sempre produzindo.

Nós também estamos produzindo sempre, quer tenhamos consciência, quer **não. Nossa produção pode ser intelectual, pode ser emocional e também produzimos quando estamos fazendo alguma coisa.**

Como nos traz alegria fazer o que gostamos! E como nos traz felicidade! Em contraposição, como ficamos tristes e infelizes quando nos sentimos incapazes ou impotentes.

Mas não podemos nos esquecer da importância de repensar sempre nossos conceitos e ampliar nossas visões de mundo. Mente aberta, é disso que precisam os dias de hoje.

Produzir com consciência e, sobretudo, com maior coerência em relação a nosso modo de pensar, a nossos critérios de vida, de lidar com as pessoas e de atuar com alta performance, é saber gerir e liderar nossas vidas.

A vida profissional deve estar no contexto maior da vida pessoal, sempre buscando um sentido maior em tudo o que fazemos, e descobrindo-nos como partícipes da vida e do universo, corresponsáveis pelo equilíbrio do todo. Esta é a visão holossistêmica, que nos faz sentir partes do todo e a reconhecer-nos presentes em tudo que nos cerca.

Não se esqueça de sua carreira. Planeje-se. Faça seu Plano de Desenvolvimento Individual. Saiba o que fazer e como fazer. Seja você gestor e líder em tudo que faz.

E não se esqueça: seja determinado, faça acontecer! Essa força tem transformado o planeta e a vida de muitas pessoas. É, também, através dessa força que modificamos nosso comportamento, construímos uma carreira, realizamo-nos profissional e culturalmente.

Nós, seres humanos, somos capazes de nos transformar a cada dia. Transforme-se! Aquele seu sonho de ser feliz está cada dia mais perto de você, porque você o faz acontecer!

Seja alegre e feliz em tudo que você faz!

S10 | Religioso: Religião e Espiritualidade

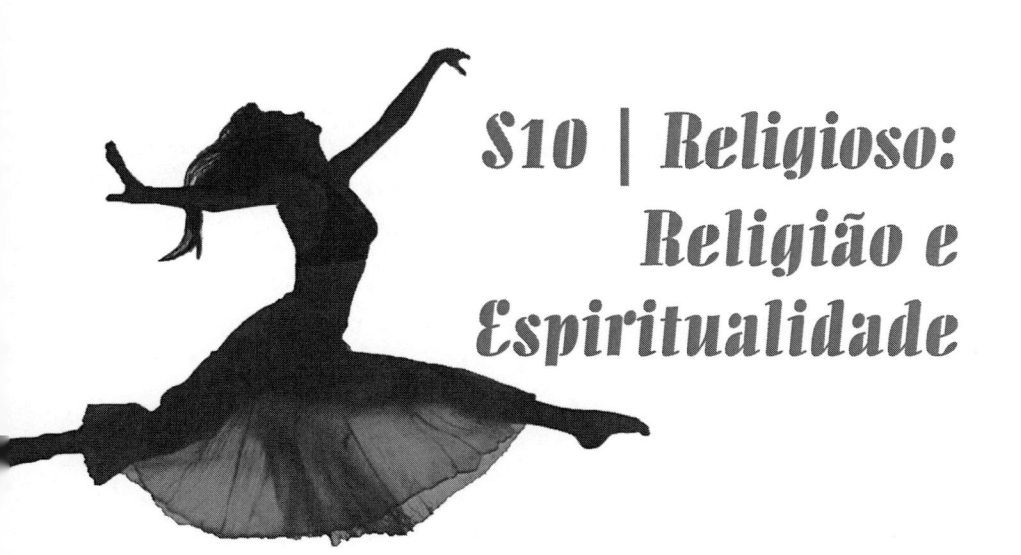

Introdução

Nós temos uma força interna que nos impulsiona, que nos encoraja a levantar quando caímos e nos convida a caminhar adiante. Esta é a força da transformação. Esta força está dentro de cada um de nós.

Quando sintonizamos com esta força, com a Fonte da Vida que está dentro de nós, despertamos a felicidade, sintonizamos com a felicidade, e descobrimos a alegria de viver.

Vamos agora, neste texto, em sequência, aprofundar nosso olhar sobre um dos subsistemas mais carregado de preconceitos e discórdias, e dos mais ricos para a vida humana, o S10, que trata de Religião e Espiritualidade.

Religioso - Religião e Espiritualidade

O subsistema Religioso é um conjunto de elementos - ministros, fiéis, templos, livros sagrados, ritos e alguma tecnologia - para elevar as pessoas a outras dimensões, desencadear energias pessoais, transcender o atual estágio de ser, para entrar em sintonia com todas as dimensões do ser ou seres e alcançar um estado de reunificação universal, total, acima e além das fronteiras físico-temporais, evitando a descrença e o ceticismo quanto à vida e o ser.

O objetivo é ampliar a visão que se tem a respeito de religião, buscando integrar pessoas e comunidades e celebrar a Vida, sua origem e transcendência.

Todos os povos, em todos os cantos do planeta, têm construído uma visão transcendente. Todos têm alguma forma de expressão religiosa. Toda religião possui um sistema de crenças no sobrenatural, geralmente envolvendo divindades, deuses, e demônios. As religiões costumam também possuir relatos sobre a origem do Universo, da Terra e do Homem, e o que acontece após a morte. A maior parte crê em alguma forma de vida após a morte.

A religião é, pois, um dos fenômenos mais importantes entre aqueles que são próprios e exclusivos do ser humano neste planeta. Toda cultura ou civilização, sem exceção, desenvolveu um sistema religioso, fosse ele mais elementar, como as religiões dos povos nativos da América e da Oceania, ou mais complexo, como as religiões índico-chinesas, como o Budismo, o Taoísmo, o Hinduísmo e o Xintoísmo, ou as abraâmicas (derivadas do patriarca Abraão): Judaísmo, Cristianismo e Islamismo.

Nós, seres humanos, portanto, ansiamos por nos ligar a algo que transcenda às nossas próprias limitações e às limitações do mundo que nos cerca. Sentimos necessidade de alguma coisa que nos dê sustentação para nossa busca pela liberdade, pelo amor, pela perfeição. Buscamos algo que nos explique nossa origem e o sentido maior de nossa vida, que nos possibilite alcançar um estado de reunificação universal.

A grande limitação do ser humano é sua imensa capacidade de projetar para o infinito as limitações de sua imaginação, que continua sustentada na maneira processual de ver e avaliar seu mundo. Por isso projeta para o transcendental figuras representativas de seu universo vivencial: deuses (deus, anjos e santos) e demônios à sua imagem e semelhança, encarregados de solucionar seus problemas de sobrevivência (alimentação, saúde, segurança, etc.), suas desavenças na convivência familiar, comunitária e nacional (rezas e oferendas em sacrifício para o "meu" ganhar e, em consequência, para "o outro" perder), bem como suas angústias diante do mistério da morte. E, com isso, as religiões se põem a serviço dos jogos dicotômicos próprios do campo afetivo – "minha" religião ou "minha" igreja é a verdadeira, as outras são falsas ou menos puras... E assim dificultam, ou até mesmo podem impedir, às pessoas o acesso a uma postura centrada na Reunificação.

Quando vamos a fundo buscar as respostas mais essenciais acerca da origem e do sentido de vida, acabamos por encontrar tanto dentro de nós mesmos, como em tudo que nos cerca e em todo o universo, a Fonte do Ser, a mesma força divina que nos dá vida e que está presente em nosso interior e que nos impulsiona com a mesma força com que impulsiona tudo que existe. A partir disso é que podemos ter o sentimento de religação, conectados com tudo, sentindo que somos todos originados da mesma Fonte, somos todos filhos de Deus, sem distinção de crença, cor, gênero ou raça. E, até mesmo, que estamos ligados a todos os seres e tomamos consciência de que tudo é um e tudo é expressão da mesma Fonte que tudo impulsiona.

A dor neste campo é um sentimento muito profundo e sutil. Quando perdemos o sentido de vida, experimentamos uma sensação de abandono, de exclusão, nos sentimos divididos, separados, fragmentados, desintegrados. Isto gera em nós a perda do sentido de sagrado do mundo e das pessoas. Disso advém um sentimento de culpa e de medo, e também de arrogância e cinismo, colocando-nos acima de tudo, com direito a fazer o que quisermos, sem dar satisfação a nada e a ninguém. Esta atitude, porém, gera um vazio interior, às vezes um desespero por sentir que uma hora o fim chegará. Qual o legado que vamos deixar? Para onde vamos? É o fim de tudo? Esta é, sem dúvida, a mais cara cobrança que a vida nos faz.

A cobrança é cara, também, quando optamos por algum tipo de religião ou seita que se coloca como a única verdadeira e exclui todas as outras. Isto gera um interior duro, julgador, moralista, que se coloca sempre numa atitude defensiva, pronta para atacar quem não comunga com suas crenças limitantes. Esta postura se apoia, geralmente, num deus julgador, que há de castigar os infiéis e os que ferirem as rígidas leis de sua instituição religiosa.

Dê agora uma olhada em si mesmo. Observe se a sua religiosidade lhe dá sentido de vida, proporcionando-lhe alegria e felicidade ou se está lhe causando medo e sentimento de culpa, trazendo-lhe infelicidade, sofrimento e tristeza frente à vida. Suas crenças religiosas estão lhe aproximando das outras pessoas (religando) ou estão lhe distanciando e criando empecilhos frente às outras pessoas (desligando)? Sua religiosidade lhe ajuda a encarar a morte com tranquilidade ou a morte lhe provoca medo e insegurança?

Espiritualidade

A espiritualidade pode ser definida como uma propensão humana a buscar significado para a vida por meio de conceitos que transcendem o tangível ou sensível, à procura de um sentido de conexão com algo maior que si próprio. A espiritualidade pode ou não estar ligada a uma vivência religiosa.

A espiritualidade está dentro de nós. Quando olhamos para dentro de nós, nos questionamos sobre o porquê de estarmos aqui, para quê, por quê razão, qual o sentido de nossa vida.

É importante conhecer nossa natureza interior. Para isso, temos que aprender a examinar a nós mesmos, não apenas nosso corpo, mas nossa própria mente, perceber nossos anseios mais profundos. Enquanto existimos, nossa mente é uma parte inseparável de nós. Por isso é imprescindível buscarmos conhecer nossa própria mente.

Apegamo-nos às coisas, pessoas e situações de que gostamos, e sentimos aversão ao que não gostamos. Temos uma percepção ambígua da realidade, o que gera dúvida e sofrimento. Mas, será que não é possível viver de outro modo? Se nos dispusermos a examinar nossa mente com cuidado, buscando compreender o que é a realidade, o mundo, a vida e nós mesmos, aí começa um caminho para a felicidade.

Você é inteligente e já sabe que coisas materiais por si sós não podem lhe trazer felicidade. Se você quiser ser feliz, você tem que verificar a forma como conduz sua vida. E é importante reiterar que, para tanto, é preciso analisar a mente.

Não aprendemos a conversar conosco, nem a ir até a Fonte que existe dentro de nós. Geralmente aprendemos a ir atrás de mitos e miragens fora de nós, que nos tornam dependentes, quando não, vítimas.

Quando você analisar a sua mente, conversando consigo mesmo, não racionalize ou seja impulsivo. Relaxe. Não se irrite quando os problemas surgirem. De modo geral, nós os vemos fora de nós e, através da mente, os trazemos para dentro. E, então ficamos, sim, irritados e confusos e projetamos todo tipo de sentimentos negativos, tais como raiva, mágoa, culpa, etc.

É preciso parar e olhar para dentro de si e tomar consciência das reações que ali acontecem. E então, calmamente buscar conhecer o que realmente acontece, onde estão as raízes do problema. "Aqui está este tipo de problema. Como se tornou um problema? De que forma a mente está considerando isso como um problema? Por que considero isso um problema?"

Com a mente mais clara, é possível buscar de que maneira superar a questão. Ao fazer uma análise minuciosa, o problema desaparecerá automaticamente. É tão simples, não é?

A maior fonte de satisfação é a maneira como compreendemos realmente o mundo e nós mesmos, obtendo uma visão, por assim dizer, "real" de tudo. E se frequentemente é difícil para nós mudar o mundo exterior, sempre é possível mudar a maneira como o vemos. Isto está sempre ao nosso alcance.

Esta fonte de satisfação tem como fundamento a paz e a liberdade interior, obtida através do autoconhecimento e da contínua prática da compaixão.

A prática da compaixão está baseada na lógica de que colhemos o que plantamos. Vejam a importância do autoconhecimento.

A tradição cristã se apoia no ensinamento de Cristo: o que nos faz feliz é amar o próximo como a si mesmo. A tradição budista dá ênfase à compaixão pelas dores do próximo como o melhor caminho para a felicidade, o taoísmo propõe a ética nos relacionamentos como o caminho perfeito.

E todas essas tradições propõem também o que Sócrates, o filósofo grego, afirmava como verdadeira sabedoria divina: "Conhece-te a ti mesmo."

São estas algumas das propostas que mais fundo calaram na mente humana. E todas dependem de como nossa mente encara a vida e, principalmente, nossa convivência com o próximo, talvez a maior fonte de desequilíbrios e de sofrimentos dos seres humanos.

Portanto, para sermos realmente felizes, nossa mente há que descobrir uma forma de gerar compaixão pela dor do outro e desejar que ele obtenha felicidade.

É esta espiritualidade que aqui estamos propondo, uma espiritualidade que se expressa na compaixão e se fundamenta no autoconhecimento como prática contínua. Ela não depende de nenhuma religião, mas está em sintonia com as grandes propostas da sabedoria humana.

É a espiritualidade encontrada em nosso dia a dia, onde aprendemos a ver tudo e a todos como seres sagrados, onde a estética revela a beleza da vida e a mística nos faz sentir-nos unos com tudo, num fantástico êxtase de compartilhamento da alegria de cada ser que expressa a Energia maior que ali pulsa. É neste fundamento que se escora o sentimento de felicidade, porque descobrimos que viver com compaixão é a verdadeira alegria de viver. Somos felizes no aqui e agora, em cada instante do pulsar da vida.

Estética e mística

A estética é uma ciência que aborda o sentimento que alguma coisa bela desperta no interior das pessoas. A experiência estética é, pois, uma entrega à beleza. Você vê a beleza e ela toma conta de você.

A experiência estética é, pois, um momento de iluminação, de êxtase, plenamente reconfortante. Ao contemplar uma árvore, não procuramos uma explicação racional, mas nos deixamos ficar tranquilamente diante dela e nos perdemos na sua beleza, sentindo e desfrutando do encantamento que ela produz em nosso interior.

Vamos desfrutar do poeta Alberto Caeiro, *alter-ego* de Fernando Pessoa, em seu poema "O Guardador de Rebanhos":

"O meu olhar é nítido como um girassol.

Tenho o costume de andar pelas estradas

Olhando para a direita e para a esquerda,

E de vez em quando olhando para trás...

E o que vejo a cada momento

É aquilo que nunca antes eu tinha visto,

E eu sei dar por isso muito bem...

Sei ter o pasmo essencial

Que tem uma criança se, ao nascer,

Reparasse que nascera deveras...

Sinto-me nascido a cada momento

Para a eterna novidade do Mundo...

Creio no mundo como num malmequer,

Porque o vejo. Mas não penso nele

Porque pensar é não compreender...

O Mundo não se fez para pensarmos nele

(Pensar é estar doente dos olhos)
Mas para olharmos para ele e estarmos de acordo...
Eu não tenho filosofia: tenho sentidos...
Se falo na Natureza não é porque saiba o que ela é,
Mas porque a amo, e amo-a demais por isso,
Porque quem ama nunca sabe o que ama
Nem sabe por que ama, nem o que é amar...
Amar é a eterna inocência,
E a única inocência não pensar..."

O conceito de belo, para o filósofo Schopenhauer, *"engloba tudo aquilo que, seja na arte ou na natureza, é capaz de causar em seu espectador um estado contemplativo que escape à ditadura do querer"*.

A estética, ou a contemplação do belo, nos remete à espiritualidade. É um momento de entrega, onde a beleza é o caminho que nos eleva e enleva.

A experiência estética é nossa jornada espiritual que nos leva ao estado de contemplação mística. Quando nos deparamos com um por de sol, com a visão do mar, com uma flor, uma obra de arte que nos toca e não olhamos com nossa mente racional, deixamos nossa mente intuitiva tomar conta de nós. É possível dizer que entramos em êxtase e experimentamos alguns dos instantes mais felizes que são acessíveis aos seres humanos.

É o caminho da espiritualidade. É a estética nos levando à mística. E pode ser o caminho da meditação.

Meditação

A meditação é a observação atenta da própria mente. Meditar

faz bem à alma e à saúde, torna-nos mais abertos para tudo que dependa de nossa atenção ou cuidado.

É a melhor forma de nos conhecermos, de olhar para nós.

Meditar não é só sentar-nos em posição de lótus para, em silêncio, observar a própria mente. Qualquer situação de nosso dia a dia pode tornar-se meditação. Comer, beber, lavar a louça, trabalhar, dirigir o carro pode significar meditar. Para isso, é importante começar a estar inteiro naquilo que se está fazendo. Se estiver lavando louça, esteja inteiro lavando louça. Dessa forma, vai acalmando os pensamentos e começa a focar no autoconhecimento. Começa a prestar atenção em como está naquele momento, como estão as emoções; e, pouco a pouco, as vai transformando.

"A meditação transforma o nosso próprio funcionamento cerebral. A realidade se transforma acompanhando nossa transformação interior. Quando descobrimos as camadas mais profundas da mente e a sabedoria e a compaixão que se revelam dessa descoberta, tudo isso se torna a nossa natureza. Porque, na verdade, sempre o foi — nós é que estávamos distantes dela por causa dos nossos condicionamentos sociais, conceitos, emoções negativas e hábitos atávicos, que obscurecem essa nossa verdadeira natureza." Arnaldo Omair Bassoli Jr, Psicólogo e professor do curso *Felicidade* do Instituto Palas Athena.

Através da meditação, olhamos para nós e descobrimos que estamos cheios de emoções negativas que se perpetuam quando não tratamos delas. É importante que observemos como é nosso fluxo mental, os sentimentos, as percepções, pensamentos e julgamentos. Ao observarmos tudo isso, pouco a pouco, vamos nos libertando dessa camada obscurecida de emoções negativas e vamos revelando a verdadeira natureza de nossa mente, que é a própria compaixão e sabedoria.

Temos a vida em nossas mãos, para ser vivida, plena e intensa, de forma que as emoções não sejam negadas, mas se transformem e se integrem ao todo harmonioso. É a espiritualidade trazida para o dia a dia.

Viver assim faz com que a vida valha a pena ser vivida. É uma vida plena e intensa, onde se está pronto para aceitar o que é necessário fazer para torná-la melhor para si e para os outros; é descobrir a felicidade e viver na alegria.

Pela meditação, geramos densidade, aprendizagem. Vamos fazendo exercício de nos aceitar como somos, incorporando *insights* de sabedoria e, com isso, geramos transcendência, um novo tempo. Um novo tempo, a cada novo tempo.

Minha vida vai adquirindo sentido.

Sentido de Vida

A principal força motivadora do ser humano é a busca do significado de sua vida. Precisamos dar sentido à nossa existência. A ausência de sentido de vida gera um vazio, uma crise existencial sem tamanho, parece que tudo fica cinzento, e temos uma verdadeira crise de identidade, já nem sabemos mais quem somos.

Estar no mundo é estar sujeito a tudo, prazeres e desprazeres. Muitas vezes, nossas emoções falam mais alto, mesmo que nossa razão esteja presente. Provocando risos e nos fazendo chorar. Como passar por estes momentos? Se nossa vida não tiver um sentido?

Descobrir o sentido da vida não é fácil. Procure ouvir sua voz interior e siga suas indicações. Pode ser que o encontre naquilo que gosta de fazer, no que faz com facilidade, nos valores que coloca naquilo que faz.

O sentido da vida consiste em realizar valores. Portanto, aí está um primeiro passo: é preciso conhecê-los. Quê valores? Nossos valores podem ser permanentes ou impermanentes.

Valores permanentes são os valores universais, válidos em qualquer parte do mundo e a qualquer tempo e os impermanentes são os que mudam conforme o lugar e os costumes.

Os valores que adotamos são aqueles que balizam nossa tomada de decisão e dão rumo às nossas vidas. A realização pessoal consiste em descobrir o verdadeiro sentido em nossas vidas, de acordo com os valores que adotamos, valores que sejam coerentes com a nossa realidade pessoal e com a realidade do mundo em que vivemos.

Somos educados para ter com que viver, ao passo que não fomos educados, e talvez ninguém nos tenha ensinado, o porquê viver. Ensinaram-nos a ter os meios para viver, mas não o sentido da vida. O sentido da vida de uma pessoa tem que ser encontrado pela própria pessoa.

Buda, o grande sábio do Oriente, assim ensinava:

Não acrediteis numa coisa apenas por ouvir dizer.

Não acrediteis na fé das tradições só porque foram transmitidas por longas gerações.

Não acrediteis numa coisa só porque é dita e repetida por muita gente.

Não acrediteis numa coisa só pelo testemunho de um sábio antigo. Não acrediteis numa coisa só porque as probabilidades a favorecem ou porque um longo hábito vos leva a tê-la por verdadeira.

Não acrediteis no que imaginastes, pensando que um ser superior a revelou.

Não acrediteis em coisa alguma apenas pela autoridade dos mais velhos ou dos vossos instrutores.

Mas, aquilo que por vós mesmos experimentastes, provastes e reconhecestes verdadeiro, aquilo que corresponde ao vosso bem e ao bem dos outros - isso deveis aceitar, e por isso moldar a vossa conduta.

Fica, pois, o maior desafio que temos a encarar nesta vida: Vamos buscar resposta para a mais humana de todas as questões: Qual o sentido da vida? O que a vida pede de mim?

Ao responder, fico responsável por minha vida. Ao responder, posso dizer que vivo com amor e compaixão, que vivo a espiritualidade.

Compaixão

Vamos, então, olhar mais de perto o que é a Compaixão.

Compaixão é a noção clara de que todos os seres têm exatamente o mesmo direito à felicidade. Esta compreensão é que nos traz um sentimento de compartilhamento e comprometimento em relação a todos os demais seres, humanos e não humanos. É paixão com. É um verdadeiro apaixonamento por tudo que somos e por tudo que nos envolve e com os quais convivemos.

Compaixão não pode ser confundida com pena e autocomiseração, nem com autossacrifício. Não podemos ser negligentes conosco. É baseado na minha própria experiência que demonstro compaixão pelos outros.

Qual o benefício da compaixão? Ela nos traz força interior. Quando pensamos nos outros, nossa mente se amplia e nossos problemas se tornam pequenos.

A compaixão é tão importante que é incentivada por todas as religiões. A compaixão nos torna mais compassivos e desenvolve em nós um coração mais generoso e mais tranquilo.

A compaixão e a bondade são indispensáveis, pois são esses valores que nos tornam felizes. Temos a semente da compaixão dentro de nós. Todos nós. Mas precisamos fazer esta semente germinar. E seu adubo é a bondade.

Compaixão está associada ao amor, não julga e necessita de sabedoria espiritual. Envolve uma compreensão do outro livre de julgamentos.

Procure sentir a compaixão e o amor em sua mais pura e ampla radiação, e verá, logo, uma diferença em seu próprio estado psicológico e físico. A mente fica mais lúcida e um bem-estar indefinível toma conta de seu ser e você se sente calmo, sereno e de bem com a vida.

Você já observou as pessoas no momento em que estão fazendo o bem a outrem? Perceba que há sempre um sorriso de satisfação em seus rostos, sentem-se felizes.

A compaixão e o amor podem ser definidos como pensamentos e sentimentos positivos que nos dão força interior. Como seres humanos, temos o potencial tanto para o bem quanto para o mal. A escolha é nossa, buscando sofrimento ou alegria.

Compaixão é o desejo de que outro ser se liberte do sofrimento; amor é querer que seja feliz.

A verdadeira compaixão não é apenas uma resposta emocional, mas um comprometimento sério baseado na razão. Por causa dessa base firme, uma atitude verdadeiramente compassiva em relação aos outros não muda, mesmo quando os que estão à volta se comportem de forma negativa.

"Olhar o outro e ver o que afeta a existência dele, para nos manifestarmos de forma positiva visando remover os obstáculos, isso é compaixão. Para promover as qualidades positivas, isso é amor."

Lama Padma Santem

O amor e a compaixão são a expressão vivencial e prática da espiritualidade, da conexão com o Divino, com a Fonte.

É tempo de compreender o seu esquema mental

Conhecer a natureza da mente é a nossa grande viagem. É, talvez, a coisa mais importante que temos a fazer na vida. Seria possível separar nosso corpo ou a imagem que fazemos de nós, de nossa mente? É impossível.

Você deve se achar uma pessoa livre, mas, enquanto você não conhecer sua mente, você não está livre. Não há dúvida de que é sua mente que o comanda. Mas, será que você comanda sua mente? Conhecer sua própria mente é a solução maior para seus questionamentos e problemas.

Um dia tudo é belo, outro dia tudo é feio. Como pode? É impossível que tudo mude tão radicalmente de um dia para outro. É sua mente que determina essa forma de ver. E é a forma de ver que conduz sua vida diária.

Seus esquemas mentais é que determinam a forma como você vê tudo a seu redor e tudo em sua vida. São eles que lhe dão, inclusive, o significado de tudo. Evidentemente, também tudo que você pensa e acredita em torno deste tema da religião e da espiritualidade é determinado pelo que você tem em sua mente.

É essencial que você compreenda que os esquemas mentais, os quais carrega, são humanos, e se originam das formas como nos movemos neste mundo processual e em constante mutação. Eles não têm suas origens na dimensão espiritual, porquanto não são frutos de revelações transcendentais, mesmo que se fundamentem no que você acredita serem revelados.

Nossos esquemas mentais são completamente terrenos e refletem o modo como encaramos o mundo e a vida. Estão repletos de ideias míticas, preconceitos, concepções limitadas, ressentimentos, lembranças ocultas de feridas passadas e métodos habituais de lidar com os altos e baixos da vida.

Seu esquema mental (incluindo qualquer ideia ou crença religiosa e até mesmo crenças científicas) determina seu mundo, seus relacionamentos, suas experiências, suas conquistas, seus fracassos, suas alegrias e suas tristezas.

Ele é mesmo responsável por suas doenças e acidentes. Nada

acontece por caso. Tudo está nele tecido, até mesmo os fios internos de sua consciência pessoal – pensamentos, expectativas, crenças na vida, destino, morte, Deus. Você vive em um mundo feito por você mesmo. Esta é a razão pelas qual as crianças que crescem em um mesmo ambiente vão se tornando diferentes, cada uma adquire sua própria forma de ver, sentir e agir. Cada uma tem seu único e individual esquema mental construído de acordo com seus traços de caráter inerentes e com suas próprias experiências, formando sua individualidade.

Se, ao nascer, você já não trouxesse nenhum esquema mental em desenvolvimento, você seria tão inconsciente quanto uma estátua – desprovido de sentimentos, respostas e pensamentos. Olharia distraidamente para o mundo e, ainda que houvesse muita atividade ao seu redor, nada colidiria com sua consciência, uma vez que não haveria reação em você. Nada faria você feliz ou triste, mesmo que uma bomba explodisse na vizinhança.

Sem um esquema mental, não há vida, nem desenvolvimento, maldade ou bondade. Seu esquema mental é que determina a qualidade de sua vida. Você carrega seu esquema mental consigo por onde quer que vá. Não há por onde escapar, e, dia após dia, isto continuará a criar para você o tipo de existência que você já experimentou em seu passado. Muitas pessoas passam suas vidas inteiras acreditando que são desafortunadas. Elas pensam que os outros têm tornado suas vidas completamente infelizes. Acreditam que "outras pessoas" brigam com elas e criam dificuldades constantemente, enquanto elas são completamente inocentes de qualquer provocação.

Ao contrário, "os outros" não têm culpa. É o esquema mental pessoal que atrai essas condições negativas. Muitas pessoas rejeitam a ideia de que são elas mesmas as únicas responsáveis por suas desgraças. Para algumas pessoas é muito difícil se confrontarem com as suas incapacidades, enquanto outras têm a força interior e suficiente autoconfiança para se olharem de frente de forma honrada e corajosa.

Vamos extrair alguns trechos do livro Cartas de Cristo, logo na Carta 1, uma vez que são muito elucidativos sobre este tema.

A oração sincera atrai o 'Pai Consciência Criativa' para nossa mente, silenciosa e secretamente; limpa a consciência humana de tudo aquilo que a pessoa que está em busca já não sente mais como confortável. Isto é, necessariamente, um processo muito gradual de limpeza e desenvolvimento interior. É o verdadeiro caminho espiritual, caminho que ele pode compartilhar, mas que terá que trilhar por si mesmo.

Os padrões emocionais podem ser tão prejudiciais a seu bem-estar como um todo quanto o seu esquema mental. Seu esquema mental, juntamente com seus padrões emocionais, são suas ferramentas criativas. Estes dois juntos criam o necessário esboço para as futuras posses, acontecimentos e circunstâncias. Estas ferramentas criativas trabalham em sua vida, quer você tenha a intenção ou não.

É muito mais difícil descobrir as suas atitudes emocionais profundamente arraigadas, conscientes ou subconscientes, do que reconhecer o seu condicionamento mental. As pessoas podem estar submetidas a padrões emocionais negativos e serem completamente inconscientes disso, uma vez que estes esquemas são encobertos momento a momento pelas emoções decorrentes da rotina diária.

Para descobrir quais são seus reais padrões mentais, faça a você mesmo as perguntas das linhas abaixo e seja totalmente honesto. Tentar esconder a verdade sobre seus padrões emocionais é apenas enganar a si mesmo e se privar de alcançar o estado de existência feliz para o qual está destinado.

Como você realmente se sente em relação à VIDA? Quero que você escreva para si mesmo uma calorosa e compassiva carta, dizendo exatamente como você se sente ao responder às seguintes perguntas:

Você está feliz de estar vivo ou preferiria poder deixar de viver?

Como você realmente se sente em relação aos seus parentes? Há alguma hostilidade oculta que você não quer admitir ou que você não sabia existir?

Como você se sente a respeito do seu emprego, colegas, entretenimento, outras raças, etc.?

Anote (por escrito) todas as descobertas a respeito de você mesmo e guarde-as em um lugar seguro. Este trabalho que você faz é para você mesmo – apenas para o seu próprio benefício. Você não faz isso para ser uma pessoa melhor, ou para agradar a Deus, ou para ganhar a aprovação das outras pessoas. Você faz este trabalho para remover os bloqueios internos existentes, que impedem o seu desenvolvimento espiritual e a felicidade definitiva.

Questões

Em busca de seu autoconhecimento em relação ao subsistema Religioso, responda, para si mesmo, às seguintes questões, sempre relacionadas com sua vida e seu ambiente pessoal e profissional.

- Você participa de alguma religião ou grupo religioso? Com que frequência?

- Onde ocorreram seu batismo, crisma, primeira eucaristia, casamento, ou outra forma de iniciação religiosa? O que significa isso para você?

- O que é Deus para você? (consulte seu interior e responda com a máxima sinceridade).

- Qual a sua maneira de rezar e/ou meditar?

- Quais os seus principais questionamentos em relação à religião?

- Qual o seu conhecimento a respeito das religiões e suas diferentes propostas de evolução espiritual?

- Como encara a morte e o pós-morte?

Sugestões de Exercícios

• Escreva calmamente, se possível perpassando ano após ano ou por períodos, como foi sua iniciação e as diversas etapas (e possíveis crises) de sua história religiosa.

• Reflita calmamente sobre as pessoas que tiveram alguma importância ou influência em sua forma de encarar Religião.

• Faça exercícios de meditação buscando sentir sua integração à Vida e à transcendência de tempo e espaço.

Exercício da Compaixão

Esta é uma prática voltada para evocar o amor e a compaixão que está em nosso coração. Qualquer pessoa pode praticá-lo.

Sente-se confortavelmente, feche os olhos e respire fundo.

1. Para o propósito deste exercício, divida você mesmo em dois aspectos: **A** e **B**.

2. **A** é o aspecto sadio de você, compassivo, caloroso, amoroso, como um amigo de verdade, que realmente quer estar do seu lado, atento e aberto em relação a você, incapaz de julgá-lo apesar de seus erros e falhas.

3. **B** é aquele aspecto seu que foi ferido, que se sente incompreendido e frustrado, amargo ou irritado, doente, que talvez tenha sido tratado injustamente ou maltratado de algum modo quando criança, que sofreu nos seus relacionamentos ou foi socialmente injustiçado.

4. Agora, ao **inspirar**, imagine que **A** abre seu coração por completo e, de modo cálido, cordial e compassivo, aceita e abraça **B**, com todo seu sofrimento e negatividade, suas feridas e dor. Tocado por isso, **B** abre seu coração e toda dor e sofrimento se desvanecem nesse abraço de compaixão.

5. Ao **expirar**, imagine **A** enviando para **B** todo seu amor curativo, calor, confiança, conforto, firmeza, felicidade e alegria.

6. Sinta este momento. Sinta-se novamente inteiro, repleto de amor e gratidão.

Repita este exercício até você sentir que não tem mais nenhum pedacinho seu precisando ser curado, confortado, perdoado. Até que você sinta confiança, firmeza, felicidade e alegria.

(*Extraído de "O Livro Tibetano do Viver e do Morrer"- Sogyal Rinpoche – Editora Talento- Página 261*).

Conclusão

É possível estar em harmonia interior, tendo uma sensação de paz, sentindo que nada mais precisa ser acrescentado. Isto acontece quando realmente se põe a espiritualidade na vida.

Cada ser vivo neste mundo deveria estar radiante de saúde, sendo cuidado, nutrido, protegido, curado, mantido em paz e abundância, com prosperidade, em uma sociedade ordenada de seres oferecendo tão somente respeito e amor uns aos outros. Este é o nosso ideal para o ser humano.

Do nascimento até a morte, as pessoas acreditam e insistem que seus cinco sentidos – visão, audição, tato, olfato e paladar – traduzem correta e suficientemente sua própria realidade e a do universo que as rodeia. Dessa forma, tudo lhes acontece segundo suas crenças. Assim é para elas a vida e o mundo.

O homem nasce com todo o potencial de construir uma vida preciosa para si mesmo. Porém, ao ceder a seus desejos egocêntricos e a suas mágoas e ódios, ele próprio cria uma prisão de miséria da qual não tem como escapar até que perceba a verdade da existência.

Todos os problemas de uma existência difícil estão disponíveis nos processos mentais do próprio homem. Foram seus pensamentos, palavras, sentimentos e ações, que criaram uma densa barreira entre sua consciência e a Consciência Universal, que interpenetra o universo em cada galáxia, estrela, no sol, no planeta, em cada folha, árvore, inseto, animal e em cada ser humano, para além de raças, gênero, idades e expressões culturais.

As pessoas que anseiam pelo bem para si mesmos devem fazer que a sua própria existência seja uma benção para os demais. Quando estão em harmonia com os outros, estão sintonizadas com a Consciência Universal e são trazidas para o fluxo da Fonte da Vida, que é crescimento, proteção, nutrição (física, mental e espiritual), cura e satisfação das necessidades dentro de um sistema de lei e ordem.

Não podemos esquecer que a felicidade está dentro de nós, e não nas coisas materiais.

Como vimos, é importante cuidar de nossa mente para viver de maneira leve. Pare, pois, respire e reflita sobre seus sentimentos. Olhe para você, com sinceridade e carinho.

Lembre-se que a felicidade e o sofrimento não estão nas coisas em si mesmas, mas na forma como as vemos e nos relacionamos com elas. Busque a serenidade e olhe ao seu redor com amor. Seja bom e plante sementes que possam florescer em felicidade. Para isso, reflita antes de agir, antes de falar e até mesmo antes de pensar. E pratique o desapego. Solte. Abra a mão. Deixe ir.

A espiritualidade consiste em você desejar o bem para as pessoas, para os animais, para todos os seres. Aprenda a meditar. Compreenda seu esquema mental. Aprimore a virtude da paciência, da compaixão e do amor. Assim sua vida terá sentido.

S11 | Segurança: Defesa e Paz

Introdução

Nos textos escritos anteriores, nós temos adentrado, progressivamente, em cada um dos 14 subsistemas ou raios da Roda da Vida do Sistema Humano, numa jornada de aprofundamento, subsistema por subsistema, conduzindo o leitor a se observar e, principalmente, a sentir onde se encontram seus pontos de dor e sofrimento sob o enfoque do subsistema ou raio, e buscando lançar luz no caminho, ao encontro da Fonte da verdadeira felicidade e alegria de viver.

No presente texto vamos examinar mais a fundo, sob diferentes ângulos, a área do subsistema S.11 – Segurança - Defesa e Paz. Numa linguagem simples, mas profunda, vamos explicitar a função da segurança no todo do sistema: manter o equilíbrio e evitar a desintegração do mesmo.

Segurança: Defesa e Paz

É o subsistema que versa sobre combatividade, medo, ataque,

defesa, presídios, forças armadas, polícia, violência, tranquilidade, greves, revoluções, guerra, paz.

Socialmente, é o conjunto de elementos - forças armadas, policiais, vigias, protetores, com seus quartéis, distritos, armamentos, equipamentos, métodos e tecnologia - para enfrentar as ameaças de desintegração de um sistema ou garantir sua tranquilidade, já que está envolvido em permanente tensionamento, pressão e estado de guerra ou jogo triádico interno e externo, promovendo assim, a ordem interna e a delimitação de campo externa.

Se o sistema, pois, é um país ou região, são as forças armadas que mantêm os invasores à distância; se o sistema são grupos internos, é a polícia, os cárceres. Se o sistema é um indivíduo, mesmo pacifista, terá que prover seus recursos e métodos de ataque e defesa, física ou psicologicamente, para garantir sua integridade, proteger sua casa, sua família, seus bens.

Trata-se de proteção, paz, confiança, defesa, assaltos, fronteiras, agressão, medo, violência, repressão, guerras, assaltos, sequestros, desastres naturais.

O objetivo deste texto é ampliar a visão a respeito de segurança, para garantir sua própria integridade e a das pessoas e instituições, proteger sua casa, sua família, seus bens, suas senhas e a privacidade.

Quando se diz que algo é seguro, significa que é certo, firme, estável, indubitável. Segurança é a percepção de se estar protegido de riscos, perigos ou perdas.

Este texto, assim como os outros desta série, está focado prioritariamente no campo pessoal, irradiando-se para os demais campos numa visão holossistêmica.

Delimitação de campo

Quando se fala em Segurança, o que vem logo à mente? Alguma coisa pode nos invadir, nos pegar, nos assaltar, tirar algo de nós e assim por diante, não é?

Na visão sistêmica, a segurança refere-se, sobretudo, à pele que delimita um sistema frente a outros sistemas, a fim de manter sua coesão energética (ver gráfico).

Esta pele faz com que haja uma Faixa Interna (FI), que contém a forma própria de ser do sistema, e uma Faixa Externa (FE), onde estão todos os sistemas com os quais o sistema está em interação. (Ver gráfico).

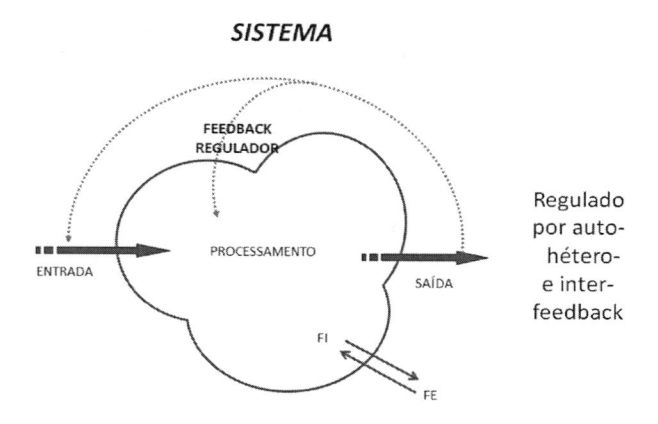

SISTEMA

Regulado por auto- hétero- e inter- feedback

Essa delimitação pode ser mais rígida, quando se trata de defesa frente a algo visto como perigoso, ou mais maleável, quando se abre para trocas energéticas com outros sistemas.

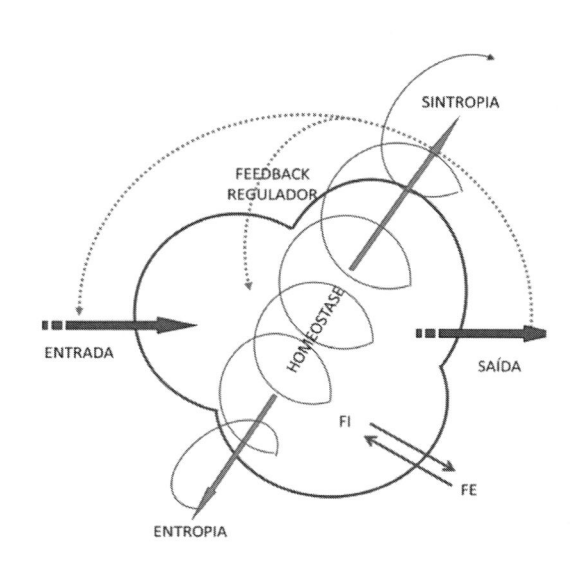

Ambas as formas podem originar disfunções que provoquem dores e sofrimentos. Quando esta pele se torna rígida demais, haverá pouca troca energética e o sistema tende demasiadamente à Entropia, ao desgaste por falta de realimentação. E quando se torna muito permeável, poderá ser facilmente invadido e suas energias podem ser sugadas por outros sistemas. Por isso todo sistema tem um regulador, o *Feedback*, que busca manter a Homeostase, o equilíbrio, evitando que haja demasiada Entropia que ponha em risco a sobrevivência do Sistema e sua Sintropia, isto é, sua evolução ecossistêmica.

Para ter segurança, é importante, pois, saber delimitar nosso espaço, sem invadir ou nos deixar invadir. Você pode usar uma cerca ou muro, mas sempre haverá uma porta por onde deixar entrar ou sair. A porta terá trancas, chaves. Talvez julgue necessário ter grades nas janelas, ter cortinas que protejam sua intimidade, e por aí vai.

Delimitação de espaço significa respeitar espaços e limites, não sermos invasivos e nem deixar que os outros nos invadam e nem que nos manipulem.

Delimitar é perceber os limites de uma situação e saber demonstrar este limite e negociar. A delimitação traz segurança.

Respeitar os espaços e limites é o segredo de sentirmos a segurança, quer seja conosco mesmo, ou em relação a outrem. Se não soubermos fazer delimitação, não teremos atitudes coerentes.

Quanto melhor delimitação tivermos, menos invasão, menos manipulação e menos chantagem nos afetarão e nos sentiremos mais seguros.

Para delimitar, é importante saber o que se quer, para explicitar primeiro para nós e depois para a outra pessoa ou grupo e negociar claramente. Isto é transparência.

"Se não sei o que quero, não sei o que dizer, vou negociar o que?"

Portanto, a segurança começa pelo autoconhecimento, isto é, explicitar com clareza seu posicionamento, seu próprio objetivo para negociar espaços e limites. É uma arte e, como tudo nesta vida, pode ser aprendido. É começar a fazer.

Eis, aqui um dos pontos mais importantes no processo educacional. Primeiramente, na educação das crianças. Elas precisam aprender a respeitar o tempo e o espaço das outras pessoas, bem como aprender a organizar seu próprio tempo e espaço.

Frequentemente, pais e educadores são incapazes de dizer um "Não" que imponha limites. Crianças que não aprendem a ter limites, além de serem birrentas, tornam-se adolescentes sem controle e adultos egocêntricos e invasivos, de difícil convivência. Isto tem se tornado demasiado frequente nos tempos atuais, em que pai e mãe se ausentam para trabalhar e, compensando, fazem todas as vontades dos filhos. Está, aí, uma armadilha que tende a se voltar contra os próprios, gerando incompreensões, conflitos e muito sofrimento, sem contar com aquela sensação de vazio que é deixada pela carência afetiva, pela falta de colo, de abraço, de brincar.

Quando uma pessoa é insegura, ela é facilmente manipulável ou invasível. Fazendo a delimitação de campo ou do espaço, mostramos como queremos ser tratados e o relacionamento fica mais fácil e seguro.

A delimitação é feita primeiro conosco mesmo. Procuro me conhecer, explicitar para mim mesmo o que quero, traçar metas e objetivos e ter um rumo. Tudo feito com muito respeito e amor. Isto me dá segurança.

Agora estou pronto para explicitar e negociar com as outras pessoas de meu relacionamento. Sempre com muita firmeza, sabendo o que quero, mas também com muita ternura e amor.

Todos nós temos o direito à segurança, ancorado no artigo III da Declaração Universal dos Direitos Humanos:

"Toda pessoa tem direito à vida, à liberdade e à segurança pessoal".

Segurança é uma dessas palavras que usamos tão frequentemente no nosso dia a dia, mas, se pararmos para pensar, mal conseguimos defini-la. Só sabemos que é muito importante para nossa sobrevivência e bem-estar.

"Se o dinheiro for a sua esperança de independência, você jamais a terá. A única segurança verdadeira consiste numa reserva de sabedoria, de experiência e de competência."

Henry Ford.

Observe-se, perceba o quanto e em que você se sente seguro (felicidade e alegria), além daquilo que lhe provoca insegurança (infelicidade e sofrimento).

Perceba se você cuida da proteção e autoproteção, da segurança e insegurança pessoal, grupal, organizacional, nacional e planetária; dos medos e ansiedades e preocupações; de trancas, chaves, alarmes e senhas.

O que provoca a insegurança é o medo. Pessoa segura é a aquela que não tem medo, preocupação ou temor.

Medo

O medo é um sentimento de insegurança em relação a uma pessoa, um grupo, uma situação, um objeto ou entidades criadas pela imaginação.

É uma reação obtida, a partir do contato com algum estímulo físico ou mental (interpretação, imaginação, crença) que gera uma resposta de alerta no organismo. Essa reação inicial dispara uma resposta fisiológica no organismo, que libera hormônios do estresse, preparando o indivíduo para lutar ou fugir: coração e respiração disparam, tremor, suor...

O medo começa com a ansiedade. Na ansiedade, o indivíduo teme antecipadamente o encontro com a situação ou objeto que possa lhe causar algum mal. É possível traçar uma escala de graus de medo, no qual, o máximo seria o pavor e o mínimo, uma leve ansiedade.

O medo pode atrapalhar a abertura de novas perspectivas na

vida das pessoas, tanto no aspecto profissional, como no afetivo. Impede a mudança para um trabalho melhor ou para um relacionamento mais prazeroso. As pessoas com medo se tornam tímidas diante de desafios, preferem continuar onde estão, para não correr riscos diante do novo. Mas, como a vida é sempre um risco, muitas vezes regridem na vida ou mesmo perdem oportunidades, como empregos, carreira, relacionamentos, negócios, tratamentos de saúde, etc.

Importante compreender que o medo da desgraça tende a ser pior do que a própria desgraça. O medo de sofrer geralmente é pior que o sofrimento.

O medo se manifesta de diferentes maneiras. O medo pode ser do futuro, da doença, da morte, do desemprego, da falta, da rejeição, do abandono, da violência, de sair de casa, de envelhecer, de gente, de falar com outras pessoas, de falar em público; de lugares fechados, como elevador ou avião; de mudar, de não mudar; da felicidade, do ridículo, da intimidade, do desconhecido; medo de amar, medo de sofrer; medo do medo (que é o pânico); medo de errar. Este, o medo de errar, é um dos mais poderosos, e tem força suficiente para nos paralisar.

O medo nos paralisa, sim. Mas precisamos caminhar, apesar do medo. A questão não é não ter medo. Todos temos. Mas, precisamos aprender a ir em frente, a vencer o medo. Dá aquele frio na barriga, mas é preciso arriscar!

"A vida é ou uma aventura audaciosa, ou não é nada. A segurança é geralmente uma superstição. Ela não existe na natureza."

Hellen Keller

Coragem não é ausência do medo, mas a capacidade de enfrentar as adversidades. É isso que devemos fazer. Não podemos nos derrotar, nos entregar por causa do medo.

Existe um mecanismo natural de defesa, que nos põe de sobreaviso frente a situações que podem nos pôr a perigo. Fugir do perigo é reação normal de qualquer ser vivo. Mas existem mecanismos de defesa que atuam diante de diferentes situações, desencadeando sentimentos inconscientes e provocando reações pouco racionais, às vezes mesmo descontroladas, com a finalidade de nos proteger de possíveis desprazeres psicológicos, gerando ansiedade, medo, culpa e outras emoções negativas.

O medo é sofrer por antecipação. Nossa mente é poderosa. A maioria das coisas que tememos acontecer conosco acabam acontecendo. Cuidado com a dramatização que sobrevém na cabeça. Criamos aflições imaginárias, que doem tanto ou mais que os verdadeiros perigos.

O homem é o que pensa, e a grande maioria das pessoas pensa com medo. Milhares de temores fazem parte do seu dia-a-dia. O que se vê na televisão ou lê nos jornais são fatos atemorizantes, que nos fazem achar que estamos vivendo num mundo totalmente caótico.

O medo surge quando as nossas fantasias nos parecem reais. Ele não é real, mas para nós parece ser.

Para compreendermos o medo é importante perceber que os medos surgem da preocupação a respeito do que poderá acontecer em consequência do fato e não do fato em si.

Por exemplo, se preciso apresentar um trabalho para a escola ou para os colegas da empresa. Será que é problema falar sobre o que preparei, sobre o que faço todos os dias? Ou o que me dá medo é o que penso que pode acontecer? Começo a pensar: "E se não gostarem da minha apresentação, e se eu for demitido, e se... O que vão pensar de mim?"

O medo de perder é o maior obstáculo para o nosso crescimento. Sobretudo o medo de perder alguém que nós dizemos amar. O medo de perder nos leva a um estado contínuo de sofrimento.

É importante compreender que o mais valioso para nós é nossa vida e a única certeza que temos é de que vamos perdê-la ou para um novo estágio da vida.

O medo de perder nos torna inseguros, reativos. A vontade de ganhar, de alcançar a meta, nos torna seguros e ativos, sem medo de arriscar, sem medo de mau êxito, sem a vivência antecipada do futuro. Por isso, viva a beleza do momento, sabendo que em tudo existem riscos e oportunidades.

"Não existem garantias. Sob a perspectiva do medo, nada é suficientemente seguro. Sob a perspectiva do amor, nada é necessário."

Emmanuel

O grande medo primário é o medo de morrer. Se eu encaro o fato de que, assim como nasci sozinho, vou morrer sozinho, me apaziguo sobre a ideia do medo. Na verdade, só quando pudermos aceitar a morte como a outra face da vida é que poderemos viver sem medo, pois o máximo que pode nos acontecer é morrer. A morte é a passagem para um novo tempo de vida, assim como foi o nascimento. É o medo da morte que a torna terrível. Sobretudo, o medo do que pode nos advir depois da morte é o que pode torná-la pavorosa. E é disso que se aproveitam muitos manipuladores de multidões...

O medo se resume, enfim, ao medo de viver e ao medo da rejeição, de não ser amado. Poucos se sentiram realmente amados e acolhidos pelos pais na infância. Aqui vale uma boa interrogação!

Esse medo de não ser amado sempre vai existir. Trata-se do medo da criança que está dentro de cada um de nós. As crianças querem ser amadas por todos. Mas nós, quando adultos, temos condição de desenvolver um processo de aceitação do fato de que algumas pessoas podem não nos amar. Podemos nos cultivar para nos sentirmos aceitos e aliviados com relação ao medo da rejeição. Não precisamos ser perfeitos. Somos aquilo que somos. Alguns podem gostar, outros não.

Cada medo tem uma causa e o trabalho de autoconhecimento que fazemos vai nos ensinar a lidar com ele.

Nós herdamos de nossos antepassados a coragem, a bravura, a combatividade na defesa e proteção do que consideramos como nosso (familiares, propriedades, objetos, crenças, etc.). Por outro lado, temos também o sentimento de medo, que nos faz evitar perigos e agressões. Da mesma forma que, geralmente, buscamos dar proteção e cuidado aos que são mais fracos, podemos também, por disfunção, partir para o ataque, a ofensa, a opressão e a violência e até mesmo o insulto e a intimidação... quando o medo nos assombra!

Se olharmos bem para nós mesmos, na verdade o que buscamos é a tranquilidade, o equilíbrio, a homeostase, condições harmoniosas de nos realizarmos e bem convivermos. Queremos nos sentir seguros, sem medo, livres de perigos e incertezas. O medo e a insegurança nos causam sofrimento, nos dão uma sensação de impotência e, muitas vezes, geram ansiedade e raiva. A verdadeira segurança somente a podemos encontrar em nosso interior, quando estamos centrados na força maior que provém da Fonte da Vida.

Vamos lembrar-nos da bela canção de Raul Seixas, *Medo da Chuva*:

"Eu perdi o meu medo, o meu medo, o meu medo da chuva,

Pois a chuva voltando pra terra traz coisas do ar.

Aprendi o segredo, o segredo, o segredo da vida,

Vendo as pedras que sonham sozinhas no mesmo lugar."

Cuidado para não abrigar o medo e o pânico na alma. Arranque-os pela fé, pela oração, pela meditação e por um decidido ato de vontade. Vá a seu interior e encontre seu centro energético, que é o que lhe dá equilíbrio e força para não se entregar ao medo e à insegurança.

Centramento

Centramento é essencial para quem quer se autoconduzir. Sem centramento não há autocondução. Você é simplesmente levado por energias que você não percebe. O centramento permite a delimitação ou postura delimitadora frente aos componentes de um evento.

Centramento Pessoal
- Ligação com o Céu
- Centro de Comando
- Centro Afetivo
- Centro Vital
- Base
- Ligação com a Terra

O universo, com tudo que sabemos que nele existe, se originou, segundo os cientistas, há mais de 13 bilhões de anos no chamado Big-Bang. Para tudo isto existir, deve ter havido uma poderosa energia originante, a que chamamos de Fonte. Nós somos frutos desta energia em evolução no universo. E trazemos em nós, assim como em tudo o mais, esta energia que nos mantém vivos e atuantes. Ela é nossa energia maior e, por estar presente em todos os demais seres, inclusive humanos, ela é nosso maior elo de ligação com tudo. Tudo está ligado a tudo.

Quando nós entramos em sintonia com esta Fonte, nós não temos que temer nada, pois estamos conectados ao que é a maior força existente. E ela está em nós. É nela, na verdade, que nós nos centramos, mesmo que não tenhamos plena consciência disso. Quando nos centramos, é com esta Fonte que estamos ligados.

Centramento pessoal é, pois, a gente ir ao centro, é ir à nossa própria raiz de ser, de tal forma que nenhuma situação ou pessoa seja capaz de nos desviar. Centramento não é a mesma coisa que concentração. Concentrar-se é focar nosso lado racional em alguma coisa, buscando entendê-la ou guardá-la na memória, e isto exige um determinado esforço mental.

A pessoa se concentra num determinado foco mental, numa

meta a atingir, num assunto a entender. Isto é muito bom. Mas está restrito a uma determinada área na qual se concentra.

Centrar-se, porém, não se fixa em nada, não estabelece objetivo, não busca entender nada. Centrar-se não exige nenhum esforço especial. Basta relaxar e deixar ir tudo que passa pela mente. A gente fica ligado a tudo que está à nossa volta, sem se prender a nada, na maior calma e tranquilidade. E aí deixa vir o que a intuição lhe está apontando. Na linguagem popular, aí nada pode tirar você do sério.

Nossa função intuitiva, então, eleva nossa sensibilidade interna e aguça as percepções do mundo exterior a nós. A gente percebe muito melhor tudo que se passa tanto dentro quanto fora de nós. E nos dá o tempo necessário para decidirmos o que fazer de forma mais condizente com o que a realidade está pedindo de nós. Só então é que podemos dizer que temos uma postura prestadia, isto é, de liderança, de serviço ao nosso bem-estar e ao bem-estar das pessoas e outros seres com quem convivemos.

O centramento pode ser exercitado muitas e muitas vezes por dia, até estarmos no estado centrado a maior parte do tempo, conduzindo nossas ações.

"O centramento tem uma longa história nas tradições esotéricas da filosofia e da psicologia. Muitas das chamadas práticas orientais de meditação, de ioga, de artes marciais e danças fundamentam suas tradições no centramento. Em termos ocidentais, a idéia de centro de gravidade serve para explicar o fenômeno. Todavia, é muito mais difícil convencer os ocidentais de como a mudança de consciência de uma posição cérebro-cortical para uma perspectiva centro-pélvica, realmente melhora a estabilidade. Talvez ainda hoje seja inexplicável em termos racionais, mas funciona. Junto com essa mudança dá-se um estado de relaxamento mais completo, maior capacidade de dispor e dirigir a energia, além da mencionada capacidade de melhorar a estabilidade física em repouso ou movimento." (Bob Samples, em *Mente Aberta Mente Integral - Uma Visão Holonômica*).

Presença

Vivemos em um tempo de muita insegurança, com mudanças climáticas, fome, pobreza, violência, corrupção, terrorismo, destruição da natureza e da vida. Este tempo nos convida a uma nova consciência para enfrentar estes desafios. Onde e como encontrar segurança? Por que razão as nossas tentativas de lidar com os desafios de nosso tempo falham tantas vezes? Por que razão estamos presos em tantas situações difíceis hoje em dia? A causa do nosso fracasso coletivo é que somos cegos para a dimensão mais profunda, para a **dimensão da Fonte,** a partir da qual tudo existe e tudo impulsiona, desde as partículas atômicas até as galáxias no universo.

Como acessar esta Fonte, onde podemos encontrar a segurança que tanto buscamos?

Quando desenvolvemos a capacidade de nos aproximar dessa Fonte, experimentamos algo que traz consigo ideias criativas para enfrentar desafios, nos sentimos mais donos de nós, mais seguros.

O primeiro passo é compreender nossos modelos mentais e como eles estão relacionados com a realidade na qual estamos inseridos. A partir disso, criamos um espaço interior para reflexão, buscando um maior conhecimento de nós mesmos e, agora, com maior possibilidade de compreender a realidade e agir com mais segurança.

Nessa jornada até nossa Fonte interior, precisamos passar por um portão interno (a 'pele' do sistema), que requer de nós deixar ir tudo que não é essencial. Este processo de deixar ir é abrir mão de nosso ego para deixar vir nosso Eu interior, que então estabelece uma sutil conexão com uma fonte de conhecimento mais profunda. Ao mergulhar nessa Presença, nos sentimos plenos, pulsando totalmente no Aqui e Agora, conectados a tudo. A essência da Presença é que nosso ego e nosso Eu se encontram e começam a ouvir e ressonar um com o outro. E nada mais permanece o mesmo.

Através de um constante exercício de mergulho nesta Presença, de encontro deste Eu profundo, vamos desenvolvendo múltiplas competências que nos tornam mais seguros, tais como:

- A capacidade de ouvir. Ouvir a si mesmo e ouvir o outro, e estar ligado a tudo.

- Observar e suspender a voz do julgamento.

- Sentir a <u>mente</u> aberta (estar aberto a novas ideias), o <u>coração</u> aberto (colocar-se no lugar do outro) e a <u>vontade</u> aberta (agir com o outro).

- Fazer as coisas acontecerem no rumo certo.

- Lidar com a resistência de pensamento, emoção e vontade. Requer a integração do pensar e sentir e, no contexto de aplicações práticas, aprender fazendo.

- Sentir-se profundamente presente e ligado à Fonte pulsante em tudo. Isto dá uma incrível sensação de paz e alegria.

Sempre que você for ao encontro de sua Fonte interior, encontrará a segurança dentro de você. Encontrará a coragem de fazer as coisas acontecerem a seu favor, a favor das pessoas e a favor da vida. Insista. Você consegue. Ali está o verdadeiro centramento, que lhe dá tranquilidade em meio às tempestades, que lhe dá paz interior em meio aos maiores conflitos.

Questões

Em busca de seu autoconhecimento em relação ao Subsistema de Segurança, responda, para si mesmo e com sinceridade, às seguintes questões, sempre relacionadas com sua vida e seu ambiente pessoal e profissional:

- Quais são seus maiores temores? Do que você mais tem medo?

- O que lhe deixa uma sensação de insegurança ou com medo?

- Você é do tipo mais calmo ou mais nervoso, agressivo?

- Já sofreu ataques, assaltos, agressões, abusos? De que tipo? De quem?

- Quais as medidas preventivas que você toma para evitar assaltos ou outras formas de agressões e invasões?
- Como é seu comportamento no trânsito a fim de prevenir acidentes?
- O que o faz "perder a cabeça" e agir ou reagir com violência ou rispidez? Com quem?
- Sabe fazer as pazes, perdoar? Ou guarda rancor por muito tempo?

Sugestões de Exercícios

- Descreva seus medos na infância, as histórias que apavoravam, personagens amedrontadores.
- Anote suas fantasias e sonhos amedrontadores e suas reações. Reflita para ver como elas podem estar interferindo até hoje em sua vida.
- Percorra os 14 subsistemas (veja a relação na introdução do texto sobre Cosmovisão) e descubra os medos, as inseguranças, as angústias e preocupações que se manifestam em cada um.

Exercício sobre o medo

1. Escreva, de início, uma lista dos medos que você costuma ter. Depois, vá priorizá-los e comece a trabalhar com eles do menor para o maior.

2. Comece trabalhando cada pequeno medo até poder encarar os grandes e dissecá-los. É preciso encarar cada medo com tranquilidade, compreendendo que eles fazem parte de registros mentais e que não nasceram com você. O medo é aprendido. A criança não nasce com medo, e se ela o aprendeu, pode desaprendê-lo. É uma questão de treinamento.

3. Procure, na infância, lembranças de situações em que não teve medo. Por exemplo, um dia em que foi a um circo e passou a mão sobre a cabeça de um animalzinho sem nenhum temor. Resgate aquela sensação de conforto, de não ter medo, traga para sua vida de agora, para enfrentar o medo que está sentindo.

4. Olhe seus medos com mais tranquilidade. Aos poucos, vá limpando sua mente e reeducando seus pensamentos e sentimentos e vá ao encontro da tranquilidade, percorrendo o aprendizado que precisa realizar.

5. Proponha-se, realmente, e de uma vez por todas, a erradicar o medo. Para isso, faça um planejamento de conquistas progressivas.

Leia agora o trecho abaixo, em voz alta, para firmar bem sua intenção de erradicar o medo completamente de sua vida:

"Eu, nesse momento, plenamente consciente do ser divino que sou, aceito, de uma vez por todas, o meu compromisso universal de ser luz. Nesse momento, é meu compromisso abandonar, de uma vez por todas, o sentimento de medo e ansiedade, completamente desnecessários para essa nova fase da minha vida. Solicito à espiritualidade o discernimento e a vontade para que eu possa encarar de uma vez por todas as minhas ansiedades e os meus medos, sabendo que são contrários ao amor. Que a luz da espiritualidade possa encontrar o reflexo dentro de mim, para que tudo isso possa acontecer. Que eu possa permanecer num mar de harmonia, alegria e amor."

Conclusão

Passamos a vida toda buscando segurança. Segurança em si não existe, é uma sensação, um sentimento. Não se obtém a segurança ou insegurança nas mãos. A gente sente. Ser seguro não significa acabar com a insegurança, mas sim aceitá-la como inerente à natureza humana.

Curtir o aqui e o agora nos nossos relacionamentos é viver a gratuidade da vida. Talvez não estejamos encontrando tempo para isto, pois estamos cuidando o tempo todo do futuro, da nossa segurança futura, que é probabilística e, portanto, ela mesma insegura. A segurança futura depende da segurança presente.

Hoje é o primeiro dia do resto de nossa vida. Viver é deixar cada dia segundo seu próprio cuidado. O medo daquilo que pode acontecer tira a alegria de estar aqui e agora.

Precisamos aprender a perder, a cair, a errar e a morrer. A perder e ganhar, a cair e levantar, a errar e acertar, a morrer para renascer. Em outras palavras, se temos medo de cair, andar seria muito doloroso. Se temos medo da morte, a vida é um medo constante.

"Temos que descobrir segurança dentro de nós próprios. Durante o curto espaço de tempo de nossa vida precisamos encontrar nosso próprio critério de relações com a existência na qual temos uma participação tão transitória..."

Boris Pasternak,

autor de *Doutor Jivago*, que lhe deu o prêmio Nobel.

Bem aventurado aquele que já consegue receber, com a mesma naturalidade, o ganho, a perda, o acerto, o erro, o triunfo, a queda, a vida e a morte!

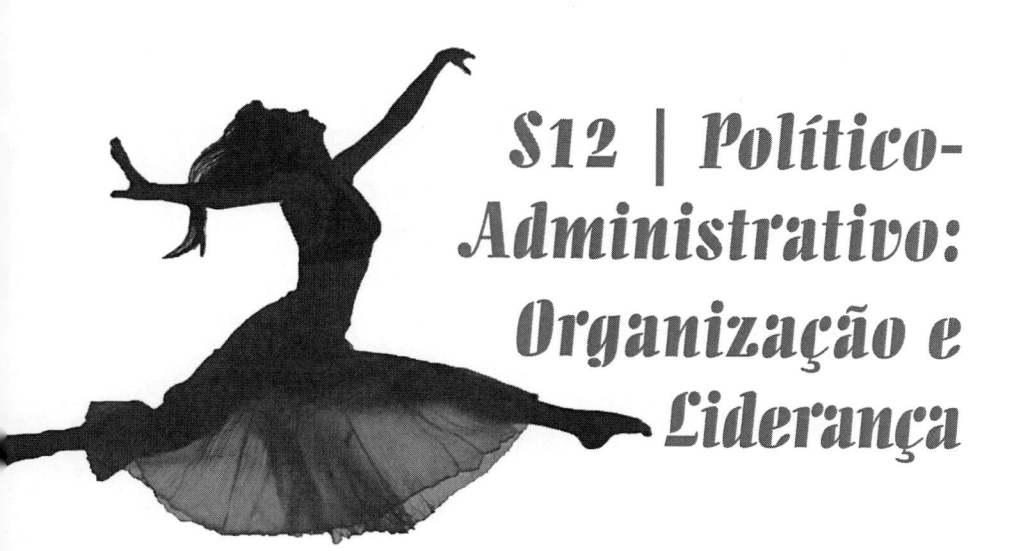

S12 | Político-Administrativo: Organização e Liderança

Introdução

No presente artigo, vamos aprofundar nossa reflexão em torno do subsistema ou eixo **S12 – Político-administrativo: organização e liderança**. Queremos levar o leitor a se observar e, principalmente, a sentir onde se encontram seus pontos de dor e sofrimento sob o enfoque deste subsistema ou raio, buscando lançar luz no caminho, ao encontro da Fonte da verdadeira felicidade e alegria de viver.

Político-Administrativo: Organização e Liderança

O subsistema Político-Administrativo refere-se a um conjunto de elementos - governantes, administradores, burocratas, hierarquias, lideranças e subordinados, com seus palácios, sedes, gabinetes, equipamentos e tecnologia - para, baseados em consultas ou não, estabelecer as metas e objetivos para um grupo ou país e o correspondente planejamento para sua realização a serviço do bem geral, comum, distribuindo o esforço e os resultados, evitando a desorientação, caos, conflitos, opressão. Este subsistema organiza as populações em estados, municípios, tribos, clãs, etc.

O subsistema político-administrativo de uma empresa compõe-se de sua hierarquia de distribuição de funções, seus dirigentes e subordinados, suas metas, planejamento, execução e controle.

Como já vínhamos desenvolvendo nos textos precedentes, referentes a 11 outros subsistemas, nosso foco de atenção, também neste subsistema, é o campo pessoal, que expressa seus campos potencial e mental e se conecta aos campos grupal, social, planetário e universal. É neste campo pessoal que vamos buscar explicitar as dores e sofrimentos, bem como as realizações que resultam em felicidade e alegria de viver.

Todos nós buscamos agir como líderes de nós mesmos, isto é, queremos poder dirigir, administrar e dar disciplina a nossa vida e a nossos bens. Para isso é necessário coragem, ousadia, desenvoltura, com prudência e cautela. O mesmo vale quando assumimos alguma forma de liderança em algum grupo ou instituição – seja em casa, com filhos e cônjuge, na administração do lar, seja no trabalho e na vida comunitária.

O objetivo deste subsistema é ampliar a visão a respeito de organização político-administrativa, como forma de conjugar esforços, recursos e processos no sentido de se alinhar aos objetivos e à missão pessoal e organizacional. É também ajudar a levar a você, leitor, a consciência de suas qualidades e potencialidades como líder e sua capacidade de organização, bem como de suas dificuldades e deficiências, que provocam constrangimentos, dores e sofrimentos.

Refere-se à capacidade direcionadora humana, na qual estão contidos os processos de tomada de decisões, planejamento, condução, gestão e liderança. É a capacidade de dar rumo às ações.

Do ponto de vista pessoal, refere-se à ordenação mental, à visão de futuro, clareza de rumos, abertura para o novo. Isso exige coragem para decidir, além do desapego e criatividade.

A resultante de sabermos lidar com o subsistema político-administrativo é a condução da vida.

A origem da dor e do sofrimento é a incapacidade de assumir o comando da própria vida, ser submisso e deixar-se manipular, às vezes em situação precária, quando acaba aceitando até mesmo chantagem. Ou então agir de forma imprudente, sem planejar, e descobrir que as coisas não estão dando certo. Sempre que tentamos ser muito controladores e normatizadores provocamos revolta, corpo mole, desmotivação, o que tende a resultar em nós raiva e talvez mesmo agressividade. Prudência, tranquilidade e negociação nos permitem viver em sintonia e conviver com mais harmonia.

Observe quanto comando você tem de sua vida (felicidade e alegria) e em que você se vê incapaz de assumir o comando de sua vida (sofrimento e infelicidade).

Autoconhecimento para Autocondução

Autocondução é o modo como uma pessoa realiza sua própria existência. É a atitude pessoal de assumir a condução de sua própria vida. Significa assumir o livre-arbítrio, estabelecer suas próprias metas, seu planejamento pessoal e sua organização e disciplina no dia a dia. Isto é ter as rédeas da própria vida nas mãos.

Mas, para falarmos de autocondução, precisamos primeiro falar de autoconhecimento.

Autoconhecimento é a consciência que alguém tem do que ele mesmo é. E é através do autoconhecimento que conseguimos chegar à autocondução.

Quanto você se conhece? Muito? Pouco? A maior parte das pessoas acredita que se conhece, mas na verdade se conhece muito pouco.

Você ama alguém, confia em alguém que pouco conhece? Geralmente amamos e confiamos apenas em quem conhecemos muito! E olha a enrascada que costuma dar quando a gente se envolve com alguém que pouco se conhece!

E, se você não conhece a si mesmo, como quer acreditar em sua própria capacidade? Como quer confiar em você mesmo? Como quer que as pessoas confiem em você? Como quer ir em busca de seus sonhos, se não acredita ser capaz?

E por que não acredita ser capaz? Porque provavelmente você sabe muito pouco sobre quem você é.

Por isso, o autoconhecimento é fundamental para desenvolver o amor por si mesmo e fortalecer a autoestima. É muito difícil alguém se conhecer interiormente quando sua busca está voltada sempre para o mundo exterior.

O autoconhecimento é a busca em seu próprio interior por respostas e entendimentos para várias questões básicas sobre si mesmo e sobre a vida. E se o objetivo é evoluir a partir destas percepções, é ali que devo investir mais para meu autodesenvolvimento. O autoconhecimento é essa capacidade que nos permite perceber e agir de forma gradativa sobre tudo aquilo que necessitamos transformar em nós mesmos.

Por isso, o autoconhecimento é a chave que abre a porta da autocondução, que é o esforço pessoal de conduzir a própria vida.

Sabemos que não temos controle sobre as coisas e as pessoas.

A sabedoria dos indígenas moicanos diz que *"As formigas aboletadas em um tronco de árvore descem correnteza abaixo no rio caudaloso e crêem que estão conduzindo o tronco"*.

Estamos no rio da vida que segue seu rumo e a nós cabe a condução do barco que nos leva. Não podemos dirigir o rio, mas podemos dirigir a canoa. Não podemos dirigir o vento, mas podemos ajustar as velas.

Este é o processo de autocondução. Conhecer a embarcação que nos leva para podermos conduzi-la na correnteza do rio da vida.

Se não conhecemos a embarcação, como conduzi-la?

Ter a condução não é ter controle. Ter controle é a ilusão de que temos poder sobre nós, sobre as emoções, as pessoas, os eventos... Acontece que somos partícipes de algo muito maior do que nós: a Vida, sobre a qual não temos poder. Só podemos nos conduzir no seu fluxo, direcionando rumo a objetivos que traçamos, mas que sabemos que são apenas possíveis ou prováveis, nunca temos certeza de que vão mesmo acontecer.

Então, relaxe. Não queira controlar nem as coisas, nem as pessoas.

A utilidade do autoconhecimento e da autocondução não é ter controle sobre sua própria vida, mas é você se entender e saber o porquê de agir e reagir da forma que faz hoje. Poderá optar por agir e reagir não mais no automático, mas com consciência.

Compreendendo o porquê de nossas ações, conseguimos nos planejar, podemos então construir nosso planejamento estratégico pessoal.

O que é o planejamento estratégico pessoal? É o processo de construção do futuro.

O planejamento pessoal mostra-nos qual o caminho a seguir, quando vamos chegar, como vamos traçar este caminho, com que meios, as dificuldades que precisamos transpor e as facilidades ou potencialidades que vão nos ajudar nesta caminhada.

Para nos guiar nesta aventura do autoconhecimento, nós usamos a Roda da Vida, extraída da Teoria da Organização Humana do Professor Antônio Rubbo Müller.

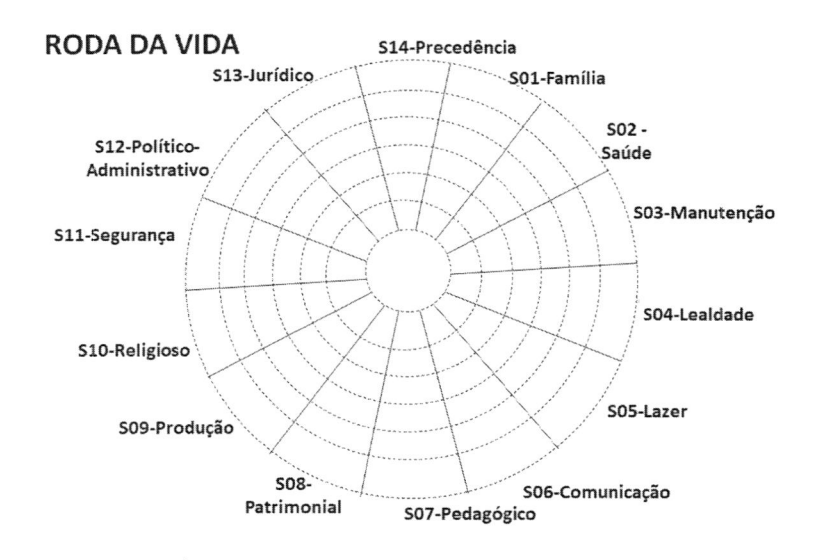

RODA DA VIDA

- S01-Família
- S02-Saúde
- S03-Manutenção
- S04-Lealdade
- S05-Lazer
- S06-Comunicação
- S07-Pedagógico
- S08-Patrimonial
- S09-Produção
- S10-Religioso
- S11-Segurança
- S12-Político-Administrativo
- S13-Jurídico
- S14-Precedência

Esta Roda da Vida contempla 14 aspectos: família, saúde, manutenção, lealdade, lazer, comunicação, estudos, patrimônio, trabalho, religião, segurança, organização, jurídico e precedência.

Para nos planejar, vamos seguir os passos do Processo Decisório como guia.

O primeiro passo é Captar a realidade. Como estou aqui e agora?

É um momento de usar nossa inteligência emocional: é sentir, perceber-se. Alguma coisa incomoda? O que não está bem?

Para fazer esta reflexão, é importante você encontrar um lugar tranquilo, onde você possa estar consigo mesmo, de preferência sem interrupções. Desligue o celular e avise que, por determinado tempo (que você estabelece qual é), não quer ser perturbado.

Centre-se e comece a sua auto-observação. Capte sua realidade presente e estabeleça a paz com sua vida, com seu passado. *Amorize-se*. "Aqui e agora não existe passado, não existem mágoas, decepções, vitórias e perdas, aqui e agora sou pleno, e me aceito como sou."

O centramento é uma qualidade do amor, pois ele permite que a pessoa faça escolhas e tome decisões advindas do lugar mais interno e com pleno conhecimento. Quando a pessoa atinge o seu lugar de centramento, está protegida por um escudo que circunda seu campo de energia, está pronta para se planejar.

O centramento é fundamental. Centrar-se é estar consigo mesmo. É isolar qualquer ruído exterior e focar, concentrar. Sempre que algo fora de mim me perturba, paro, respiro e me centro.

Em seguida, abra sua mente para olhar para si. Qual é o tema? É você. Como se olhar? Pelos 14 holofotes da Roda da Vida.

Você olha para o primeiro raio da Roda da Vida, e se pergunta: como estou no subsistema 01 – parentesco, minha família, moradia?

Como estou? Se a resposta for 'estou bem', agradece e não precisa fazer nada. Mas não seja superficial. Olhe-se com seriedade e amorosidade. Se não está bem, anote em quê, de que jeito.

Faça o mesmo em relação aos outros 13 raios, além do S01 - Parentesco.

S02.   Sanitário: saúde e higiene;

S03.   Manutenção: alimentação e sustento;

S04.   Lealdade: relacionamentos e convivência;

S05.   Lazer: esportes e recreação;

S06.   Viário: comunicação e transportes;

S07.   Pedagógico: educação e cultura;

S08.   Patrimonial: renda e salário;

S09.   Produção: trabalho e carreira;

S010. Religioso: religião e espiritualidade;

S011. Segurança: defesa e paz;

S012. Político-administrativo: organização e liderança;

S013. Judiciário: justiça, valores, direitos e deveres;

S014. Precedência: imagem e reconhecimento.

Vá observando um a um, veja onde você está bem, agradeça e vá adiante, e onde houver a necessidade de mudanças, anote. Faça isso com calma. Você está cuidando da coisa mais importante de sua vida: você mesmo.

Terminada esta fase, mais mental, abra seu coração e sinta-se, perceba como seu corpo, seu coração reage frente a estes aspectos que você captou. Aceite os pontos necessários para ultrapassar e ressalte as suas qualidades, o que tem de bom, com que pode contar com você mesmo para seguir em frente. Anote.

Agora, chegou o momento de você se entregar ao seu Eu interior, o momento de deixar ir. Deixe ir o que você conhece, deixe ir seus sentimentos, deixe ir suas experiências. Abra mão. Não se apegue. Abra sua vontade e conecte-se com a fonte de inspiração. Sinta a presença de Seu Mestre interior e entregue-se a Ele.

A Fonte do Ser tem todas as respostas, todas as soluções. Fique em silêncio e escute.

Deixe vir o futuro que vem emergindo. Deixe vir as respostas para as questões que você anotou. Não rejeite nenhuma ideia, abra-se para o novo.

Chegou o momento das decisões. Volte para suas anotações. Para cada questão que você anotou nas quais queria mudanças. Estabeleça um objetivo, estabeleça o que você quer fazer com cada questão.

Lembre-se: é seu coração que está dizendo. Não pense, deixe fluir, escreva o que vier. O coração está ligado à Fonte do Ser e está aberto.

Você está ligado à sua intenção básica de vida e olhando para o futuro. Permita agora que seus sonhos venham à tona. Sua visão de futuro está mais cristalina e você vê com mais clareza. Fica mais fácil tomar as decisões.

Agora, sim, você está realmente em condições de fazer o Plano de Vida. A mente se abre para o planejamento. É hora de sua racionalidade entrar para tornar bem claro o que você quer. Mãos à obra para planejar as decisões tomadas.

Plano de Vida

Subsistemas	Quero realizar ou modificar alguma coisa? Sim/Não. Se sim, o que?
Parentesco: família e moradia	
Sanitário: saúde e higiene	
Manutenção: alimentação e sustento	
Lealdade: amor, relacionamentos e convivência	
Lazer: alegria e recreação	
Viário: comunicação e transportes	
Pedagógico: educação e cultura	
Patrimonial: renda e salário	
Produção: trabalho e carreira	
Religioso: religião e espiritualidade	
Segurança: defesa e paz	
Político-administrativo: organização e liderança	
Judiciário: justiça, valores, direitos e deveres	
Precedência: imagem e reconhecimento	

Plano de Ação

Para cada coisa que você pretende modificar ou realizar, faça um Plano de Ação, colocando como, onde, quando, com quem vai fazer acontecer - da seguinte forma:

Escreva o que quer realizar (sua meta):

_____

Onde?	
Quando? Prazos?	
Quem? Com quem fazer? Precisa negociar com quem? Para quem?	
De que forma fazer? Precisa de uma significação visual? De um apelido?	
Como fazer? Com que tecnologia?	
Com que meios, recursos? Quanto vai custar?	
Por que quero fazer isso?	
O que espero? Que resultados espero alcançar? Que dificuldades?	

Feito o Plano de ação, você está com o seu Plano de Vida. Qual o prazo que está se dando para que aconteça? Um ano? Dois anos? Cinco? Dez?

Não basta ter um bom plano. É preciso pô-lo em prática e acompanhar a sua implantação.

Estabeleça uma rotina de acompanhamento, de *feedback*, onde possa analisar os resultados que vem obtendo, acertando, reorientando.

O acompanhamento é feito pelas metas e pelos prazos estabelecidos.

Vá acompanhando o que está projetado, o que está realizado e o que está em andamento.

Muitos esforços de planejamento fracassam devido às dificuldades que surgem após as definições: no acompanhamento e execução. Cabe a você motivar-se e manter-se em sintonia com suas próprias propostas.

Lembre-se sempre que todo este processo só tem chance de prosperar se você realizar o acompanhamento durante a execução, revisando sempre que necessário, e avaliando (e registrando, e aprendendo com os erros e acertos) ao atingir cada meta e cada objetivo. E, se necessário, reorientando segundo as novas circunstâncias. Caso contrário, serão palavras vazias e tempo perdido.

Assim, expressa-se o conhecido Coach de Liderança americano Marshall Goldsmith:

"Podemos mudar o futuro, não o passado. O feedforward ajuda a visualizar e enfocar um futuro positivo, em vez de um passado negativo. Quando oferecemos a alguém boas idéias, aumentamos suas chances de sucesso."

Cabe a você motivar-se e manter-se em sintonia com suas próprias propostas.

Será de grande proveito buscar um Mentor que lhe possa acompanhar o processo, dando-lhe mais disciplina e objetividade no decorrer do processo, apresentando seus *feedbacks*, fornecendo-lhe prazos e motivação para continuar a construir seu futuro.

Vamos refletir sobre este belo texto do poeta e filósofo alemão Johan Wolfgang Von Goethe, que viveu de 1749 a 1832:

*"No momento em que alguém assume um compromisso definitivo consigo mesmo, a **Providência** também passa a agir. Começa a acontecer todo tipo de coisas para ajudar esse alguém, o que não aconteceria se o compromisso não existisse.*

*Uma torrente de eventos **emana das decisões**, favorecendo a pessoa com toda espécie de encontros imprevistos e de ajuda material que homem nenhum poderia sonhar encontrar no seu caminho.*

Tudo o que puder fazer ou sonhar, você alcançará. Sendo assim, mãos à obra. A ousadia contém genialidade, poder e magia."

Então, mãos à obra!

Questões

Em busca de seu autoconhecimento em relação ao Subsistema Político-Administrativo, responda, para si mesmo, às seguintes questões, sempre relacionadas a sua vida e seu ambiente pessoal e profissional:

- Sabe se autoconduzir, tomar decisões? Ou vai empurrando?
- Compartilha suas buscas e decisões? Com quem?
- De que jeito atua como gestor, líder, coach ou mentor? Junto a quem?
- Você é uma pessoa organizada, pontual, disciplinada?
- Como é sua atuação política com você mesmo?
- Como é sua atuação política junto à comunidade, cidade, estado, país, mundo?

Sugestões de Exercícios

- Percorra os 14 subsistemas e veja quem está na liderança (comando) das principais agendas e como se sente e se comporta frente a isso.
- Veja também como você se planeja e se organiza em cada

subsistema, em qual é mais organizado e em qual é mais desorganizado ou displicente.

- Observe-se em relação à condução de sua vida. Reflita se você conduz sua vida, ou se é conduzido pelas circunstâncias.

- Reflita sobre o que a vida está pedindo de você neste momento.

Exercício de centramento

É importante lembrar-se de que o centramento é uma qualidade do amor, uma vez que ele permite que a pessoa faça escolhas e decisões vindas do lugar mais interno e com pleno conhecimento. Quando a pessoa atinge o seu lugar de centramento, está protegida por um escudo que circunda seu campo de energia, está pronta para se planejar, para conduzir sua vida.

Então, vamos lá? Vamos para o exercício de centramento?

a) Concentre-se na respiração, nas batidas do coração ou na pulsação do corpo. Relaxando seu corpo procure levar sua atenção para a respiração – lenta, profunda e suave... Ou leve sua atenção às batidas do coração em diversas partes de seu corpo...

b) Desligue sua atenção de tudo que se passa em sua mente – pensamentos, sonhos, desejos - e sinta pulsar o centro do seu ser.

c) Se você está em meio a alguma atividade que não pode parar, como, p. ex., dirigindo o carro, ligue sua mente totalmente no que está fazendo, respirando devagar e relaxe, mantendo-se tranquilo. É você quem está no seu próprio comando. Não permita que outra circunstância o engula.

d) Se você vai enfrentar uma situação conflitante ou muito tensa, prepare-se um pouco antes, centre-se, respire, *amorize* a situação e/ou as pessoas. Não tente controlar o outro ou o grupo ou a situação. Tenha claro o que você quer alcançar. Verifique rapidamente se o que vai dizer ou fazer é condizente com suas crenças, com seus critérios de vida. É isto que mais vai lhe dar tranquilidade. E acredite. Sua verdade interior vai ser sua fonte de intuição, de inspiração, para que sua condução seja leal a você mesmo, aos outros e à vida.

e) Relaxe, centre-se, conecte-se a si mesmo. Você está preparado para conduzir sua vida. Agradeça à Vida por tudo que você é, pelo que tem, pelos familiares, amigos, saúde, trabalho, etc. Gratidão!

Conclusão

A utilidade do autoconhecimento e da autocondução não é ter controle sobre sua própria vida, mas, sim, você se entender e saber o porquê de agir e reagir da forma que faz hoje.

Conhecendo-nos, podemos construir nosso planejamento estratégico pessoal

O subsistema político-administrativo refere-se, como vimos, a sua organização e liderança.

Só é líder quem toma decisões. Porque tomar decisão é correr risco. Toda decisão, por mais cuidado que se tenha, pode não dar certo. E o verdadeiro líder assume as decisões, não tira o corpo fora, não busca culpados, toma a responsabilidade em suas mãos.

A maioria das pessoas prefere não correr riscos, por isso deixa as decisões nas mãos de outros, pais, cônjuges, chefes, políticos, padres ou pastores ou imãs, médicos e outros. E por isso acabam sendo manipulados segundo os interesses de quem decide. E, é claro, vive caçando culpados de suas encrencas.

Outro aspecto importante a reforçar é a organização. No campo pessoal, não há como deixar de organizar nossas coisas e nossa vida. Cada pessoa tem seu próprio jeito de organizar, e isso deve ser respeitado. Mas também temos que olhar a nossa volta, pois nossa auto-organização não pode colidir com os espaços das outras pessoas, dos nossos grupos de convivência e da organização da qual fazemos parte.

Isto se chama administrar nossa vida. E quando nós não administramos nossa vida, ou seremos administrados por outros (de novo segundo interesses que não serão os nossos, claro!), ou acabamos por viver um caos à nossa volta, o que, ao final, termina também sob controle alheio.

E tudo isso começa onde? Começa em nossa mente! É no cultivo pessoal, sobretudo no cultivo interior, que se assenta uma verdadeira organização e liderança. Começa por nossa autocondução. Começa pela conexão interior com nosso Centro, onde se fundamentam as decisões que são coerentes com nossa missão de vida, com nossas crenças e visão de mundo.

Como vimos, o primeiro passo é o centramento. Estando centrado não terá receio de pôr na mesa aquilo que se pensa, de expor suas opiniões e até suas discordâncias, pois suas palavras e suas ações serão autênticas, coerentes, condizentes, carregadas de força e de profundo respeito pelos outros e por suas opiniões, buscando o consenso, sem imposições.

Todo verdadeiro líder é pessoa centrada. E pessoa centrada tem discernimento. Sabe o que quer. E sabe criar os meios hábeis para se direcionar e manter o comando de suas ações. Não há risco de perder a cabeça, de sair do sério. Sabe se planejar.

Independente de qual profissão tenha, é importante seu planejamento, pois no momento em que alguém sabe o que quer, o Universo conspira a seu favor. Mostre para o Universo qual é o seu sonho. Lembre-se que "a ousadia contém genialidade, poder e magia" (J. W. Goethe).

O planejamento traz crescimento e evolução. Aprender a se planejar traz liberdade, calma, equilíbrio. É manter-se dentro de seu espaço seguro, apenas observando e sabendo que tudo passa... Tudo mesmo. Nada permanece igual. Tudo está se transformando a cada segundo.

Ao desenvolver sua capacidade direcionadora humana, na qual estão contidos os processos de tomada de decisões, planejamento e condução, você dá rumo às suas ações.

Dar rumo a suas ações é o que o deixa interiormente livre, para poder agir segundo o comando de seu centro de poder, com amor, mas com a firmeza que se fizer necessária.

Agora, sim, você é senhor de sua vida e poderá constatar que *"qualquer pessoa ou situação só tem sobre você o poder que você concede a ela"*.

"A neve e as tempestades matam as flores, mas nada podem contra as sementes."

Kalil Gibran

S13 | Jurídico: Justiça, Valores, Direitos e Deveres

Introdução

No presente texto, vamos aprofundar nossa reflexão em torno do subsistema ou eixo **S.13 – Jurídico: justiça, valores, direitos e deveres**. Queremos levar o leitor a se observar e, principalmente, a sentir onde se encontram seus pontos de dor e sofrimento sob o enfoque deste subsistema ou raio, buscando lançar luz no caminho, ao encontro da Fonte da verdadeira felicidade e alegria de viver.

Jurídico: Justiça, Valores, Direitos e Deveres

O subsistema Jurídico, o S.13 da TOH, envolve um conjunto de elementos - juízes, promotores, advogados, tabeliães, despachantes, com seus tribunais, cartórios, códigos, equipamentos e tecnologia para, através da aplicação das normas e das leis da sociedade, regular a coexistência triádica, evitando a anarquia. Refere-se à justiça, às leis, ao processo de estabelecê-las (legislativo) e ao processo de fazê-las cumprir (judiciário).

Toda pessoa sente-se no direito de ser respeitada com dignidade. Almeja sentir-se igual, com os mesmos direitos, quer ser tratada com justiça e imparcialidade. Quer assegurar que se cumpram os compromissos, as obrigações, os deveres, as promessas.

É um princípio de sabedoria universal, afirmado pelos grandes mestres da História, como Jesus, Buda, Sócrates, Confúcio e todos os grandes sábios: *"Não julgueis para não serdes julgados, pois, com a mesma medida com que medirdes, sereis medidos."* Calcado nesta chamada Regra de Ouro da Justiça, há que fugir das fofocas, das bisbilhotices e intrigas, de falar mal das pessoas, de calúnias, pois isto retorna sempre para quem o faz, e é gerador de clima de desconfiança e sempre causa de muito conflito e sofrimento.

A dor ocorre quando a pessoa se sente desrespeitada, injustiçada, invadida, quando não se cumpre a palavra ou os compromissos. Uma forma de injustiça muito comum é, diante de um problema ou dificuldade, buscar culpado. Isto não resolve nada e só provoca sentimentos de vítima. E também quando alguém diz uma coisa e faz outra, quando é incoerente, o que leva ao descrédito e à perda de autoridade moral.

Para um cidadão há, na maioria dos países, dois subsistemas jurídicos: **a lei** (constituição, códigos, jurisprudência) proveniente das autoridades civis, governamentais; e **a moral** (princípios e obrigações de consciência) firmada pelas autoridades religiosas de mistura com os costumes e tradições familiares e culturais, formando uma espécie de "lei social" não incorporada aos códigos jurídicos: direitos e deveres ético-morais.

O objetivo deste texto é ampliar a visão a respeito do campo jurídico, buscando pautar os relacionamentos interpessoais e sociais na justiça e no respeito aos direitos fundamentais do ser humano. Mantém-se, como nos outros estudos desta série, o foco no campo pessoal, a partir do qual se irradia para os demais campos, tais como o social e o planetário.

Observe: até que ponto você calca seu comportamento na responsabilidade e retidão (o que lhe dá felicidade e alegria) ou julga as pessoas e busca culpados (trazendo infelicidade e sofrimento)?

Reflita: O que o subsistema jurídico tem a ver com você? O que é justiça para você? E como você encara a justiça?

Justiça

Todo ser humano, quando começa a discernir as coisas, também desenvolve um senso de justiça, julgando imediatamente cada situação ocorrida em seu cotidiano. Perceba que, não apenas leis e instituições são julgadas, mas também ações individuais. Sendo assim, as próprias pessoas, num juízo preliminar, podem se tornar justas ou injustas.

Justiça é a virtude de dar a cada um aquilo que é seu; é a faculdade de avaliar segundo o direito e a melhor consciência. Entretanto, não é possível definir com precisão o seu real significado. Algo que aparenta ser justo para um, pode ser totalmente injusto para outro, sendo assim impossível formar uma ideia concreta de justiça.

O sábio chinês Confúcio (551-479 a.C.) já dizia:

"Devido ao homem ter tendência para ser parcial para com aqueles a quem ama, injusto para com aqueles a quem odeia, servil para com seus superiores, arrogante para com os seus inferiores, cruel ou indulgente para com os que estão na miséria ou na desgraça, é que se torna tão difícil encontrar alguém capaz de exercer um julgamento perfeito sobre as qualidades dos outros.".

Por isso é que se recomenda: Não julgue! A vida de cada um é um mistério até para si mesmo. Você, por acaso, conhece todos os seus engodos, todo o sofrimento, desejos e decepções em seu próprio caminho? Se é tão difícil conhecer a si mesmo, como julgar outra pessoa? Todas as circunstâncias que a levaram a cometer tal ato? Não, definitivamente não podemos julgá-la. Se quase nada dela conhecemos. E, muitas vezes, o que dela sabemos vem de informações pouco confiáveis e são, ainda, filtradas por nossos próprios preconceitos e comparadas com nossas próprias experiências.

As pessoas que estão próximas a nós às vezes não têm o comportamento que gostaríamos que tivessem. Então as julgamos. "Você é assim, mas queria que você fosse desse jeito...", etc. E ferimos e saímos machucados. É preciso trocar preconceitos e julgamentos por uma atitude de amor e compreensão.

Segundo a Wikipedia, preconceito é um "juízo" pré-concebido, manifestado geralmente na forma de uma atitude discriminatória perante pessoas, culturas, lugares ou tradições, considerado diferente ou "estranho". Ao ser usado no sentido pejorativo, costuma ser simplista, grosseiro e maniqueísta. As formas mais comuns de preconceito são: social, racial, cultural, intelectual, sexual, religioso.

Julgamento é o ato de julgar. Refere-se a uma avaliação que considera uma série de fatores ou provas para a formação de uma decisão bem fundamentada.

Ocorre que, em nosso dia a dia, tomamos decisões e julgamos o tempo todo. E nem sempre nosso julgamento é baseado em fatos ou provas. De modo geral nosso julgamento é embasado na emoção. É no calor do momento que julgamos e tomamos decisões.

Pior ainda, não julgamos o fato, julgamos a pessoa que cometeu o fato. É a pessoa que é vista como irresponsável, idiota, não o ato que ela cometeu. É muito difícil nos isolarmos disso. É possível, e às vezes necessário, avaliar um comportamento, mas não podemos julgar a pessoa.

Nossos avós tinham razão, quando diziam "conte até dez, pare, respire, pense, tome distância, e depois decida". Isto significa que é preciso acalmar os seus sentimentos e coletar os dados com a razão, para ser mais assertivo.

O julgamento nos impede de fazer uma avaliação correta no presente e de termos uma postura condutora leal e eficaz.

Podemos ficar na mão de alguém que julgamos pessoa muito boa porque nos deu um presente, nos tratou bem. E, agora, podemos estar sujeitos a ser explorados ou mesmo chantageados. Ou então partimos para o julgamento de uma pessoa levados por um preconceito ou por uma ação que nos ficou na memória como desagradável ou ruim.

Segundo o filósofo francês Paul Ricouer, *"a lógica do amor é a lógica da superabundância, enquanto a lógica da justiça é a lógica da equivalência"*. Enquanto a justiça busca dar a cada um o que lhe é devido, estabelecendo uma correlação razoável entre delitos e penas, o amor se caracteriza pelo perdão e pela gratuidade.

"Dar a cada um o que lhe é devido" é um conceito universal de sabedoria, que dá o norte a todo um discurso filosófico de Aristóteles sobre ética e justiça. E esta poderia ser a fórmula mais geral da justiça, em contraposição às características de generosidade e gratuidade próprias do amor.

Qual o seu conceito de ser justo? Você é capaz de ser justo? De não julgar? Até que ponto você está livre da culpa?

Culpa

A humanidade, de alguma forma, em geral tem se sentido culpada. Isso nos tem apagado o brilho dos olhos, nos tem tirado a beleza da face, nos tem tirado a graça de nosso ser.

Nossa civilização ocidental é herdeira de uma terrível carga de culpa. Somos vistos como culpados já ao nascer com o "pecado original". E como somos suscetíveis a errar, a nos enganar, porque somos seres não perfeitos e em evolução, somos vistos como culpados das nossas ações que não são condizentes com aquilo que se considera certo segundo padrões que nos são impostos.

E, aqui, instala-se uma perigosa armadilha. Ninguém gosta de ser culpado, de sentir-se vítima de um julgamento. Por isso, sempre que se julga um culpado, este se sente vítima de outro, em quem descarrega o peso da culpa. E no jogo de culpa/vítima sobra sempre um castigo. O culpado deve ser punido, castigado. Quem gosta de ser punido? Daí que a corrente culpa-vítima-punição se espalha para todo lado, com todo mundo tirando o corpo fora!

Sabe o que resulta disso? No jogo de culpa-vítima-punição ninguém é responsável. Não se busca solução. Quando se acha o culpado, está tudo resolvido, geralmente por alguma forma de castigo!... Será? Que chato, não?

Outra consequência muito séria desse jogo sujo é a chantagem. Muitos "espertinhos" sabem como atiçar o jogo de culpa nas pessoas para poderem manipulá-las, ameaçando com castigos ou prometendo saídas, caso, ao se submeterem a suas manobras, geralmente, pouco virtuosas. E quando os ameaçadores castigos são no além, para depois que morrer, para toda a eternidade! Que situação, não?

Mas, não há motivo para sentir culpa. Todos os seres e toda a existência são sem culpa. E o ser humano, no momento em que se vê sem culpa, sente-se parte do fluxo universal da vida. Isto é iluminação, uma consciência sem culpa, alegrando-se com tudo o que a vida coloca à disposição. A luz é bela, assim como a escuridão é bela.

A culpa vem quando a pessoa gostaria de ter um comportamento correto (segundo determinações que vêm de fora, de autoridade externa)), mas não tem. A culpa está associada a uma visão, à maneira como vê as coisas ou os comportamentos. A pessoa olha para si mesma e vê que não conseguiu fazer tudo certo e não tem mais como apagar o que já está feito (aqui também entra o orgulho). Então ela se lastima e lá vem a culpa! Podia ter feito diferente, mas não fez. Fica na prisão da culpa.

A culpa é ilusória e construída por nós. Tomamos um fato particular e nos identificamos a partir deste fato. Claro que somos muito mais do que este fato. Vamos olhar com outra visão. Vamos experimentar o olhar da compaixão. Este olhar nos remete às qualidades, tanto nossas como das outras pessoas. Ampliamos a visão. Enxergamos além do fato que originou a culpa em nós. Vemos muitas outras qualidades. Vemos que não fazemos somente coisas negativas, também fazemos coisas positivas. Nós nos enganamos e nos atrapalhamos e fazemos coisas vistas como negativas. Não precisamos ficar presos nas coisas negativas. Podemos nos soltar. Aspiramos fazer coisas boas. Quando esta consciência se manifesta em nossa mente, a culpa desaparece.

Este mesmo olhar positivo podemos ter sobre as outras pessoas. As pessoas erram, se enganam, são descuidadas... assim como nós mesmos. Vamos voltar às pessoas nosso olhar de compaixão. Vamos enxergar nelas também os aspectos positivos, que podemos ressaltar e, com isso, compartilhar com elas a grande caminhada da vida.

Sair do jogo da culpa não nos isenta da responsabilidade sobre nossos atos. Somos responsáveis, sim, pelo que fazemos e pelo que deixamos de fazer. E temos que, de alguma forma remediar, compensar – o outro, os outros ou a sociedade.

O subsistema jurídico trata, pois, antes de tudo, da capacidade de ser justo, de praticar a justiça. Mas de não julgar. Não julgar a pessoa que erra, julgar o que se considera um erro seu. Também não ter culpa, nem atribuir culpa, mas de responsabilizar quem de alguma forma cometeu algo considerado injusto. E, este subsistema trata também de moral, ética e valores.

Moral e Ética

Essas duas palavras geralmente se confundem. O Prof. Antônio Rubbo Müller, aplicando conceitos de sua Teoria da Organização Humana sobre este assunto, indica como <u>prestadia</u> aquela pessoa ou organização que presta algum serviço. E como <u>fruitiva</u> aquela pessoa que recebe algum serviço de algum prestadio.

A Ética, segundo Müller, tem uma função prestadia, pois

propõe às pessoas e suas organizações os princípios e normas objetivas que determinam quais os comportamentos corretos e adequados. A Ética, pois, está a serviço dos indivíduos e grupos. Todos os 14 subsistemas sociais da TOH têm suas próprias normas e critérios de comportamento e funcionamento, que determinam como devem funcionar os personagens do subsistema. É o Jurídico presente em todos os demais 13 subsistemas. Existem normas e suas respectivas sanções na família, na saúde, na manutenção, na lealdade, no lazer e assim por diante.

A Moral, por sua vez, segundo Müller, é a resposta comportamental que é dada pelos indivíduos e grupos e organizações sociais aos princípios objetivos da Ética. Tem, pois, função fruitiva, isto é, recebe e respeita o serviço que lhe é prestado pela Ética. Quando atende às normas do subsistema, é premiado, mas quando não atende, sofre determinadas sanções, próprias de cada subsistema, sempre sob a égide do subsistema S13-Jurídico.

A Ética, uma vez explicitada através de normas e leis, obriga a todos os cidadãos abrangidos em seu campo, sempre explícito. A Moral, por sua vez, é a forma subjetiva de como cada ente social (pessoas, grupos, instituições) assume e cumpre essas normas e leis fundadas na Ética.

O conceito de Ética, embora apresentado agora de maneira relativamente simples, toma proporções maiores quando abordado nos mais diversos segmentos sociais, sejam eles jurídicos, profissionais, médicos, políticos, empresários, etc. E cada um desses segmentos gera uma discussão ética sobre o próprio objeto de estudo, elaborando eventualmente códigos éticos que pautem a conduta moral dos participantes de determinado grupo ou organização social. Quando um médico ou um advogado, por exemplo, não atende aos princípios éticos de sua profissão, é considerado imoral e responde juridicamente por isso.

A justiça nada pode sem a ética, e não pode haver paz sem justiça. Toda regra de justiça, se realmente busca a paz, deve envolver uma postura de amor, que resume, em seu mais amplo sentido, a verdadeira ideia da convivência pacífica entre os homens.

O imperativo ético do amor necessita do ideal ético da justiça, assim como a justiça deve ser complementada pelo mandamento do amor. Trata-se aqui de fundamentar a ética para além de sua funcionalidade legal, descobrindo no amor o móbil para a renovação constante das leis que visam ao ideal de justiça.

O Amor sem Justiça é uma mentira e a Justiça sem Amor é uma utopia. A Justiça está fundamentada no Amor e vice-versa. E o Amor é a verdadeira resposta moral aos princípios éticos de justiça.

Santo Agostinho (354 a 430 d.C) já dizia *"Ama e faze o que queres!"* Pois quem ama age com justiça.

A ética garante a harmonia social quando a pessoa se coloca no lugar do outro e age como se fosse o outro, ou como o outro gostaria que agisse. É a mesma Regra de Ouro, em outra formulação, do comportamento humano, expressa, entre outros grandes mestres, pelo sábio chinês Confúcio (551 a 479 a.C): *"Não façais aos outros aquilo que não quereis que vos façam"*.

A ética na aplicação do direito está calcada nesse conceito dos mestres, pois se resume a não lesar a outrem, a viver honestamente e a dar a cada um o que é seu.

Por esse raciocínio, não há lei sem moral, que é o reflexo da ética no comportamento humano.

Ernest Hemingway diz: *"eu sei o que é moral apenas quando você se sente bem após fazê-lo e o que é imoral quando você se sente mal."*

Princípios éticos e comportamento moral, por sua vez, se fundamentam numa pauta de valores, que têm suas bases nas crenças, sejam pessoais, sejam culturais e sociais.

Valores e Crenças

Valores expressam o conjunto de características de uma certa pessoa ou organização, que determinam a forma como a pessoa ou organização se comportam e interagem com outros indivíduos e organizações sociais e com o meio ambiente.

A palavra Valor pode significar merecimento, talento, reputação, coragem e valentia. Assim, podemos afirmar que os valores humanos são valores morais que afetam a conduta das pessoas. Esses valores morais podem também ser considerados valores sociais e éticos, e constituem um conjunto de regras estabelecidas para uma convivência saudável dentro de uma sociedade.

As Crenças, por sua vez, envolvem as profundas convicções das pessoas, sem justificativas racionais. É aquilo que acreditamos ser verdadeiro ou certo. É a ideia que se considera verdadeira e à qual se dá todo o crédito. Ela não responde a um por que, ela é o porquê das coisas. Ela até pode ser explicada, mas se fundamenta a partir de algo mais profundo, do qual às vezes não se tem consciência, que é a fé.

A fé é a adesão a alguma coisa que se considera verdadeira e que pede adesão total. É porque é! Ela implica em total confiança, total entrega.

A fé não se justifica. Mas é a fé que justifica as crenças. E são as crenças que justificam os valores. E são os valores que ditam nossos comportamentos.

Os valores são as medidas de importância que damos a alguma coisa, determinando suas qualidades, que provocam admiração, ou seus interesses, que envolvem desejos. Agora, as coisas são ou não são importantes em função de nossas crenças que, elas sim, respondem aos porquês. Por que quero isso? Por que detesto tal coisa? Por que me sacrifico para atingir tal meta? Por que faço corpo mole?

Pois bem, dentro de nossos valores existem as crenças que dão força ou não às decisões que tomamos. E por que acreditamos nisso? "Explico, mas não justifico", se diz, revelando esta dubiedade em nossos comportamentos.

Os valores, pois, representam as crenças que determinam nossas decisões no dia a dia. De modo geral não pensamos em nossos valores. São como as faixas nas estradas. Se o dia está lindo e ensolarado não precisamos das faixas. Mas, se estivermos percorrendo uma estrada numa noite de chuva e com neblina, descendo uma serra cheia de curvas, junto a barrancos e precipícios, com luz dos carros na mão contrária atingindo nossos olhos, imagine só como essas faixas e placas se tornam importantes para nos guiar!

Os valores são os nossos guias. Representam as coisas em que acreditamos e das quais não abrimos mão. São as coisas a que atribuímos importância. São assimilados a partir de nossa experiência, de nossa vivência familiar, dos amigos, da escola, enfim do espaço de nossa convivência.

O descompasso entre aquilo que é prometido como vantagem (financeira, presente, viagem, doce) e depois não se cumpre – ou se cumpre de forma diferente da prometida, ou quem prometeu não tem autoridade para cumprir o prometido – causa dor e sofrimento. Eis, aí, um gerador de conflitos.

Por exemplo, os pais que prometem um presente se o filho cumprir tal tarefa ou obrigação e depois ficam protelando, ou mesmo buscando desculpas para não cumprir o prometido. O mesmo vale para empresários em relação a seus empregados ou empresas comerciais que prometem maravilhas em suas peças publicitárias e depois não cumprem. É quebra de valor ético que provoca reações negativas que, mais à frente, retornam negativamente a seus autores.

A principal consequência é a quebra de confiança, muito difícil de ser reconquistada. E a quebra de confiança no líder (familiar, organizacional, religioso ou político) tira também a confiança em todos os seus atos e promessas. Que valor tem o que promete? E aí ou muda o líder ou o líder terá que mudar totalmente sua postura.

E, claro, conflitos hão de advir desse descompasso. Aqueles que determinam os valores podem também se tornar inflexíveis, em vista de suas crenças, e não buscam mudar os valores ou adaptá-los a novas circunstâncias. As posturas autoritárias se enrijecem, provocando sujeição ou rebeldia, com ameaças de castigos ou chantagens, que acabam pondo em risco a própria sobrevivência do sistema: famílias se dividindo, empresas caminhando para falências, políticos sendo escorraçados, alunos fazendo corpo mole ou mesmo agredindo professores, etc.

E esses conflitos, gerados por quebra de valores e perda de confiança, provocam muita dor e sofrimento, com todos se sentindo vítimas e buscando culpados, e sobrecarregando o subsistema judiciário com processos de toda ordem.

A perda da confiança nos valores (familiares, educacionais, políticos, religiosos ou corporativos) abala também as crenças que davam suporte a estes valores, provocando desacertos interiores nas pessoas, tais como perda de autoconfiança, profundas depressões, doenças e até mesmo quebra de confiança na vida.

Há, ainda, um aspecto muito importante a considerar. Os valores podem ser permanentes ou impermanentes. A maior parte das dores e sofrimentos acontece quando projetamos sobre valores impermanentes a carga de valores permanentes. Por ex.: perder o sentido de vida por alguma perda financeira ou a morte de um ente querido.

O que isto pode significar? Vamos tentar entender.

Valores permanentes são os que não mudam nem com o tempo, nem dependendo do lugar ou das circunstâncias. São absolutos em si mesmos.

Valores impermanentes são os que podem mudar, dependendo do tempo e do espaço e da compreensão das pessoas. São adaptáveis, podem evoluir segundo as circunstâncias e as mudanças que acontecem ou poderão acontecer.

Exemplo de valores permanentes: amor, honestidade, respeito, liberdade, família, lealdade, sinceridade, ética, confiança, caráter, integridade, entre muitos outros. São valores que são assumidos como permanentes pelas mais diversas culturas e tradições.

Valores impermanentes (transitórios e dependentes do contexto e da cultura de cada lugar) são coisas ou ações mutáveis, variáveis, desiguais, volúveis. *"Tudo que começa termina, tudo que termina, começa. O bom passa, o ruim passa; nossa percepção é que nos engana."*, diz a monja Coen, conhecida monja budista brasileira.

Exemplos de valores impermanentes: beleza, fidelidade, elegância, juventude, títulos, salários, saúde, vitórias, riqueza, conhecimentos, crenças, posição social, cargos, tempo de vida, etc.

O sentimento de justiça é também um valor permanente, que está além das circunstâncias, isto é, nossa postura interior deve ser sempre justa. O que impulsiona o Direito é uma busca constante de Justiça. Os princípios do Direito são mutáveis, adaptáveis, podem ser interpretados de formas diferentes, são impermanentes. Mas o que dá firmeza e garantia é quando tudo que se faz em nome do Direito é na pretensão de se alcançar a Justiça, sua verdadeira razão de ser.

Sentir-se injustiçado provoca muita dor, exatamente porque fere um valor permanente, inserido no interior das pessoas. Muitas vezes o que é julgado como certo pelo aparato jurídico, o que é justificado pela interpretação da norma ou da lei, a gente pode sentir que é injusto. E vice-versa.

Aqui tocamos num aspecto de grande importância para nossa convivência humana: normas e critérios.

Normas e Critérios

Em nossa vida precisamos verificar se são as normas ou os critérios que regem as nossas relações. As normas são rígidas e contêm sanções e penalidades. As normas são impermanentes. Os critérios são dinâmicos e brotam da sabedoria interior para dar sentido aos comportamentos e ações. Os critérios se fundam em valores permanentes.

Vamos, então, tornar mais clara esta importante distinção entre norma e critério:

Norma: "Princípio, preceito, regra, lei. Tipo concreto ou fórmula abstrata do que deve ser, em tudo o que admite um juízo de valor." (N. Dic. Aurélio). A *Norma* é algo estático, dicotômico (certo x errado), e implica penalidade quando infringida. Traz consigo, portanto, imposição, medo de castigo, submissão. A norma olha para trás, para o que passou.

Critério: "Discernimento, circunspecção, prudência. Modo de apreciar coisas e/ou pessoas." (N. Dic. Aurélio). O *Critério* é algo dinâmico, impulsionador, é uma medida de crescimento, de evolução, de clareza mental, de condução. O critério olha para frente, dá direção. Respeita o livre-arbítrio, apela para a responsabilidade.

Não há hierarquia entre os critérios, e, sim, complementaridade, isto é, um implica o outro, eles se entrelaçam, revelando, sob formulações diferentes, a sabedoria da convivência enriquecedora das pessoas entre si, seja entre marido e mulher, pais e filhos, entre irmãos, entre colegas de estudo ou trabalho, e até mesmo nas relações que institucionalmente se hierarquizam. Sempre que se perdem de vista estes critérios, há um enorme desperdício de energia, que leva à depressão, ao *stress*, à busca de compensações e até mesmo à violência física ou psicológica.

Exemplos de critérios:

- Todos de igual para igual
- Ninguém é dono da verdade
- Postura centrada e delimitadora
- Por entreajuda
- Tudo explícito e negociado
- Respeito às crenças de cada um
- Estar aberto a aprender
- Não há vítimas ou culpados, há responsáveis
- Decisões, sempre que possível, devem ser tomadas por consenso.

Os critérios contêm em si mesmos os direitos fundamentais do ser humano, pois se enraízam na própria essência do ser. Na convivência humana, porém, sempre foi muito difícil trazer à tona os direitos e deveres que buscam explicitar esses critérios nas condições do dia a dia.

Direitos e Deveres

Todos os cidadãos, independentes de condição social, gênero, cor, etnia ou religião, possuem direitos e deveres. No caso brasileiro, nossos direitos e deveres estão definidos na Constituição Brasileira de 1988. E nas relações internacionais estão expressos na Declaração Universal dos Direitos Humanos, de 1948. Esses direitos e deveres contidos nessas constituições são eminentemente os grandes critérios de relacionamentos entre cidadãos, instituições sociais e países, revelando um imenso progresso na consciência humana, uma ampliação de consciência. Será ainda aos poucos que esta nova consciência se irá firmando na mente das pessoas, instituições sociais e países, com suas ignorâncias e resistências culturais, religiosas e de interesses muitas vezes escusos. Aos poucos as leis vão tornando normativos esses critérios considerados universais. P. exemplo, a Lei Maria da Penha.

Todos os brasileiros têm os mesmos direitos. Esses direitos são invioláveis e não podem ser tirados de ninguém. Também têm deveres para com a nação, além da obrigação de lutar pela igualdade de direitos para todos, de defender a pátria, de preservar a natureza.

São nossos direitos, expressos nessas constituições, entre outros:

■ Direito à vida, à liberdade, à segurança e à propriedade;

■ Direito à educação, saúde, moradia, trabalho e lazer;

■ Liberdade de manifestação de pensamento, sendo vedado o anonimato;

■ Seguir a crença religiosa que desejar;

- Não ser tratado de forma desumana ou degradante.

São nossos deveres:

- Respeitar e cumprir as leis do país e das demais entidades federativas;
- Votar livremente em seus candidatos, nas eleições brasileiras;
- Respeitar os direitos dos outros cidadãos, sejam eles brasileiros ou estrangeiros;
- Tratar com respeito e solidariedade todos os cidadãos.

Esses direitos são sagrados e não podem ser tirados de nós. Da mesma forma como precisamos cumprir nossos deveres, sem o que a convivência se torna quase impossível.

A sociedade tem todo um aparato jurídico para regular e controlar o cumprimento das normas expressas nas leis. E nós temos também, dentro de nós, um regulador que nos orienta no cumprimento do que consideramos nossos deveres e no usufruto de nossos direitos.

O Feedback Regulador

Acredita-se que desde a antiguidade existe um sistema regulador da convivência comunitária e social, que nem sempre foi escrito ou enunciado expressamente, mas sempre existiu, em todos os tempos e entre todos os povos.

O Subsistema Jurídico trata principalmente da forma como se expressa esta regulação na convivência social.

Cabe já aqui uma pergunta, que pode acompanhar toda esta reflexão: Você tem regulação? Conhece seus direitos e seus deveres? Como se regula frente a eles?

A regulação é a necessidade de se delimitar, de ter critérios próprios e ter bom senso. Este é verdadeiro sentido do *feedback*.

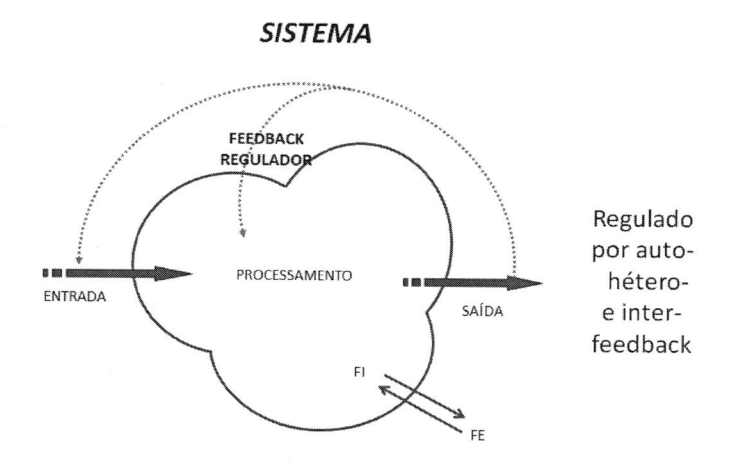

SISTEMA

```
         FEEDBACK
         REGULADOR
                              Regulado
                              por auto-
    PROCESSAMENTO             hétero-
ENTRADA          SAÍDA        e inter-
                              feedback
            FI
              FE
```

A regulação acontece primordialmente na faixa interna das pessoas – é o auto-*feedback*.

Tem como focos principais a percepção do clima no ambiente, e a capacidade de se ajustar conforme a situação se apresenta. Inclui a competência de atuar com critérios claros e com ética. E de conduzir a recepção e a emissão de energia tanto em relação a si mesmo (com auto-*feedback*), como em relação ao outro (hétero--*feedback*) e nos relacionamentos grupais (inter-*feedback*).

O regulador age na <u>entrada</u> do sistema, permitindo ou não que as emissões de outros sistemas o afetem. Age também na <u>saída</u> do sistema, observando o que resultou do processamento interno e para onde ou a quem está emitindo. E está atento ao que ocorre no <u>interior</u> do sistema.

Existem, pois, diferentes formas de regulagem:

1. <u>Autorregulagem</u> – quando um sistema a faz por e para si mesmo. Pode ser autorregulagem automática ou inconsciente, que é a regulagem de nosso corpo: o sistema digestivo, respiratório, etc., ou a autorregulagem que o ser humano consegue fazer através do centramento, dando direção consciente a suas ações.

2. **Hétero-regulagem** – quando um sistema se impõe a outro. Quando um quer regular ou controlar o outro. Já sabemos que não temos controle sobre coisas ou pessoas. Mas podemos orientar e instrumentar outra pessoa, como pais, educadores, líderes. Mas não podemos assumir sua regulagem, pois isto seria invasão de privacidade.

3. **Inter-regulagem** – é a regulagem de cooperação, entre dois ou mais sistemas. Mas, também pode ser feita por jogo, em vez de cooperação, quando é feita um contra o outro, e muitas vezes, à custa de um terceiro. Quando feita por cooperação, os envolvidos crescem, e quando feita por jogo causa dor e sofrimento.

A mais importante, em termos de desenvolvimento pessoal, é, sem dúvida, a autorregulagem ou *autofeedback*.

Vamos entender uma coisa: em toda a natureza, todos os sistemas têm um *feedback* automático, tanto por autorregulagem, como por hétero e inter-regulagem. Por ex.; Quando nos ferimos, imediatamente nosso organismo se organiza para fechar o ferimento, com todo o aparato intersistêmico. Isto se faz automaticamente. O que podemos é ajudar com algum remédio. Entre os animais, há um equilíbrio ecológico entre a excessiva multiplicação de uma espécie e o desenvolvimento mais numeroso de animais que os devorem. É o inter-*feedback* automático da natureza. A quebra desse equilíbrio pode provocar epidemias ou gerar desertos.

O ser humano vem desenvolvendo, ao longo de sua história, a fantástica capacidade de consciência de si mesmo, que lhe traz a consciência do mundo que o envolve. O que determina esta capacidade consciente nada mais é do que o *Feedback* Consciente.

Isto significa que nós temos a capacidade de conscientemente regular coisas e seres à nossa volta. Nós podemos modificar aquilo que já vem de determinada maneira pela natureza e damos a ela uma nova função, uma nova forma, nova cor. Por exemplo, construímos nossas casas, fabricamos nossas roupas, criamos obras de arte. E é este *Feedback* Consciente o responsável por todo este desenvolvimento tecnológico e cultural que vivemos atualmente.

Aqui é que se torna importante retomar a distinção entre normas e critérios, quando se trata da convivência humana. O *feedback* dado pelas normas é um hétero-feedback, isto é, vem de fora, é ditado por algum órgão normatizador (autoridade externa). O *feedback* dado pelos critérios é essencialmente *autofeedback*, pois parte do interior da pessoa, fundamentado em suas crenças. Sou eu que determino o que penso, sinto e ajo de acordo com o que acredito – em conformidade ou não com as normas existentes.

O *feedback* autoconsciente brota de nossa capacidade de nos centrarmos. É a capacidade de dar uma parada e olhar para nós mesmos. Acalmar um pouco nossa mente agitada e refletir: o que estou fazendo. Como estou agindo? O que estou pensando? Como estou sentindo?

Centrados, nem invadimos, nem nos deixamos invadir, pois está em nossas mãos regular as entradas e as saídas de nosso sistema pessoal. E isto envolve todos os níveis de comportamento.

Este é o Eu Observador, é o *feedback* como consciência observadora e direcionadora que olha para si mesmo, buscando perceber seus movimentos interiores, o que exige um treino constante e consciente.

Por exemplo: podemos perceber nosso funcionamento físico: andamos, trabalhamos, voltamos para casa, sentamo-nos, comemos, abraçamos.

Quanto às emoções, normalmente podemos descrever como nos sentimos quando ficamos excitados de satisfação ou deprimidos; podemos até mesmo perceber quando nossas emoções aumentam, indo até um ponto máximo e depois diminuem.

Podemos estar atentos também ao que pensamos e expressamos, às explicações ou argumentos que usamos, buscando perceber até onde são condizentes com o que fazemos e sentimos.

O Eu Observador vai também se cultivando para perceber melhor as outras pessoas, com compaixão e amor, respeitando suas formas próprias de ser e de se expressar.

Não há nada, no que se refere a nosso respeito, que não possamos passar por uma análise, por uma avaliação, por um redirecionamento. Mas, para fazer isso, não precisamos parar o que estamos fazendo. Mesmo quando nos encontramos inteiramente absortos nas atividades da vida diária, podemos manter em nossa mente um *stand up* ligado, pronto para dar o *feedback* necessário e nos regular. Podemos sempre deixar o Eu Observador ligado, para estarmos sempre mais conscientes de tudo.

Por outro lado, estando conscientes ou não, o *feedback* vai estar sempre aí. Tudo que fazemos, sentimos ou pensamos passa pelo filtro de um *feedback*, que pode ser até um complexo de culpa que nos deprime ou um processo auto-justificante que nos proporciona um falso arroubo e vaidade. E quando não percebemos que estamos agindo em desrespeito à vida, lá vem uma doença, uma atitude de rejeição por alguém, etc. É a justiça da vida, que não falha!

A auto-observação consiste, pois, em desenvolver a capacidade de observar nossas atitudes, emoções e pensamentos o maior tempo possível, tentando perceber o que acontece em nosso interior e à nossa volta.

Dessa forma estaremos fazendo nossa regulagem a partir de nosso centro, da força que atua a partir do interior da pessoa, uma consciência profunda, imutável, mas que tudo observa, os conteúdos internos e os eventos externos, ao longo do dia, da vida. Esta é a regulação leal à vida.

Na prática da auto-observação, é importante que ela seja conduzida de forma imparcial. Porque, se observarmos por um certo tempo nossos pensamentos, veremos que grande parte deles envolve julgamentos polarizados, do tipo "gosto-não-gosto", "feio-bonito", "bom-ruim", "certo-errado", e que isso nos mantém aprisionados numa rede de emoções geralmente mal trabalhadas e pouco conscientizadas.

A auto-observação facilita a observação também fora de nós – a observação das coisas e das pessoas. Facilita olharmos a realidade que nos rodeia e de como tudo isso nos afeta. E através dela vamos aperfeiçoando nossa capacidade de respeitar a forma de ser das coisas e pessoas, com amor e compaixão.

Como diz Charles Chaplin, *"não se mede o valor de um homem pelas suas roupas ou pelos bens que possui. O verdadeiro valor do homem é o seu caráter, sua ética e a nobreza dos seus ideais"*.

Justiça e Vingança

Há um último aspecto que julgamos oportuno e importante falarmos neste contexto do subsistema Jurídico. É a confusão que se faz, muitas vezes entre pedir justiça, mas com espírito de vingança.

Nossa cultura chamada cristã deveria ser fundada no amor e no perdão ao próximo, segundo os evangelhos. Mas, quando os espíritos ficam exaltados diante de um crime ou de algum ato considerado ofensivo, somos tomados de forte emoção e queremos que o pretenso autor do ato seja "justiçado", como se diz, geralmente com alta carga de emoção negativa e mesmo de ódio. E aí muitas vezes apelamos para as escrituras do Antigo Testamento, que justificam a vingança. Também o Corão, o livro sagrado dos muçulmanos, que se inspirou nos livros sagrados judaicos, pode servir de base justificante da vingança.

A vingança é a antítese do perdão, como o ódio é a antítese do amor. A vingança é o "olho por olho", o amor é o perdão.

Já dizia o grande Mahatma Gandhi, que se destacou por uma intensa atividade em prol da libertação da Índia, na década de 40 do século passado: *"O fraco jamais perdoa: o perdão é uma das características do forte."*

Não é fácil seguir o conselho de Cristo de perdoar aos inimigos. Porque isto envolve uma postura interior renovada, pouco ensinada nas religiões estabelecidas, pois é, como diz Gandhi, uma característica de gente forte e livre.

"O perdão não é um cheque em branco que você dá a alguém que tenha feito algo errado", diz o mestre budista Matthieu Ricard, *"é sobre quebrar o ciclo de vingança".*

Vingança é antepor-se à justiça, é querer "fazer justiça" com as próprias mãos. Envolve julgar a pessoa que comete o que se considera crime ou ofensa, e não em julgar seus atos, os quais, sim, geralmente precisam ser corrigidos. Mas não por ódio ou orgulho ferido, mas por amor e respeito.

O sistema jurídico de um país existe para que, quando alguém se sente prejudicado, de alguma forma, por outrem, possa reparar o prejuízo através de alguma forma de compensação. Acontece que nossas prisões estão muito mais lotadas de pessoas julgadas culpadas e, portanto, sendo castigadas. Precisamos urgentemente de um sistema judiciário que seja calcado, muito mais, na responsabilização de quem agride pessoas e a sociedade e que, portanto, deverá pagar com ações positivas, com devoluções do roubado, com serviços prestados à sociedade ou a uma família prejudicada.

Há todo um caminho de cultivo de uma nova visão de mundo para que se possa superar a postura de castigo/vingança por uma nova postura, muito mais humana, de perdão/responsabilização.

Questões

Em busca de seu autoconhecimento em relação ao Subsistema Jurídico, responda, para si mesmo, às seguintes questões, sempre relacionadas com sua vida e seu ambiente pessoal e profissional:

• Como está sua documentação – documentos pessoais, da família, do carro, das propriedades?

• Já respondeu a processos na justiça ou teve que recorrer à justiça?

• Quais são os seus valores? O que determina suas ações?

• Conhece seus direitos e deveres?

- O que é para você alguma coisa injusta?
- Que normas ou leis você tem dificuldade de cumprir?
- Quais valores o fazem parar e pensar antes de agir?
- Que valores gostaria de inserir em sua vida?
- Como negocia seu relacionamento com seu cônjuge, seus filhos, seus parentes, seus amigos, seus colegas e superiores?
- Como você dá ou recebe *feedback*?
- Qual é sua postura interior diante de algo que considera injusto: vingança e castigo ou perdão e responsabilização?
-

Sugestões de Exercícios

- Faça uma relação das normas que você mantém, explicita ou implicitamente, nos 14 subsistemas (para você mesmo, sua família, filhos, amigos, colegas, etc.).
- Tente trocar as normas por critérios.
- Aprender e praticar – várias vezes ao dia – a sua regulagem.
- Sua capacidade de atenção nos seus atos a cada momento.
- Reflexão pessoal: Sua capacidade de não se deixar influenciar por outras pessoas.
- Faça a experiência de receber *feedback* (com humildade e gratidão). Faça a experiência de dar *feedback* (com amor). Anote como se sente em ambas situações.

Exercício de Regulagem

Encontre um momento no seu dia para estar com você mesmo. Vá para um local calmo e sossegado. Desligue o celular.

Sente-se confortavelmente e respire em profundidade, até o abdômen, por três vezes.

Acalme sua mente colocando a atenção na respiração.

1. Coloque sua atenção no seu corpo enquanto está sentado. Você está confortável? Tem alguma parte de seu físico incomodando?

2. Agora, coloque sua atenção em suas emoções. Observe como você está se sentindo. Dê um nome para sua emoção: alegria, tristeza, desânimo, angústia, etc.

3. Agora preste atenção em seus pensamentos. Veja o que está pensando. Diminua a velocidade de seus pensamentos. Observe cada palavra que passa pela sua cabeça. Diminua a velocidade. Não desista. Insista.

4. Inspire e respire profundamente. Sinta-se em paz.

Você acaba de contemplar seu eu pensador, seu eu emocional e seu eu operacional ou funcional. Você acaba de acionar seu processo de regulagem pessoal.

Conclusão

O caminho para desenvolver em nós o senso de justiça, que nos permita romper o jogo de culpa e os jogos de poder, está nos passos indicados pelo professor alemão do MIT, EUA, Otto Scharmer, hoje também lecionando na Tsinghua University, em Pequim, China:

- **Mente Aberta** - ouvir o outro – abrir a mente para realmente ouvir o que o outro tem a dizer, sem preconceitos, sem filtros mentais, prestar atenção ao outro, aprender a observar de forma centrada, sem resistências de ordem racional. Isto significa, sem julgamentos, tentando entender o ponto de vista do outro.

- **Coração Aberto** - sentir o outro – limpar a mente das dualidades de gostar-não gostar, perceber o que o outro está sentindo, suas dores, suas alegrias, seus entusiasmos e seus abatimentos, perceber o aqui e agora do outro – de novo, sem julgamentos, aceitando o outro como ele é.

- **Vontade Aberta** – deixar ir, desapegar-se de tudo, estar aberto para o novo que quer emergir. Na vida, o velho caminha sempre para a morte e o novo sempre vem à tona e é ele quem cria os novos caminhos da jornada da vida, seja pessoal, seja do grupo, do país ou do mundo.

Vamos cruzar isto com o que vimos em relação a Normas e Critérios. As Normas, mesmo que necessárias para a convivência humana, estão baseadas no passado. Partem das experiências que deram ou não deram certo segundo determinadas intenções. E a partir disso, julgam os comportamentos e os fatos passados, os que estão acontecendo e até os futuros.

Os Critérios, por sua vez, não julgam, mas indicam caminhos para onde se dirigir, com a probabilidade de todos saírem ganhando. Os critérios estão mais próximos da máxima Ganha-Ganha. Eles contêm uma visão mais ampla, mais aberta. Erros podem e devem ser corrigidos, sim, mas visando duas coisas, principalmente: aprender com eles e assumir a responsabilidade por suas consequências.

Como vimos, nós temos em nós o senso de justiça. Ele está juntinho ao nosso senso de Verdade, bem ali no nosso interior. É só acessá-lo. Mas para acessá-lo, precisamos ir a este interior, onde está a Fonte da vida, a força criadora de tudo, da qual somos expressão, imagem e semelhança divina. Para isso, deixa ir, vá com mente aberta, coração aberto e vontade livre de todo apego.

Sempre que você estiver em dúvida sobre se tal ou qual atitude tomar, se é justo fazer tal coisa, dê uma paradinha e consulte seu interior. Seu Eu Observador está conectado à Fonte, é expressão da Fonte e vai lhe dar a resposta que precisa. E então vá, decida, arrisque!

O novo mundo que está emergindo do aparente caos social e planetário precisa de você, precisa de pessoas com um verdadeiro sentido de justiça, que permitam fazer emergir esse mundo novo que tanto almejamos.

S14 | Precedência: Auto-Imagem e Reconhecimento

Introdução

A busca da felicidade é o que move as pessoas e o mundo. Todo ser humano almeja ser feliz. Nós temos como despertar a felicidade, descobrindo a alegria de viver, pois temos o poder da transformação. Podemos transformar nossa maneira de ver o mundo, com novas possibilidades, ampliando nossa visão.

Estamos adentrando, através de sucessivos textos, cada um dos 14 subsistemas ou raios da Roda da Vida do sistema humano, numa jornada de aprofundamento, conduzindo o leitor a se observar e, principalmente, a sentir onde se encontram seus pontos de dor e sofrimento sob o enfoque do subsistema ou raio, e buscando lançar luz no caminho, ao encontro da Fonte da verdadeira felicidade e alegria de viver.

Vamos, agora, entrar mais a fundo no subsistema S 14 – Precedência – Autoimagem e Reconhecimento.

Precedência: Autoimagem e Reconhecimento;

O Subsistema de Precedência compõe um conjunto de elementos - celebridades, comissões, mestres de cerimônia, de elegância, bom gosto, com seus candidatos a títulos e prêmios, com salões nobres, galerias de honra, passarelas, museus e equipamentos, com tecnologia faustosa, para aferir méritos, declarar vencedores, propor modelos de desempenho, buscando manter a pressurização do "subir na vida", do destaque no meio social.

É, na verdade, uma convenção, como também são seus monumentos, símbolos, manuais protocolares ou de elegância ou bom gosto. Mas, sabendo, como só a precedência sabe fustigar a vaidade, a inveja, a ambição, a competição, o desejo de vitória, o horror da derrota e do anonimato, eis que aí estamos todos atracados numa olimpíada que nos faz sacrificar até as coisas mais fundamentais da vida, em busca de alguma forma de destaque.

O objetivo deste subsistema é ampliar a visão a respeito da precedência, cuidando da autoimagem, da aparência, do necessário e equilibrado prestígio pessoal, profissional e organizacional, para bem cumprir sua missão e objetivos no meio social e cultural em que vive.

Toda pessoa quer ser reconhecida, admirada, merecedora, quer sentir que ela é ela, tem nome e características únicas, não é simplesmente um número a mais na massa.

As pessoas querem aparecer, lutam por um reconhecimento, seja pelos benefícios que estão oferecendo, seja pelo serviço bem feito, ou pelo título ou medalha de campeão, pela boa apresentação, pela roupa, pela casa, pelo carro, pela ascensão social, pelo subir na carreira, pelo belo discurso ou atuação artística. Querem ter uma imagem reconhecida e respeitada. Para isso, se esforçam por expressar integridade, honestidade, retidão, força, competência. Procuram agir com fineza, delicadeza, elegância, graça, beleza, suavidade e gentileza.

A dor acontece quando perdemos a credibilidade e nossa imagem é afetada negativamente. Quando, por exemplo, passamos a ser vistos como desonestos, falsos, grosseiros, estúpidos ou somos tratados com desprezo e desrespeito, quando nosso nome ou o nome de nossa organização é mal falado, desrespeitado. O duro mesmo é a gente ter uma autoimagem abalada, sentir-se inferior, não merecedor, indigno.

Nós somos merecedores, sim! Antes de tudo, cada um de nós é uma expressão da divina Fonte da Vida, e esta é a maior honra e dignidade que uma pessoa pode ter. Nada pode, interiormente, abalar nossa crença em nossa própria dignidade. E nada nos dá o direito de querer diminuir a imagem e a dignidade de quem quer que seja, uma vez que todos emergimos da mesma Fonte, carregamos todos dentro de nós a mesma marca.

Procure agora, por um instante, observar-se: quanto você se sente reconhecido (e isso lhe traz felicidade e alegria)? E quanto você se sente não merecedor (trazendo-lhe infelicidade e sofrimento)? E como reage quando não se sente reconhecido?

Estamos agora diante deste importante campo que se refere à autoestima, autoconfiança, autoimagem, à capacidade de fazer-se reconhecido. E mexe também em nosso sentimento de missão de vida a cumprir, na consciência das grandes metas a atingir, na necessidade de ser bem avaliado, na busca pelo sucesso. Enfim, em poder dizer: "Estou realizado"!

Os pontos principais são:

- Autoimagem, prestígio, crédito, reconhecimento, bom gosto;
- Concursos, títulos, classificações, distinções, medalhas, diplomas, monumentos, solenidades, elites, modas, protocolos;
- Humildade, simplicidade, igualdade;
- Humilhação, difamação, desprestígio.

Autoimagem e Autoestima

Autoimagem é o que eu penso de mim mesmo, como me vejo. São sentimentos, pensamentos e atitudes que tenho para comigo mesmo. Autoestima é a capacidade que tenho de gostar de mim, de me respeitar.

O que eu sei de mim? A resposta a esta pergunta revelará nossa autoimagem. A autoimagem é responsável por nossos comportamentos e atitudes. Quando olhamos para nós e vamos delineando nossa imagem, temos a oportunidade de aperfeiçoá-la.

A autoimagem começa a se construir a partir do relacionamento que estabelecemos com a nossa mãe e pai, avós, irmãos, amigos e outros. Depois, a partir da relação com nossos professores, no ambiente de trabalho, de lazer, religioso, etc. E é algo que estamos sempre construindo, até hoje. A autoimagem influencia a nossa maneira de ver o mundo e de nos relacionarmos.

Todos nós temos um esboço ou imagem de nós mesmos. Pode ser que não consigamos reconhecê-la conscientemente. Mas ela está lá, completa.

A autoimagem influencia diretamente a autoestima. Desde a infância, precisamos de atenção e reconhecimento. Isto vai sendo nosso parâmetro para nos dizer quem somos e é como desenvolvemos nossa autoimagem e nosso amor próprio.

Quando temos falta de atenção e de reconhecimento, nossa autoimagem fica distorcida e ficamos nos comparando aos outros e pedindo referências. Quando não tenho clareza do que sou, de como sou, preciso de outros como parâmetros: "sou melhor que..., sou mais feio que..., não sou tão inteligente, fulano merece mais que eu..." e algo assim, sempre se comparando.

Isto deixa a pessoa insegura para tomar decisões, com pouca autoconfiança. Ter uma imagem distorcida nos leva a ignorar nossas qualidades, enxergar nossos defeitos com lente de aumento; a pessoa não sente que merece coisas boas e tem dificuldade de delimitação de campo, isto é, deixa as outras pessoas se tornarem invasivas.

É tomar cuidado no processo decisório, isto é, quando tomo decisões. Cada decisão que tomo deve ser vista e analisada, no sentido de alimentar minha autoestima. É importante tomar decisões positivas. Quanto mais decisões positivas, mais alimento minha autoestima: "Sim, eu posso.... deixa comigo... agora é minha vez..., nisso eu sou bom..."

Para lidar com a baixa autoestima, o autoconhecimento é vital. Quanto mais me conheço, mais vou sabendo responder à pergunta "quem sou eu?" e vou ampliando a imagem que tenho de mim e ampliando minha estima, reconhecendo minhas qualidades.

Aprenda a parar, respirar, analisar cada situação e, só depois, a tomar decisões. Aprenda a desenvolver seu diálogo interno: você conversando com você.

Qualquer tentativa para fazer alguém melhorar somente terá sucesso quando esse alguém mudar a percepção que tem de si mesmo e compreender como cultiva ou não sua imagem.

Nossa mente é poderosa. Não pense "eu vou tentar, eu ainda chego lá". Isso é muito fraco, pois estarei jogando com a sorte, deixando fora eu conseguir. Ao invés disso crie uma imagem para você clara e definida: "eu sou capaz, eu já sou o que quero ser". Se você imagina que é um ser brilhante e poderoso, assim você será, porque a sua mente é criadora e onipotente.

Quem não se conhece, não se reconhece. Eu preciso me amar, gostar do que sou, para que eu reconheça em mim as qualidades de que preciso para tomar as decisões necessárias à minha jornada de vida.

Reconhecimento

Quando tratamos do subsistema de precedência, nos referimos à nossa autoimagem e reconhecimento. Já vimos acima que da imagem que fazemos de nós depende nossa estima. E o reconhecimento que fazemos depende de nosso autoconhecimento. Para reconhecer é preciso antes conhecer.

Precedência trata de nosso prestígio pessoal, que se estende para os âmbitos profissional e organizacional. Prestígio é uma avaliação que se faz a respeito de reputação, influência, importância. Prestígio é a admiração e respeito de que goza uma pessoa, graças a seu sucesso ou a suas qualidades.

É muito bom ter prestígio, sucesso, fama, reconhecimento. Para alcançar isso é preciso sonhar, saber planejar, estabelecer metas e concretizá-las no campo pessoal e profissional, fazer com que nosso trabalho seja reconhecido junto com nossa competência.

Reconhecimento é deixar aquele que realizou alguma coisa ciente das repercussões de seu ato. Lembrança de um benefício. Agradecido. Obrigado. Grato. Penhorado. Congratulação.

Como é o reconhecimento pessoal? Eu preciso antes me conhecer para então me reconhecer. O autoconhecimento, portanto, é a premissa básica. É o autoconhecimento que vai determinar o meu reconhecimento.

O homem é um ser social. Somos interconectados. Precisamos ser reconhecidos. Queremos sentir que valemos muito perante os outros. Precisamos que nos reconheçam naquilo que somos especiais.

Mas é preciso, primeiro, que eu me reconheça, preciso de tempo para olhar para mim. Aceitar e assumir em mim aquilo em que eu sou especial. Não é vaidade, não. Porque é naquilo que sou especial que vou me desenvolver, é ali que está minha missão de vida, minha razão de viver.

"Todo mundo é um gênio. Mas se você julgar um peixe por sua habilidade de subir em árvores, ele viverá o resto de sua vida acreditando que é um idiota."

Albert Einstein

O que é mais importante: eu me ver ou ser visto? Me reconhecer ou ser reconhecido? Não há mais importante nisso, porque um olhar complementa o outro.

"Não se acende uma lâmpada e se põe debaixo da mesa, mas no candelabro para que ilumine a todos os que estão na sala." Assim falou o Mestre Jesus no famoso Sermão da Montanha. (Mt 5, 15).

O importante, pois, não é saber o que é mais importante! Eu preciso me reconhecer para ser reconhecido. Isto sim é que é importante!

Vejam o valor de nós nos conhecermos para responder a essas perguntas que a vida insiste em nos fazer. Se não buscamos nos conhecer, não temos como responder por nós mesmos, nem podemos iluminar outras pessoas, sobretudo aquelas pelas quais somos responsáveis.

O autoconhecimento exige uma consciência crítica de si mesmo. Se não me conheço, não posso me reconhecer; a busca do conhecimento exige _maturidade, disciplina e humildade_ para que eu possa dizer quem eu sou.

Maturidade e Respeito

Maturidade, segundo o Dicionário Houaiss, é um *"estado ou condição de pleno desenvolvimento"*. É, pois, a condição de plenitude, de maior grau evolutivo em processo de desenvolvimento. Segundo a linguagem dos 14 subsistemas da TOH, em cada subsistema se pode atingir um auge, um destaque, uma distinção. Isto seria a maturidade.

P. ex: No S01 Parentesco, é a própria idade que indica a maturidade. Mas aqui vale uma observação: frequentemente as pessoas não têm uma evolução psicológica e interior que acompanha a evolução biológica, e têm comportamentos inadequados à sua idade. São "quarentões" se comportando como adolescentes, idosos se comportando como crianças, ou mesmo crianças se comportando como adultos. Tudo isso mexe com a precedência das pessoas, seja para elogios, seja para censuras. E essas pessoas podem ganhar ou perder o respeito das outras pessoas.

Isto vale para os outros subsistemas. Uma pessoa que demonstre saúde (S02), cuidado com o corpo (S03), que tem o respeito de muitos amigos (S04), que transmite alegria (S05), que se destaca nos esportes (S05), muito comunicativa ou com boa oratória (S06), na erudição e inteligência (S07), que tem um bom patrimônio (S08), competente e produtiva (S09), com liderança religiosa (S10), que mostra segurança e sangue frio (S11), que sabe se organizar (S12), que não julga, mas busca responsável (S13) - todos têm sua expressão maior de reconhecimento e respeito (S14).

A principal característica da pessoa madura talvez seja saber lidar com as contrariedades e frustrações. É saber lidar com a sua raiva, com sua tristeza, com suas emoções. Diz-se que a pessoa "sabe manter a classe".

Enfim, ter maturidade é saber viver com serenidade. E uma pessoa serena chama para si o respeito e a admiração das pessoas à sua volta.

E não estamos prontos nunca. Vamos desenvolvendo sempre esta capacidade. Estamos sempre aprendendo. A vida é cíclica. Tem altos e baixos. Ter maturidade é saber vivenciar os bons e maus momentos. Aprendendo com todos eles. Um dia estamos alegres e outro dia estamos tristes.

Como diz Lya Luft: *"A maturidade me permite olhar com menos ilusões, aceitar com menos sofrimento, entender com mais tranquilidade, querer com mais doçura."*

Ou ainda Charles Chaplin: *"Uma pessoa pode ter uma infância triste e mesmo assim chegar a ser muito feliz na maturidade... Da mesma forma pode nascer num berço de ouro e sentir-se enjaulada pelo resto da vida".*

Uma boa característica de maturidade é a disciplina que a pessoa tem, tanto no cuidado consigo mesmo, quanto nas atividades prestadias e profissionais.

Disciplina

Disciplina é a qualidade de cumprir uma tarefa que julga importante, sem se importar se gosta ou não do que faz. É sinônimo de ordem, organização, ensino, instrução. É um modo de agir que demonstra constância, persistência, métodos. Sem disciplina é impossível cumprir qualquer meta, por mais simples que seja.

Se você tem algo que deseja alcançar, a primeira coisa é reconhecer para você mesmo se você tem disciplina para isso. Verifique se existem áreas em que você não é disciplinado. Aprenda a controlar a vontade de deixar para depois. E verifique, também, como isto irá afetar sua vida, se vale a pena o esforço.

A disciplina exige que se abra mão de coisas e de tempo que gostaríamos de estar aplicando em outras coisas, talvez mais agradáveis. A disciplina pede energia, confiança e concentração na busca de resultados esperados. Como já dizia Ésquilo: "*A disciplina é a mãe do êxito.*"

Pessoa disciplinada chama a atenção, tem destaque em seu meio, em sua profissão. Mas, há um *senão* nisso. Algumas pessoas se tornam maníacas por ordem e disciplina. Cuidado, pois a preocupação demasiada pela disciplina pode estar tolhendo a criatividade, em si mesmo e nas pessoas a sua volta. É passível de uma visão "chata" e frequentemente tira das pessoas a motivação para alguma tarefa.

O planejamento ajuda a visualizar as prioridades e fazer o mais importante. Inicia e termina sempre a tarefa. Começa a partir daquilo que é mais importante e urgente. E, assim podemos realizar nossos sonhos. Citando Augusto Cury: "*Sonhos sem disciplina produzem pessoas frustradas, e disciplina sem sonhos produz pessoas autômatas, que só sabem obedecer ordens.*"

Toda pessoa quer ser reconhecida, admirada, merecedora, quer sentir que ela é ela, tem nome e características únicas, e não mais um na massa.

O subsistema de Precedência sabe fustigar a vaidade, a inveja, a ambição, a competição, o desejo de vitória, o horror da derrota e do anonimato, eis-nos todos atracados numa olimpíada que nos faz sacrificar até as coisas mais fundamentais da vida. Por isso, é importante saber ser humilde.

Humildade

A palavra humildade vem do latim *húmus*, que significa chão, terra. Humilde é aquele que tem os pés no chão, sabe onde pisa.

Humildade é a qualidade de quem age com simplicidade. É uma característica das pessoas que sabem assumir as suas responsabilidades, sem arrogância, prepotência ou soberba. É uma qualidade positiva, onde ninguém é melhor ou pior, estando todos em um mesmo nível de dignidade, cordialidade, respeito, simplicidade e honestidade.

A humildade é de extrema importância, porque faz a pessoa reconhecer-se como ela é, sem orgulho, com modéstia, sabendo de suas qualidades e limitações. É como todos nós gostaríamos de ser vistos. Na medida certa.

Por que então é tão difícil ser humilde? Porque, às vezes, confundimos humildade com humilhação. E numa sociedade como a nossa, que encoraja a competição e a individualidade, é difícil ser humilde.

Mas precisamos da conscientização de que não somos o centro do universo. O universo não gira no centro de nosso umbigo. Vivemos em sociedade e todos são importantes. Não podemos ser melhores em tudo. É preciso olhar para nós e ver quais são os nossos pontos fortes e fracos. Aceitar e reconhecer. Isto é humildade.

A humilhação é sentir-se inferior, incapaz, indigno ou, por outro lado, é olhar outra pessoa com desdém, rebaixar, achar que o outro é um ser inferior, indigno, sem nível.

É interessante notar que uma pessoa muito orgulhosa acaba se tornando isolada dos outros, pois ninguém aguenta seus arroubos de superioridade. Ele ou ela pode vir a ser obedecido, pela força física ou pela chantagem, mas não será amada. E não deixa saudade...

Humildade não é fraqueza. Pelo contrário, é preciso ser bem forte para se aceitar do jeito que é, para aceitar as competências e as limitações. Olhar para dentro de si e descobrir onde é forte e os pontos que precisa ultrapassar. Olhar um pouco além para reconhecer as oportunidades que aí estão e o que lhe pode ameaçar. Não é para qualquer um. É preciso ser forte e humilde.

A humildade é uma virtude humana que depende da percepção e da aceitação dessas limitações. Para isso, precisamos de discernimento. O discernimento é antecedido por um trabalho de auto-observação, de olhar para si mesmo. Quando aprendemos a olhar para nós, aprendemos a olhar para o outro. E com o mesmo amor que olho para mim, olho para o outro. Dessa forma, a necessidade, sobretudo, é da compreensão e aceitação.

Se errar, não hesite em admitir. Se ferir alguém com suas palavras ou ações, reconheça seu erro.

Os elogios são uma bonita mostra verbal de admiração e reconhecimento para com os outros. Sempre que tiver oportunidade, trate de elogiar. Ressalte as qualidades e procure não ver os defeitos. Enalteça as qualidades. Fique com a parte boa. Desta forma suas relações serão ótimas.

Vamos refletir nesta bela Oração de São Francisco:

Senhor, fazei de mim um instrumento de vossa paz.

Onde houver ódio, que eu leve o amor;

Onde houver ofensa, que eu leve o perdão;

Onde houver discórdia, que eu leve a união;

Onde houver dúvida, que eu leve a fé;

Onde houver erro, que eu leve a verdade;

Onde houver desespero, que eu leve a esperança;
Onde houver tristeza, que eu leve alegria;
Onde houver trevas, que eu leve a luz.
Ó mestre, fazei que eu procure mais
consolar que ser consolado;
compreender, que ser compreendido;
amar, que ser amado.
Pois é dando que se recebe,
é perdoando que se é perdoado,
e é morrendo que se vive
para a Vida Eterna.

Questões

Em busca de seu autoconhecimento em relação ao Subsistema de Precedência, responda, para si mesmo, às seguintes questões, sempre relacionadas com sua vida e seu ambiente pessoal e profissional

- Sente-se reconhecido, respeitado – na família, no ambiente de trabalho, na sociedade?
- Em que é que você se destaca mais – beleza, físico, inteligência, trabalho?
- Que meios utiliza para se promover? Que títulos, medalhas, taças ou outros símbolos de destaque você possui?
- Participou de concursos, campeonatos? Como foi?
- Você se valoriza? Em quê? Frente a quem?
- Que imagem você tem de si mesmo?
- Quem são seus modelos? Quem o instiga?

• Como você imagina que seja sua imagem para os outros – na família, na escola, no trabalho, no esporte, entre amigos?

• Quem você considera "o máximo"? Quem é "o cara" para você? Por quê? Em qual dos 14 subsistemas ele se destaca?

• Quando é que sentiu sua imagem arranhada, desprestigiada ou desonrada?

• Está satisfeito com seu desempenho até o momento?

• Você se considera uma pessoa bem-sucedida?

Sugestões de Exercícios

• Descreva e escreva: como é sua imagem em cada um dos 14 subsistemas? Frente a quem?

• Reflexão: Em que fundamenta seu valor como pessoa, como profissional?

• Fazer para si mesmo um currículo destacando as conquistas, os méritos, os diplomas, as iniciações (em cada subsistema).

• Faça um exercício de auto-reflexão: quais os aspectos que devo ressaltar e quais os aspectos meus que preciso superar?

Exercício de autoestima

Comece a gostar de si mesmo: se depende dos outros para se sentir bem, escutar elogios ou se gostar, vá esquecendo. Você deve gostar de você em primeiro lugar. Não esqueça: ninguém dá o que não tem.

1. Todos os dias, ao acordar, olhe-se no espelho e fale em voz alta como você é maravilhoso, bonito, bem-sucedido e vitorioso. Repita este exercício diante do espelho do carro, no banheiro do trabalho, sempre que puder. E acredite nas palavras.

2. Permita-se errar. Trabalhe a autoaceitação. Entenda que

nunca vamos agradar a todos, pois isso é impossível, e que perdas são inevitáveis e fazem parte da vida.

3. Aprenda a dizer "não": é importante saber priorizar e dizer "não" quando necessário. Esforce-se e aprenda a dizer "não".

4. Crie uma autoimagem positiva em respeito ao que já tem, que você já é. Tenha uma autoimagem clara e definida "Sou um vencedor, sou capaz".

5. Acredite: Você é um vencedor!

Conclusão

Como vimos acima, toda pessoa quer ser reconhecida, admirada, merecedora, quer sentir que ela é ela, tem nome e características únicas, e não mais um na massa. Isto é que faz o subsistema de precedência ser tão importante.

Precisamos de credibilidade e confiança. É a credibilidade que faz com que tenhamos uma boa imagem frente aos demais. É importante que as pessoas confiem em você. Mas, isso só é possível se você se vê bem, se tem uma autoimagem boa, sentir-se merecedor.

É importante que seus pensamentos a seu respeito sejam bons, assim se sentirá bem e terá atitudes que agradam aos outros. Porque agradam a você mesmo.

Nossa mente é poderosa. Podemos criar uma imagem boa e poderosa. Se imagina que é um ser brilhante e poderoso, assim será, pois a sua mente é criadora e onipotente.

Portanto, o autoconhecimento é a premissa básica. O primeiro passo é você descobrir quem de fato você é, isto é, se autoconhecer.

Se você pouco se conhece, como reconhecer em você uma boa imagem, positiva? A busca do autoconhecimento, porém, exige maturidade, disciplina e humildade para que você possa dizer a você mesmo que você realmente é. Perante você mesmo e perante as outras pessoas.

O egocêntrico não se conhece, pois só se vê como o maior e o melhor em tudo. Tudo que é feito em seu grupo, você se garganteia como sendo feito por você. Não reconhece os méritos dos outros. Vai construindo uma baita imagem de si mesmo, até que as pessoas descubram o pé de barro que tudo sustenta. O egocêntrico, na verdade, está sempre muito inseguro de si, com medo de perder a imagem que tenta projetar. E, quase sempre, o tombo é grande!

Assim, diz Albert Einstein,*"A maturidade começa a manifestar-se quando sentimos que nossa preocupação é maior pelos demais que por nós mesmos"*.

Esta frase de Einstein define bem a pessoa ECOcêntrica, isto é, pessoa que se sente parte de um todo, da natureza, das pessoas com quem convive, de sua comunidade. É uma pessoa que tem postura prestadia, isto é, está sempre promovendo as pessoas a sua volta, quer ver os outros crescerem, se respeitarem. Sabe que tem valor, gosta de se ver valorizada, mas olha com humildade e admiração o valor das outras pessoas.

Mestre A. Rubbo Müller costumava dizer, nos seminários que conduzia na Escola Pós-graduada de Ciências Sociais da FESP-USP, referindo-se ao subsistema de Precedência:

"Cada vez que você vai entrar em um ambiente novo, ou começar uma tarefa nova junto a um grupo ou uma organização, entre sempre por cima. Por que é muito mais fácil depois ir descendo até se adequar ao grupo, do que tentar subir depois que sua imagem já esteja afetada negativamente ou deturpada frente ao grupo ou instituição."

Ele dava, como exemplo, a história de um grupo de estudantes do Projeto Rondon que foi visitar uma tribo de índios na Amazônia. Para não parecerem diferentes, ainda no barco tiraram toda a roupa e foram nus ao encontro dos índios também nus. Mas, estes os expulsaram imediatamente, pois não estavam trajados adequadamente como brancos.

Maturidade é saber viver com serenidade, aberto a aprender. Disciplina é a qualidade de cumprir uma tarefa, sem se importar se gosta ou não do que faz. Humildade é a qualidade de quem age com simplicidade, dispondo suas competências a serviço.

Estas são as qualidades que geram respeito e distinguem realmente uma pessoa, deixando um bom legado para as gerações seguintes. Não importa a idade cronológica em que nos encontramos hoje. O importante mesmo é a sensação do dever cumprido, de estar contribuindo para o engrandecimento e a beleza da vida que se expressa através de nós. São estas qualidades que o subsistema de precedência exige.

É este o melhor troféu que podemos apresentar em nossa sala de visita da vida!

Anotações Gerais

Editora Leader.

*Impresso em
novembro de 2018*